新时代新理念职业教育教材·铁道机车车辆类

校企"双元"合作开发新形态教材

铁道车辆机械装置

主　编　马文哲　刘乙宁　于　栋

副主编　王　晶　王凤洁　冯长久　刘海东

主　审　王燕梅　周建宏

北京交通大学出版社

·北京·

内 容 简 介

铁道车辆机械装置是铁道车辆技术专业的核心课程。本教材根据铁路运输发展和高职高专教育发展需要，结合技能应用型人才培养需求编写而成。主要内容包括：铁道车辆基础知识，轮对轴箱装置，弹簧减振装置，货车转向架，客车转向架，车钩缓冲装置，车体。本教材既介绍铁路货车机械结构又介绍铁路客车的机械结构，并在有关项目中都介绍了时速 160 km 动力集中（鼓形）动车组的相关内容。

本教材既可作为高等职业学校铁道车辆技术专业的教材，也可作为中等职业学校铁道车辆专业的教材，同时也可作为铁路车辆技术人员岗位培训和业务学习参考用书。

图书在版编目（CIP）数据

铁道车辆机械装置 / 马文哲，刘乙宁，于栋主编. —北京：北京交通大学出版社，2024.1
ISBN 978-7-5121-5181-9

Ⅰ. ① 铁… Ⅱ. ① 马… ② 刘… ③ 于… Ⅲ. ① 铁路车辆−机械设备−高等教材−教材 Ⅳ. ① U27

中国国家版本馆 CIP 数据核字（2024）第 020241 号

铁道车辆机械装置
TIEDAO CHELIANG JIXIE ZHUANGZHI

责任编辑：刘　辉　　　助理编辑：张馨天	
出版发行：北京交通大学出版社	电话：010-51686414　　http://www.bjtup.com.cn
地　　址：北京市海淀区高粱桥斜街 44 号	邮编：100044
印 刷 者：艺堂印刷（天津）有限公司	
经　　销：全国新华书店	

开　　本：185 mm×260 mm　　印张：15.75　　字数：400 千字
版 印 次：2024 年 1 月第 1 版　　2024 年 1 月第 1 次印刷
印　　数：1～3 000 册　　定价：68.80 元

前　言

新中国成立以来，铁道车辆的生产和运用取得了很大的发展。从刚开始的仿制到独立生产再到自主创新，铁道车辆向着高速、重载的目标不断前行。为了将铁道车辆新技术、新设备、新规范融入职业教育教学过程中，我们组织职业院校的骨干教师和铁路企业的专家精心编写了本教材。本教材具有以下特点。

在内容上，本教材秉持理论联系实际的方法论，践行"理实一体"的职业教育理念，根据铁路运输现场实际情况去除了旧有的、淘汰的铁路车辆型号及零部件，增加了时速 160 km 动力集中（鼓形）电动车组等新技术、新工艺、新要求、新规范内容。为了能更好地落实立德树人根本任务，还增加了课程思政内容，学生通过教材能够了解铁路职业、热爱铁路岗位，树立正确的价值观、择业观，形成良好的职业道德和职业意识。

在形式上，本教材采用"项目—任务"的编写模式，以"任务分析—任务工单—任务实施—任务考核与评价"为主线介绍了铁道车辆的机械零部件。在编写和出版过程中，积极运用"互联网+职业教育"的思维方法，推动传统教学理念改革，打造立体化新形态教材，教材中增加了很多数字资源，通过扫描教材中的二维码，读者可获取视频等数字资源，实现泛在学习。

本教材由黑龙江交通职业技术学院马文哲、刘乙宁、于栋担任主编，黑龙江交通职业技术学院王晶、中国铁路沈阳局集团有限公司王凤洁、黑龙江交通职业技术学院冯长久、中国铁路沈阳局集团有限公司刘海东担任副主编，黑龙江交通职业技术学院王燕梅、中车齐齐哈尔车辆有限公司周建宏担任主审。各部分的编写分工如下：项目 1 由马文哲编写，项目 2 和项目 5 由刘乙宁编写，项目 6 由于栋编写，项目 3 由王晶编写，项目 4 由王凤洁编写，项目 7 由冯长久、刘海东编写，项目 8 由刘乙宁、王晶编写。

由于编者水平有限，本教材难免会存在疏漏和不足之处，敬请使用和阅读本教材的广大师生和其他读者批评指正。反馈意见，索取教学资源，可通过电子邮箱联系。

编　者

2024 年 1 月

目　　录

项目 1

铁道车辆基础知识

我国铁道车辆的发展经历了从零开始，由小到大，从低速到高速，至今已形成了拥有车辆工厂和专业研究院所、从业人员众多的中国车辆工业体系。

旧中国的铁路号称"万国铁路博览会"，没有设计和制造能力。中国的铁路工业走过了一条从弱小到全面发展的道路。中国铁道车辆的发展经历了：仿制试制—定型生产—自行设计开发—技术引进—改进自己的产品—不断滚动开发—研制具有自主知识产权的铁道车辆产品的过程。

目前我国铁路货车的主型车载重达到 70 t 级以上。铁路客车的主型车是 25 型，包括 25B、25G、25K、25Z、25T。为了满足人民日益增长的美好生活和生产的需求，在 2000 年后，我国开始建设高速铁路。截至 2023 年底，我国高铁的运营里程达到 4.5 万 km，复兴号动车组运行在祖国的大江南北。我国铁道车辆的发展方向是高速、重载，大秦铁路的年运量达到了 4.51 亿 t，堪称世界之最。

铁道车辆作为铁路运输的运载工具，它本身并没有动力，铁道车辆运输的对象是旅客和货物。广义地讲，我们把运送旅客的车辆称为铁路客车，把运送货物的车辆称为铁路货车。通常在铁路客车和货车的车轴上不安装牵引电动机，所以铁路客车和货车自身没有动力，铁路客货车的运行动力只能靠铁路机车提供。通常在轨道上把多节车辆编成一列就组成了车列，在车列前面挂上机车且编有运行的车次，就组成了列车。列车在轨道上运行，必须遵守列车运行的有关规定和要求。动车组是由动车和拖车进行固定编组的。通常把有动力的车辆叫动车，把没有动力的车辆叫拖车。从结构上区分两者的依据是车轴上面有没有安装牵引电动机。车轴上安装有电动机的车辆叫动车，车轴上没有安装电动机的车辆叫拖车。目前铁路旅客运输中以复兴号为代表的动车组运用得越来越多。

本项目主要介绍铁道车辆的概念及特点、车辆的结构组成、车辆的分类、车辆的标记、车辆的方位、车辆的主要尺寸、车辆的轴距等。通过本项目的学习，学生能认识车辆的种类和车辆的标记。

本项目包含以下四个任务。

任务 1.1　铁道车辆的组成和分类

任务 1.2　车辆标记及车辆方位

任务 1.3　车辆的主要尺寸和机车车辆限界

任务 1.4　时速 160 km 动力集中（鼓形）动车组概述

任务 1.1 铁道车辆的组成和分类

任务分析

教学目标	知识目标	掌握铁道车辆的组成 掌握铁道车辆的种类
	能力目标	能识别各种类型的铁道车辆
	素养目标	增强学生热爱铁路的职业意识
教学重难点	教学重点	铁道车辆的组成 铁道车辆的种类
	教学难点	联系后续课程的知识，了解不同车型所具有的不同特点
学情分析	知识和技能基础	熟悉铁道车辆的总体构造
	认知和实践能力	具备识读和绘制装配图的能力，具备一定的计算机办公软件应用能力

任务工单

任务考核	
任务	提出问题
子任务 1	1. 铁道车辆的特点有哪些？
	2. 铁道车辆的组成包括什么？
	3. 铁道车辆是如何分类的？
子任务 2	1. 写出你知道的客车名称（不少于 10 个）
	2. 写出你知道的货车名称（不少于 10 个）
子任务 3	通用货车有哪些？

任务实施

【知识点 1】铁道车辆的定义和特点

车辆是"车"与车的单位"辆"的总称。所谓"车"，是指陆地上用轮子转动的交通工具；所谓"辆"，来源于古代对车的计量方法。那时候的车一般是两个车轮，故一个车即两个轮，后来把"两"写作"辆"。由此可见，车辆的本义是指本身没有动力的车，用马来牵引叫马车，用人来拉或推叫人力车。随着科学技术的发展，又有了用蒸汽机来牵引的汽车，等等。这时车辆的概念已经悄悄地起了变化，成为所有车的统称。比如，城市车辆、报刊上报道的发生多少车辆交通事故等，这里的"车辆"泛指所有的车。

铁道车辆是指铁道运输的运载工具。其是自身没有动力装置、要靠机车牵引才能在铁路线上运行的客货运输工具。铁道车辆与其他车辆的最大不同点，在于这种车辆的车轮必须在专门为它铺设的钢轨上运行。这种特殊的轮轨关系是铁道车辆在结构上最明显的特征，并由此产生出其他的特点。

（1）自行导向：车轮沿轨道运行而无需专人掌握运行方向。

（2）低运行阻力：运行阻力主要来自走行机构中的轴与轴承，以及车轮与轨面的摩擦阻力。铁道车辆的车轮及钢轨均采用含碳量偏高的钢材，轮轨接触处的变形较小，而且钢轨表面的结构状态也尽量使其运行阻力减小，所以铁道车辆运行中的摩擦阻力较小。

（3）成列运行：编组、连挂组成列车以满足铁路运载能力的要求。

（4）严格的外形尺寸限制：只能在规定的线路上行驶，严格限制车辆的外形尺寸以确保运行安全。

【知识点 2】铁道车辆的结构组成和作用

由于不同的运输目的、用途及运用条件，铁道车辆形成了各具特色的类型与结构，但均由以下五个基本部分组成。

1. 车体

车体是容纳运输对象（旅客或货物）的地方，车体作为安装与连接其他四个组成部分（转向架、车钩缓冲装置、车辆内部设备、制动装置）的基础，它具有严格的外形尺寸限制。车体包括底架、侧墙、端墙和车顶四个组成部分，如图 1-1 所示。其中，底架是车体的基础，一般由侧梁、中梁、端梁、枕梁、横向梁等组成。由于车体的用途不同，有些车体不设车顶、侧墙、端墙。

2. 走行装置

走行装置又叫走行部，也称转向架，它位于车体及轨道之间，能引导车辆沿钢轨行驶。转向架具有自导向性，它承受来自车体及线路的各种载荷并缓和冲击，阻力小。走行装置由构架（侧架）、轮对轴箱油润装置、弹簧减振装置、基础制动装置、转向架支撑车体的装置五部分组成，如图 1-2 所示。一般铁路客车、货车的走行装置均由两个车轴组成。

图 1-1　车体

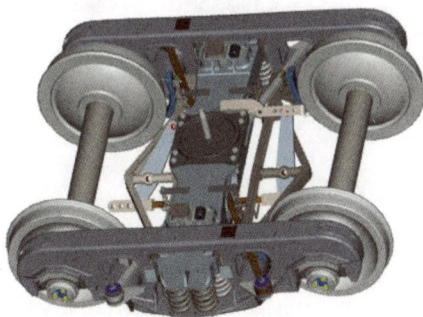

图 1-2　走行装置

3. 制动装置

制动装置是车辆上起制动作用的零部件所组成的一整套机构的总称，制动俗称刹车。它是保证列车减速、停车及安全运行必不可少的装置。制动装置由空气制动机、人力制动机和基础制动装置三部分结构组成，如图 1-3 所示。空气制动机通过列车主管压缩空气的变化达到制动的效果。人力制动机的制动力虽小但是必不可缺，在调车作业中起到停车与防溜作用。基础制动装置是指制动缸活塞杆推出经杠杆、拉杆、制动梁传递到闸瓦的一系列装置。

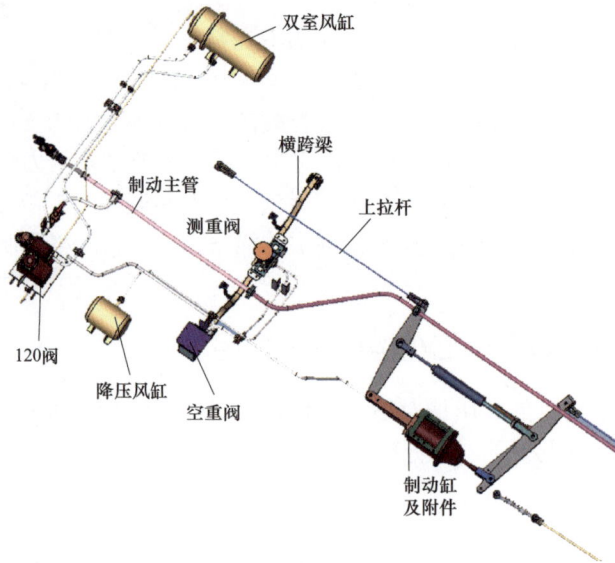

客车制动系统

图1-3　制动装置

4. 车钩缓冲装置

车钩缓冲装置是机车与车辆、车辆与车辆之间互相连挂并传递纵向牵引力和冲击力，缓和列车运行的纵向冲击作用的装置。车钩缓冲装置为列车的成列运行创造了必要条件。客车、货车的车钩缓冲装置均由车钩、缓冲器、钩尾框、钩尾销、从板及其他辅助部件组成。车钩缓冲装置安装在车体底架两端的牵引梁内。25T密接式车钩缓冲装置由连挂系统、缓冲系统、安装吊挂系统组成，如图1-4所示。

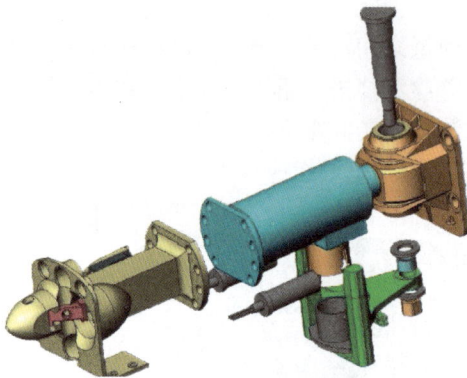

图1-4　车钩缓冲装置

5. 车辆内部设备

车辆内部设备安装在车体内部，是专门为运输对象服务的。例如客车上的电气、给水、取暖、通风、空调、座椅、行李架等设备，棚车中的拴马环、床托等设备。

【知识点3】铁路货车的种类

货车是供运送货物的车辆，原则上编组在货物列车中使用。货车类型很多，按其用途可分为通用货车、专用货车和特种货车。

1. 通用货车

通用货车适合装运各种不同类型的货物，主要有下列3种类型。

（1）敞车。敞车的车体两侧及端部均设有0.8 m的固定墙板，无车顶，如图1-5所示。敞车主要装运散粒货物，如煤、焦炭等；装运木材、集装箱等无须严格防止湿损的货物；也可加盖篷布，运输怕湿损的货物；还可装运重量不大的机械设备。因此，敞车具有很大的通用性，其数量约占我国铁路货车总数的 60%。

图 1-5　敞车

（2）棚车。棚车的车体设有底架、侧墙、端墙和车顶，如图 1-6 所示。棚车用以装运各种需防止湿损、日晒或散失的货物，如布匹、粮食、化肥、棉纺织品和仪器等。棚车车顶设有烟囱、照明、通风口及其他附属设施，可以临时作为客车使用。

（3）平车。平车底架承载面为一平面，通常两侧设有柱插，有的平车还设有可活动下翻式的矮端墙和侧墙，可用来装运矿石、砂土等块粒状货物。平车一般用于装运钢材、木材、集装箱、汽车、拖拉机、机器设备及军用装备等较大的货物，如图 1-7 所示。

图 1-6　棚车

图 1-7　平车

2. 专用货车

专用货车是专供运送某一种货物的车辆，一般专用货车根据所装运货物的品种进行命名。专用货车主要有以下几种。

（1）罐车。罐车是设有圆筒形罐体，专用于装载液体、液化气体或粉末状货物的车辆。按装载货物的品种，罐车可分为轻油罐车、黏油罐车、沥青罐车、石油罐车、水罐车、化工品罐车、粉状货物罐车、液化气罐车等。按卸货方式，罐车可分为上卸式罐车和下卸式罐车。根据罐车的颜色不同，所装的货物也不同。如黄色罐体装化学物品，黑色罐体装黏油，白色罐体装轻油。罐车如图 1-8 所示。

（2）保温车。保温车又叫冷藏车，其车体设有隔热材料，车内设有通风、降温、加温设备，如图 1-9 所示。保温车用以装运易腐货物，如肉类、水果等，也可以装运对温度有特殊要求的货物。根据保温设备的不同，保温车可分为加冰冷藏车和机械冷藏车。

图 1-8 罐车

图 1-9 保温车

（3）漏斗车。漏斗车是一种端墙向内倾斜或者端面呈大圆弧、车体下部装有漏斗的铁路货车。废物由上面装入，卸货时用人力或风力开启漏斗底门，货物靠自身重力自动卸出。漏斗车主要用以装运矿石、水泥、煤炭等散粒货物。

（4）长大货物车。长大货物车用来装运无法用一般的铁道货车来装运的特长和特重货物，如车辆长度一般在 19 m 以上的长大平车，纵向梁中部做成下凹而呈元宝形的凹底平车，底架中央部分做成空心、货物通过支承架坐落在孔内的落下孔车，将车辆制成两节、货物钳夹在两节车之间或通过专门的货物承载架装载在两节车之间的钳夹车等。

（5）家畜车。家畜车的车体与棚车相似，设有通风设备、给水设备、押运人员乘坐空间及饲料堆放间，有的家畜车还装有饲料槽，用以运送牛、马、猪等活家畜。根据运送家畜大小的不同，家畜车车体内还可加装隔板分层。

（6）水泥车。水泥车是车体为圆柱形罐体，上部有装入水泥的舱孔，下部有漏斗式门，专供运送散装水泥的车辆。还有一种气卸式水泥车，下部设有引进压缩空气的进风口及卸货口，压缩空气与水泥混合后由卸货口通过卸货软管输入存储水泥的库中。使用散装水泥车，可节约大量包装材料及工时。

（7）集装箱专用车。集装箱专用车是底架承载面与平车相同但无地板，车体上设有固定集装箱的设备，用以装运集装箱的车辆。采用集装箱专用车运输可大大提高装卸车效率并加速车辆的周转，如图 1-10 所示。

图 1-10 集装箱专用车

（8）毒品车。毒品车是专供运送有毒物品（如农药等）的车辆。

3. 特种货车

特种货车是具有特殊用途的车辆，主要有下列 5 种。

（1）救援车。救援车是供列车发生颠覆或脱轨事故时，排除线路故障及修复线路使用的车辆，包括起重吊车、修复线路的工具车、材料车、救援人员的食宿车等。

（2）检衡车。检衡车是用于鉴定轨道平衡（大型专用地秤）性能的车辆，设有砝码或同时设有操作机器，有 30 t、40 t、50 t 等几种类别。

（3）发电车。发电车是设有动力机械驱动的发电设备的车辆，用于给列车供电，能作为铁路线上流动的发电场，供缺电处所用电。

（4）除雪车。除雪车是供扫除铁道上积雪之用的车辆。除雪车车辆上部装有铧犁式的专用除雪板，一般由机车推动前进，主要在我国寒冷的东北地区清扫轨道积雪之用。

（5）无缝钢轨输送车。无缝钢轨输送车是用于运送、回收 250 m 的超长钢轨的车辆，一般由多种车辆组合而成。

【知识点 4】铁路客车的种类

客车是供运送旅客和为旅客服务的车辆，原则上编组在旅客列车中使用。客车可分为运送旅客、为旅客服务和特种用途的车辆 3 种。

1. 运送旅客的车辆

（1）硬座车。旅客座位为半硬制品（如泡沫塑料）或木制品的座车，相对的两组座椅中心距离在 1 800 mm 以下。

（2）软座车。旅客座位及靠垫设有弹簧装置、相对的两组座椅中心距离在 1 800 mm 以上的座车。

（3）硬卧车。卧铺为三层、铺垫为半硬制品（如泡沫塑料）或木制品的、卧室为敞开式或半敞开式的卧车。

（4）软卧车。卧铺为二层、铺垫有弹簧装置、卧室为封闭式单间且定员不超过四人的卧车。

（5）合造车。一辆车上同时设有两种或两种以上用途的车内设备的车辆，如软硬座合造车、行李邮政合造车等。

（6）双层客车。设有上、下两层客室的座车或卧车。

（7）简易客车。设有简易设备的客车。

（8）代用客车。用货车改装的代替客车使用的车辆，如代用座车、代用行李车等。

2. 为旅客服务的车辆

（1）餐车。供旅客在旅行中饮食就餐用的车辆，车内设有厨房、餐室及储藏室（同时还有小卖部）等设备。

（2）行李车。运输旅客行李及物品的车辆，车内设有行李间及办公室等设备。

3. 特种用途的车辆

（1）邮政车。供运输邮件使用的车辆，设有邮政间及邮政员办公室等设备，常固定编挂于旅客列车中。

（2）公务车。供国家机关人员到沿线检查工作时办公用的专用车辆。

（3）卫生车。专供运送伤病员使用的车辆，车内设有简单的医疗设备。

（4）医疗车。到铁路沿线进行巡回医疗活动使用的车辆，车内设有医疗设备。

（5）试验车。供科学技术试验研究使用的车辆，车内设有试验仪器设备。

（6）维修车。检查和维修铁道线路等设备的车辆，车内有必要的维修、检查装备。

（7）文教车。为铁路沿线人民群众进行文艺演出、文化教育和技术教育使用的车辆，车内设有必要的文娱和教育用器具及设备。

（8）宿营车。供列车上乘务人员休息使用的车辆。

此外，还有轨道检查车、轨道探伤车、隧道摄影车、限界检查车等特殊用途的车辆。

任务考核与评价

任务	任务考核		任务评价	
任务	提出问题	学生回答	自我评价	教师评价
子任务1	1. 铁道车辆的特点有哪些？			
	2. 铁道车辆的组成包括什么？			
	3. 铁道车辆是如何分类的？			
子任务2	1. 写出你知道的客车名称（不少于10个）			
	2. 写出你知道的货车名称（不少于10个）			
子任务3	通用货车有哪些？			

复习思考题

复习思考题除涉及本任务介绍的知识与技能外，还可能涉及本任务未介绍的知识与技能，需通过阅读参考书、网络搜索等方式进行自主学习后进行解答，在巩固课堂学习成果的同时培养自主学习能力。

1. 棚车的车体有（   ）、侧墙、端墙和（   ）。
2. 平车的底架承载面为一（   ），通常两侧设有柱插。
3. 罐车按卸货方式可分为（   ）和（   ）。
4. 保温车的车体有（   ），车内有降温和加温设备。
5. 长大货物车是车辆长度一般（   ）以上的长大平车。
6. （   ）是车体的基础。
7. （   ）的制动力很小但是必不可缺，在调车作业中起停车与防溜作用。
8. （   ）是机车与车辆，车辆与车辆之间互相连挂并传递纵向牵引力和冲击力的。
9. 车辆具有（   ）、自导向性、（   ）、严格的外形尺寸限制。
10. 客车包括硬座车、软座车、（   ）。
   A. 行李车　　　　B. 邮政车　　　　C. 棚车　　　　D. 硬卧车

11. 下列属于通用货车的是（　　）。

　　A. 平车与敞车　　　B. 罐车与平车　　　C. 罐车与矿石车　　D. 敞车与罐车

12. 设有圆筒形罐体，专用于装载液体、液化气体和粉状货物的车辆称为（　　）。

　　A. 敞车　　　　　B. 棚车　　　　　C. 平车　　　　　　D. 罐车

13.（　　）：车体长度在19 m以上、无墙板、载重70 t以上，供运输重量特重、长度特长或体积庞大的货物。

　　A. 敞车　　　　　B. 棚车　　　　　C. 平车　　　　　D. 长大货物车

14.（　　）：列车发生颠覆或脱轨事故时，排除线路障碍物及修复线路故障使用的车辆。

　　A. 发电车　　　　B. 救援车　　　　C. 平车　　　　　D. 罐车

15.（　　）：设有动力机械驱动的发电设备的车辆。

　　A. 发电车　　　　B. 救援车　　　　C. 平车　　　　　D. 罐车

16. 底架承载面为一平面，通常两侧有柱插，用来装运钢材、机械设备、集装箱、汽车、拖拉机的是（　　）。

　　A. 敞车　　　　　B. 棚车　　　　　C. 平车　　　　　D. 罐车

17. 车体有车顶和门、窗（或通风口），用以装运各种需防止湿损、日晒或散失的货物的是（　　）。

　　A. 敞车　　　　　B. 棚车　　　　　C. 平车　　　　　D. 罐车

18. 车体两侧及端部均有0.8 m的固定墙板，无车顶，主要用以装运散粒货物的是（　　）。

　　A. 敞车　　　　　B. 棚车　　　　　C. 平车　　　　　D. 罐车

任务 1.2　车辆标记及车辆方位

任务分析

教学目标	知识目标	掌握车辆标记的内容 知道车辆方位的判断方法
	能力目标	能识读标记各符号含义
	素养目标	培养学生团队协作、敢于担当的职业精神
教学 重难点	教学重点	车种车型车号标记 检修标记 车辆方位
	教学难点	联系后续课程中的检修制度、检修修程等知识
学情分析	知识和技能基础	通过学习了解铁路车辆的标记及主要技术参数
	认知和实践能力	具备识读各名称代号的能力

📋 任务工单

任务考核	
任务	提出问题
子任务 1	1. 举例说明车辆代码由哪几部分组成？
	2. 产权标记包括什么？
	3. 举例说明检修标记的内容
子任务 2	写出货车的车种编码（至少 10 个）
	写出客车的车种编码（至少 10 个）
子任务 3	画图说明四轴车辆各零部件（车轮、轴承等）的方位

💻 任务实施

搜集车辆标记的符号，并识读。

任务设计目的是让学生既能复习所学知识，加深对所学知识的理解，提升学习效果，还可以为新知识的学习做好铺垫。

学生们通过课前预习，列举 3～4 个车辆标记符号，进行识读、点评、补充。

【思考题】图 1-11 中的 $YZ_{25G}349349$，图 1-12 中的 $RW_{25K}552785$，图 1-13 中的 $C_{64K}4914505$，代表什么意思呢？

图 1-11　车辆代码示例 1

图 1-12　车辆代码示例 2

图 1-13　车辆代码示例 3

【知识点 1】车辆代码

车辆标记及技术参数

车辆代码相当于车辆的"身份证"。客车、货车的车辆代码均由车种、车型及车号三部分组成。三部分完整的车辆代码就指某辆具体的车。

1. 车种

车种用一个或两个大写汉语拼音首字母来表示。客车用两个字母表示，货车用一个字母表示，也有个别货车车种为便于区分而用两个字母表示。例如，YZ 表示硬座车，RZ 表示软座车，C 表示敞车等。货车车种编码如表 1-1 所示，客车车种编码如表 1-2 所示。

表 1-1　货车车种编码

车种名称	车种编码	车种名称	车种编码	车种名称	车种编码
敞车	C	保温车	B	集装箱专用车	X
棚车	P	粮食车	L	小汽车专用车	SQ
平车	N	毒品车	W	汽车驮背专用车	QT
罐车	G	水泥车	U	长大货物车	D
漏斗车	K	家畜车	J	特种车	T

表 1-2　客车车种编码

车种名称	车种编码	车种名称	车种编码	车种名称	车种编码
软座车	RZ	邮政车	UZ	文教车	WJ
硬座车	YZ	餐车	CA	公务车	GW
软卧车	RW	空调发电车	KD	特种车	TZ
硬卧车	YW	医疗车	YL	试验车	SY
行李车	XL	卫生车	WS	救援车	JY

2. 车型

客车、货车的不同结构、材质、性能（长度、载重）系列用一位或两位小阿拉伯数字及小号汉语拼音字母表示，附在车种的右下角。

3. 车号

按预先规定的规则而编排的某车种的顺序号码，用大阿拉伯数字表示，记在车号和车型的右侧。

【思考题】在车辆上我们还看到了"严禁敲击""Ⓡ""数字、文字"等标记。它们表示什么意思？

【知识点 2】车辆标记

车辆标记是为了更好地运用、管理、检修车辆，在铁路车辆的某一固定位置上做的标记，代表了车辆产权、型号、车号、基本性能、配属，以及在使用中所应注意的事项。车辆标记主要有产权标记、运用标记、特殊标记、检修标记和方位标记。

1. 产权标记

产权标记有路徽、国徽、厂矿企业自备标记、配属标记、制造标记 5 种。

（1）路徽。中华人民共和国的铁路路徽上部是"人"字，表示人民，下部是钢轨截面图形，代表铁路。整个图形既具有机车的形象，又表达了人民铁路的含义，如图 1－14 所示。

（2）国徽。参加国际联运的客车在侧墙中部悬挂国徽，如图 1－15 所示。

图 1－14　路徽 　　　　　图 1－15　国徽

（3）厂矿企业自备标记。拥有机车车辆的非铁路企业也有各自的标记，涂写在机车车辆上时表示其产权所属，如图 1－16 所示。

图 1－16　厂矿企业自备标记

（4）配属标记。中国铁路规定所有机车、客车和部分货车分别配属给各铁路局及其所属机务段或车辆段负责管理、使用和维修，并在车上涂刷所配属的铁路局段的简称，如"西局西段"表示西安铁路局西安车辆段，如图 1－17 所示。

图 1－17　配属标记

（5）制造标记。制造标记是表示机车车辆的制造工厂名称和制造年月的标记，又称工厂铭牌，一般安装在机车车辆指定位置。制造标记相当于车辆的"出生证"。

图 1-18　制造标记

2. 运用标记

（1）载重。载重是车辆允许的最大装载重量。客车的载重量中除旅客及其随身携带的行李外，还包括整备品和乘务人员的重量。

（2）自重。车辆自身的重量。

（3）定员。根据车内设备（座位或卧铺）可容纳的旅客人数确定。

（4）容积。货车、行李车和邮政车可供装载的最大容量，以 m³ 计。货车通常还标明内长、内宽、内高尺寸，以 m 为单位。

（5）全长和换长。客货车辆均以其两端车钩连接线（钩舌内侧面）间的距离为其全长，以 m 为单位。车辆换长是车辆的换算长度，是车辆全长除以 11 m 后所得的商，只保留一位小数，运用标记如图 1-19 所示。

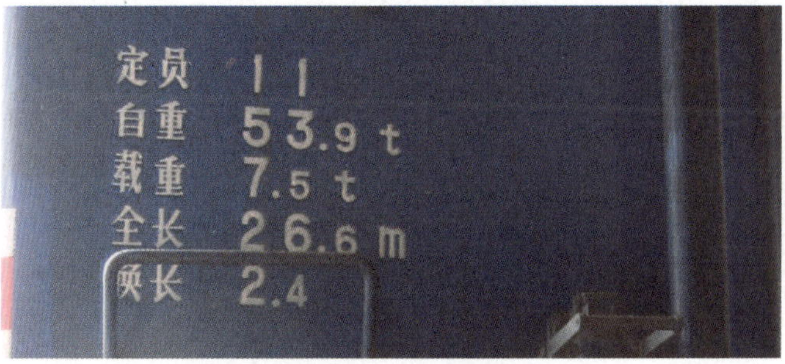

图 1-19　运用标记

3. 特殊标记

特殊标记是设在货车上的、起到特殊作用的标记。

（1）"人"字标记Ⓐ。具有车窗、床托、烟囱座等设备，必要时可供输送人员使用的棚车应涂打该标记，涂打在车体两侧运用标记的下方。

（2）"关"字标记Ⓧ。货车活动墙板及其他活动部分翻下超过车辆限界者，必须关闭完好后才准运行，应在每扇门内侧及侧梁中部涂打该标记。

（3）"特"字标记㊵。允许运输特种货物的车辆应涂打该标记，涂打在车体两侧运用标记的下方。

（4）"禁止上驼峰"标记。禁止通过机械化驼峰的车辆应涂打"禁止上驼峰"标记，该标记涂打在车体两侧运用标记的下方，如长大货物车、装载压缩气体或液化气体的罐车、自翻车、底开门式车、无自动制动机的车辆。

（5）"MC"标记㊣。符合参加国际联运技术条件的货车应涂打该标记。

（6）"超"字标记㊒。货车某部分结构超出车辆限界时，应在该部分明显处涂打该标记。

（7）"卷"字标记㊷。敞车、煤车、矿石车等在侧梁端部装有卷扬机挂钩者，须在车辆的一、四位牵引钩上方涂打该标记。

4. 检修标记

检修标记是表示车辆定期检修的单位和年月，以及下次检修年月的标记。在中国铁路的检修标记中，线下为厂修标记，线上为段修标记，左侧为下次厂、段修年月，右侧为本次厂、段修年月和地点，如图1-20所示。

22.8	21.2 上沪
25.9	18.3 浦厂

图1-20　检修标记

【思考题】

车辆在检修时如果发现一个车轮擦伤了，如何准确地表达出是哪个车轮呢？

通常一个车辆上有八个车轮，如果你细心观看，就会发现车上有"1""2""3""4"这样的数字，即方位标记。

【知识点3】车辆方位

铁道车辆在前后、左右方向是一个接近对称的结构。在对称轴上或在对称的部位上有许多结构相同或相近的零部件。如何更好地确定同类型零部件在车辆中的位置呢？

车辆方位一般以制动缸活塞杆推出的方向为一位端，相反的方向为二位端，并在车上规定的部位涂刷方位标记。对于有多个制动缸的情况，则以手制动安装的位置为一位端。如按上述方法确定方位仍有困难，则以出厂时涂打的标记为准，如图1-21所示。

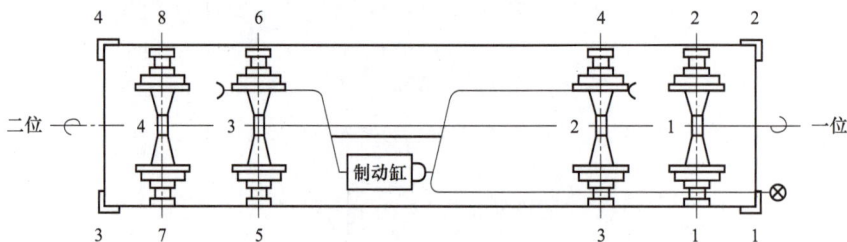

图1-21　车辆方位

车轴、车钩、转向架、底架上的各梁和其他部件的位置确定，是由一位端起顺次数到二位端止的。（车轮、轴箱等位置是左右对称的，则人站立在一位端，面向本车，从一位端起，从左至右顺次数到二位端。）

任务考核与评价

任务考核			任务评价	
任务	提出问题	学生回答	自我评价	教师评价
子任务 1	1. 举例说明车辆代码由哪几部分组成			
	2. 产权标记包括什么？			
	3. 举例说明检修标记的内容			
子任务 2	写出货车的车种编码（至少 10 个）			
	写出客车的车种编码（至少 10 个）			
子任务 3	画图说明四轴车辆各零部件（车轮、轴承等）的方位			

复习思考题

　　复习思考题除涉及本任务介绍的知识与技能外，还可能涉及本任务未介绍的知识与技能，需通过阅读参考书、网络搜索等方式进行自主学习后进行解答，在巩固课堂学习成果的同时培养自主学习能力。

　　1. 车辆标记由共同标记、（　　）构成。
　　　A. 定期标记　　　　　B. 油漆标记　　　　　C. 特殊标记　　　　　D. 涂打标记
　　2. 货车特殊标记包括（　　）。
　　　A. 制造厂名标牌　　　B. ⚠　　　　　　　　C. 载重　　　　　　　D. 路徽
　　3. 铁道车辆的技术指标一般包括性能参数、（　　）。
　　　A. 结构组成　　　　　B. 主要尺寸　　　　　C. 性能　　　　　　　D. 结构特点
　　4. 车辆的运用标记包括（　　）。
　　　A. 构造速度　　　　　B. 车钩高度　　　　　C. 全重　　　　　　　D. 换长
　　5. 车辆的主要尺寸包括（　　）。
　　　A. 车辆长度　　　　　B. 构造速度　　　　　C. 车辆重心　　　　　D. 结构特点
　　6. 铁路限界由（　　）限界和建筑接近限界组成。
　　　A. 机车　　　　　　　B. 车辆　　　　　　　C. 机车车辆　　　　　D. 接触网
　　7. 机车车辆限界是一个和线路中心线（　　）的机车车辆的极限横断面轮廓图形。

    A. 平行   B. 相交   C. 包含   D. 垂直

8. 轴重是（　　）与车辆全车轴数的比值。

    A. 车辆载重   B. 车轴自重   C. 车辆总重   D. 车轴总重

9. 在计算换长时，使用的标准长度规定为（　　）m。

    A. 10   B. 11   C. 12   D. 13

10. 目前，我国货车规定每延米轨道载重不大于（　　）t。

    A. 7   B. 8   C. 9   D. 10

11. 车辆的载重为（　　）。

    A. 车辆允许的载重量   B. 自重

    C. 已装货物的重量   D. 车辆本身的重量

12. 所谓每延米重是指（　　）。

    A. 车体每延长 1 m 增加的自重量   B. 车体每延长 1 m 增加的载重量

    C. 车辆载重与车辆全长之比   D. 车辆总重与车辆全长之比

13. 机车车辆限界（　　）建筑接近限界。

    A. 大于   B. 小于

    C. 大于或等于   D. 小于或等于

14. 客车的车号采用（　　）数字代码。

    A. 6 位   B. 7 位   C. 8 位   D. 9 位

15. 车辆主要尺寸包括车辆全长、车辆宽度、（　　）以及车体长、车钩中心线距轨面高度、地板面高度等。

    A. 载重   B. 轴重   C. 容积   D. 车辆高度

16. 铁道车辆按用途分为客车、货车及（　　）。

    A. 特种用途车   B. 轨道检查车   C. 发电车   D. 空调车

17. 特种用途车包括试验车、轨道检查车、（　　）。

    A. 罐车   B. 餐车   C. 发电车   D. 矿石车

18. 一般货车车辆的走行部由（　　）二轴转向架组成。

    A. 一台   B. 两台   C. 三台   D. 四台

19. 敞车的车种代码是（　　）。

    A. P   B. N   C. C   D. D

20. 长大货物车的车种代码是（　　）。

    A. P   B. N   C. C   D. D

21. 车辆的车号编码在（　　）范围内必须唯一。

    A 全段   B. 全局   C. 全国   D. 全世界

22. 车辆代码中的车型表示车辆的（　　）。

    A. 种类   B. 结构特征   C. 制造顺序   D. 标记

23. 车辆代码中的车号表示车辆制造（　　）。

    A. 种类   B. 结构特征   C. 顺序   D. 标记

24. 车辆代码中的车型用拼音和（　　）混合表示。

    A. 字母   B. 顺序   C. 英文字母   D. 数字

25. 车辆代码由（　　）部分组成。

　　A. 1　　　　　　　B. 2　　　　　　　C. 3　　　　　　　D. 4

26. 车辆代码第一部分为车辆所属的（　　）编码。

　　A. 车种　　　　　　B. 顺序　　　　　　C. 结构　　　　　　D. 数字

27. 车辆代码中的车型为车辆的重量系列或（　　）系列。

　　A. 车种　　　　　　B. 顺序　　　　　　C. 长度　　　　　　D. 数字

28. 车型的字母为车辆的材质或（　　）。

　　A. 车种　　　　　　B. 顺序　　　　　　C. 结构　　　　　　D. 数字

29. 货车的车号采用（　　）数字代码。

　　A. 6 位　　　　　　B. 7 位　　　　　　C. 8 位　　　　　　D. 9 位

30. 车辆标记主要有（　　）、（　　）、（　　）、（　　）和（　　）五方面。

任务 1.3　车辆的主要尺寸和机车车辆限界

任务分析

教学目标	知识目标	掌握机车车辆限界 掌握车辆的轴距 掌握车辆的主要尺寸
	能力目标	能画出车辆的轴距
	思政目标	培养学生团队协作、敢于担当的职业精神
教学重难点	教学重点	车辆的轴距，机车车辆限界
	教学难点	联系后续课程中的检修制度、检修修程等知识
学情分析	知识和技能基础	通过学习了解铁路车辆的标记及主要技术参数
	认知和实践能力	具备识读各名称代号的能力

任务工单

任务考核	
任务	提出问题
子任务 1	1. 画图说明四轴车辆的主要尺寸
	2. 画图说明四轴车辆的轴距
子任务 2	机车车辆限界值是多少
子任务 3	写出机车车辆的主要尺寸数值

【思考题】铁道车辆有严格的外形尺寸限制，最大高度和最大宽度是多少呢？

【知识点1】车辆的主要尺寸

1. 车辆长度

当车辆两端的两个车钩均处在闭锁位置时，两钩舌内侧面之间的距离（m）称为车辆长度。车辆长度随着生产技术水平的提高日益加长，但受到车辆在曲线上的偏移量和生产运用条件的限制，所以一般车辆长度都在 26 m 以下。

2. 车辆宽度与最大宽度

车辆宽度指车辆两侧的最外凸出部位之间的水平距离。车辆最大宽度指车辆侧面的最外凸出部位与车体纵向中心线间的水平距离的两倍。

3. 车辆高度与最大高度

空车时，车体或罐体上部外表面至轨面的垂直距离为车辆高度。车辆最大高度指空车时车辆上部最高部位至轨面的垂直距离。

4. 车体、底架长度

车体长度为车体两外端墙板（非压筋处）外表面间的水平距离。底架长度为底架两端梁外表面间的水平距离。罐体长度指罐体两端板（不包括加温套）最外表面间的水平距离。

5. 车体内部主要尺寸

（1）车体内长：车体两端墙板内表面间的水平距离。

（2）车体内宽：车体两侧墙板内表面间的水平距离。

（3）车体内侧面高：由地板上平面至侧墙上侧梁的上平面间的垂直距离。

（4）车体内中心高：由地板上平面至车顶中央内表面间的垂直距离。

根据车辆运用的需要，对车体载货部分的尺寸有不同的要求。例如：敞车的内长，要考虑便于装运成品木材、集装箱等货物；棚车的内宽，要适合于安装备用床板设备；车体内高与布置车辆设备和旅客舒适性都有关系。

6. 地板面高度

指空车时，底架地板（或木地板）上表面至轨面的垂直距离（不包括木地板覆盖物，如地板布、地毯等的厚度）。对于通用客、货车辆的地板面高度有一定范围的要求，货车应与站台高度相适应，以便于装卸货物。各种客车地板面高度除与站台高度相适应外，还应尽可能一致，这样可以方便旅客在各车之间顺利通行。

7. 车钩中心线高度

车钩中心线高度指空车时，车钩中心线至轨面的垂直距离。这是保证各车辆之间和车辆与机车之间能够正常连挂运用的最重要尺寸。我国客货车辆车钩高度标准均为 880 mm。同时货车车钩中心高度最高不大于 890 mm，最低空车不小于 835 mm，最低重车不小于 815 mm，相互连挂的车钩中心线差不大于 75 mm。

【知识点2】车辆的轴距与车辆定距

车辆运行在曲线上时，车体或转向架的中心线与线路中心线不一致，这种不一致的程度越大，轮缘与钢轨之间的磨损就越大。为了克服这种缺点，应限制曲线半径不得过小，除外轨应适当加高和轨距应适当加宽外，在车辆的制造上对轮轴距离也应加以规定和限制。

1. 全轴距

同一辆车上，最前位车轴和最后位车轴中心线间的水平距离称为全轴距。全轴距过小时，会增加车辆的点头振动，不适合高速度运行，易引起脱线或脱钩事故，易使货物损坏或倒塌。

2. 固定轴距

同一转向架（除组合转向架外）中最前位车轴和最后位车轴中心线间的水平距离称为固定轴距。固定轴距的大小对车辆的运行有很大影响。固定轴距过大时，车辆在曲线半径小的线路上运行时，外侧车轮轮缘压迫钢轨内侧面，不但容易加剧轮缘与钢轨间的磨耗，而且容易扩大轨距造成脱轨事故。固定轴距过小时，会增大车辆的振动，使旅客感到不舒服，而且易使车辆上的螺栓等紧固件松弛，导致各零件及货物损坏。

因此，一般铁路客车转向架的固定轴距，二轴转向架为 2 400～2 700 mm，三轴转向架为 3 400 mm；货车二轴转向架为 1 650～1 800 mm，三轴转向架为 2 400～2 600 mm。

3. 车辆定距

有转向架的车辆底架两心盘中心销（或牵引销）中心线之间的水平距离称为车辆定距。车辆轴距和车辆定距如图 1-22 所示。

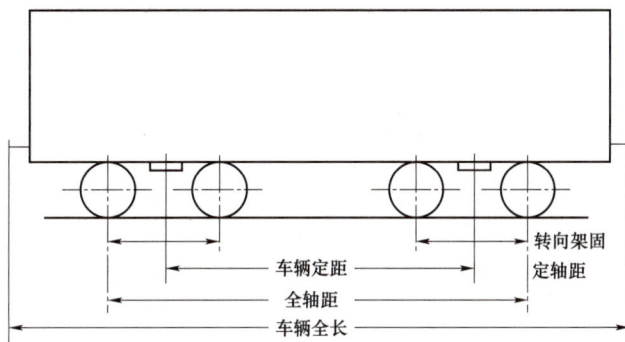

图 1-22　车辆轴距和车辆定距

车辆定距是车辆计算中不可缺少的技术参数。一般在制造车辆时，取车辆全长与定距之比为 1.4:1，比例过大时易引起牵引梁下垂。但也不可过小，否则会造成通过曲线线路时，车体中部偏移量过大。

客车车辆定距一般为 18 000 mm，双层客车车辆定距一般为 18 500 mm；货车车辆定距 P_{64} 型为 11 700 mm，C_{61} 型为 7 200 mm，N_{17} 型为 9 000 mm。

【知识点 3】机车车辆限界

1. 设置限界的意义

铁路限界由机车车辆限界（简称"车限"）和建筑限界（简称"建限"）两者共同组成，两者间相互制约与依存。铁路限界是铁路安全行车的基本保证之一，为了使机车车辆能在一定范围的路网内通行无阻，不会因机车车辆外形尺寸设计不当、货物装载位置不当或建筑物地面设备的位置不当而引起行车事故，必须用限界分别对机车、车辆和建筑物等地面设备加以制约。因此，限界是铁路各业务部门都必须遵循的基础技术规定。限界制定得是否合理、先进，也关系到铁路运输总的经济效果。

建筑限界和机车车辆限界均指在平直线路上两者中心线重合时的一组尺寸约束所构成的极限轮廓。

机车车辆限界与建筑限界之间必须留有一定的空间来保证行车安全，这个空间称为安全空间。这部分空间应该包括：

（1）车辆制造公差引起的上下、左右方向的偏移或倾斜。

（2）车辆在名义载荷作用下弹簧受压缩引起的下沉，以及弹簧由于性能上的误差可能引起的超量偏移或倾斜。

（3）由于各部分磨耗或永久变形面造成的车辆下沉，特别是左右侧不均匀磨耗或变形面引起的车辆倾斜与偏转。

（4）由于轮轨之间及车辆自身各部分存在的横向间隙而造成车辆与线路间可能形成的偏移。

（5）车辆在行驶过程中因运动中力的作用而造成车辆相对于线路的偏移，包括曲线区段运行时实际速度与线路超高所要求的运行速度并不一致而引起的车体倾斜，以及车辆在振动中也会产生上下、左右各个方向的位移。

（6）线路在列车反复作用下可能产生的变形。

（7）运输某些特殊货物时可能会超限。

（8）为应对可能出现的特殊情况，还应该有足够的预留空间。

根据以上提到的八种空间的多少，机车车辆限界可以分成以下三种不同的限界。

① 无偏移限界：当机车车辆限界仅考虑上述第（1）点内容时的限界称为无偏移限界，又称为制造限界。此时，机车车辆限界与建筑限界之间所留的空间应该很大。

② 静偏移限界：当机车车辆限界考虑了上述第（1）至第（3）点内容时，称静偏移限界或静态限界。此时，机车车辆限界与建筑限界之间的空间可以压缩一些，只包括第（4）至第（8）点内容。

③ 动偏移限界：当机车车辆限界考虑了第（1）至第（5）点内容时，则机车车辆限界与建筑限界之间的空间可以留得很少，这种限界称为动偏移限界或动态限界。

三种限界虽然都得考虑以上八点内容，但以无偏移限界空间利用率最低，这是因为各种不同的机车、车辆可能发生的最大偏移量各不相同。要把除了制造公差以外的全部内容都包含在机车车辆限界与建筑限界之间的空间内，所以这个空间只能留得尽可能大些，以免发生意外。

除上述三种限界外，根据制定限界的这些原则，在某些特殊的路网上还可以使用特殊的限界。

2. 机车车辆限界

机车车辆限界是与线路中心线垂直的，限制机车车辆外形尺寸的极限横断面轮廓。机车车辆限界中心线为通过平直线路中心的垂直线。机车车辆水平尺寸自其中心线算起，并以限界半宽表示。垂直尺寸自轨面算起。

机车车辆限界分为上部限界和下部限界。距轨面高350 mm以上部分为上部限界，车限-1A为铁路机车车辆上部限界基本轮廓，见图1-23。距轨面高350 mm及以下部分为下部限界，车限-1B、车限-1C为铁路机车车辆下部限界基本轮廓，其中车限-1B见图1-24，车限-1C见图1-25。通过驼峰车辆减速器（顶）（制动或工作位置）的货车下部限界为车限-2，见图1-26。通过驼峰车辆减速器（顶）（缓解位置）的调车机车下部限界为车限-3，见图1-27。机车车辆无论是空车或是重车，无论是具有最大标准公差的新车或是具有最大标准公差和磨耗限度的旧车，停放在水平直线上，无侧向倾斜与偏移，仅在停车时需要探出的部分应处于收回状态，除升起的受电弓以外，其他任何部分均应容纳在机车车辆限界之内。机车车辆设计制造时，无论是基本尺寸或是公差尺寸都不应超过限界所规定的极限横断面轮廓线。

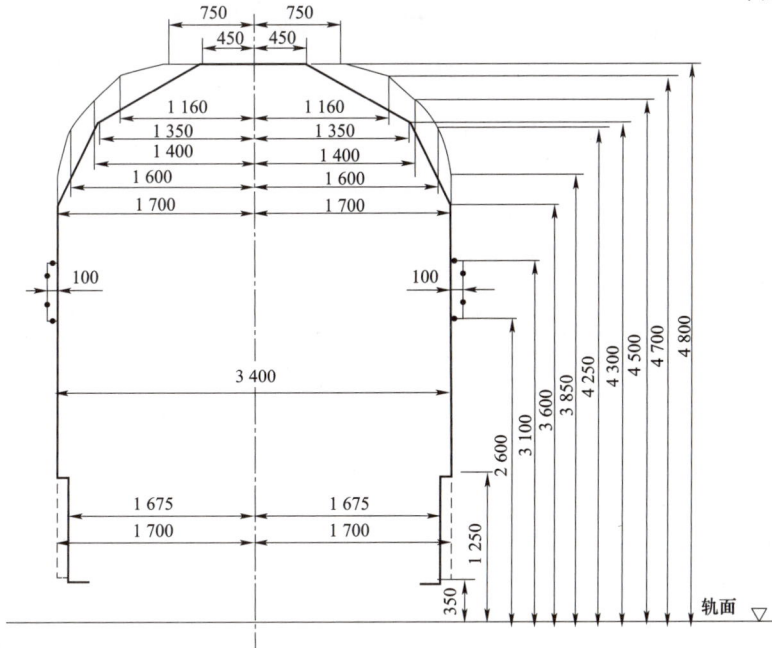

图 1-23　车限-1A

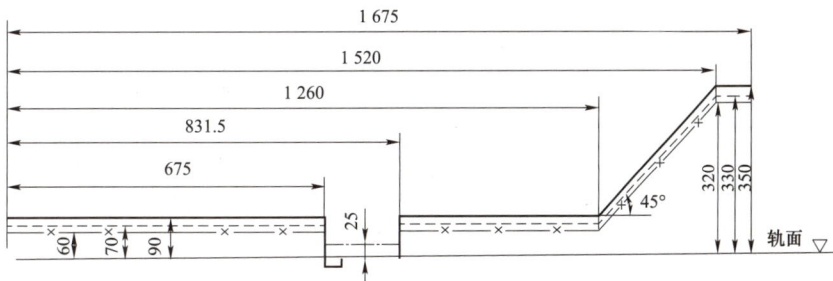

图 1-24　车限-1B

单位：mm

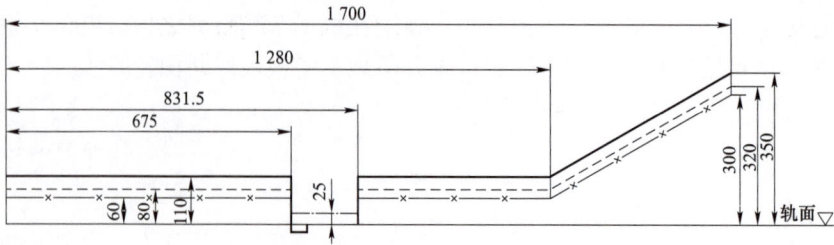

说明：

————————— 车体的弹簧承载部分。

—·—·—·—·— 转向架上的弹簧承载部分。

—×—×—×— 非弹簧承载部分。

—··—··—·· 机车闸瓦、撒砂管、喷油嘴最低轮廓。

图 1-25　车限-1C

单位：mm

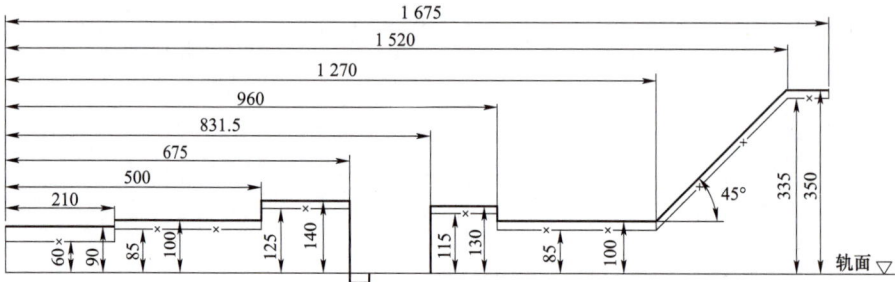

说明：

————————— 弹簧承载部分。

—×—×—×— 非弹簧承载部分。

图 1-26　车限-2

单位：mm

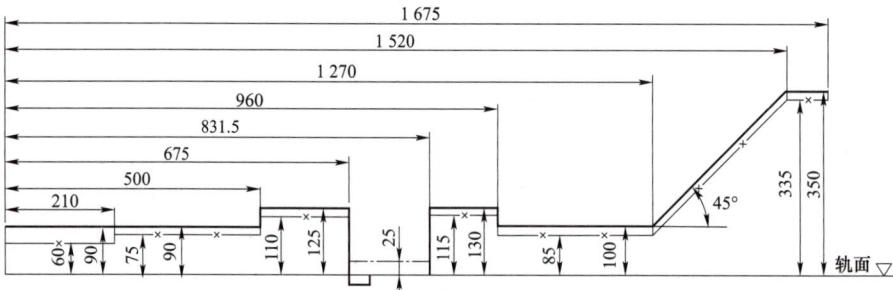

说明：

————————— 弹簧承载部分。

—×—×—×— 非弹簧承载部分。

—··—··—·· 机车闸瓦、撒砂管、喷油嘴最低轮廓。

图 1-27　车限-3

3. 建筑限界

限制线路建筑物或设备距线路中心和轨面的最小容许尺寸的轮廓图形称为建筑限界。一切建筑物及设备的任何部分在任何情况下均不得侵入铁路的建筑限界。但是，当车辆在曲线上运行时，车辆中心线与线路中心线不能重合，车辆两端超出曲线外侧，而中部偏入曲线内侧；曲线线路上外轨有超高，易使车辆发生倾斜。考虑到这些因素的影响，在线路的曲线区段必须加宽建筑接近限界，以使其保证有足够的曲线限界间隙。

旅客站台上柱类建筑物距站台边缘不小于 1 500 mm，建筑物距站台边缘不小于 2 000 mm。旅客站台分为低站台、高站台，低站台高度为 300 mm、500 mm，高站台高度为 1 250 mm。货物站台的高度为 900～1 100 mm。在非电气化区段的车站上，车辆调动频繁的站场内，天桥的高度不小于 5 800 mm。

货物高站台边缘（只适用于线路的一侧）在高出轨面距离 1 100～4 800 mm 间，距线路中心线可按 1 850 mm 设计。

📊 任务考核与评价

任务考核			任务评价	
任务	提出问题	学生回答	自我评价	教师评价
子任务 1	1. 画图说明四轴车辆的主要尺寸			
	2. 画图说明四轴车辆的轴距			
子任务 2	机车车辆限界值是多少？			
子任务 3	写出机车车辆的主要尺寸数值			

◆ 复习思考题

复习思考题除涉及本任务介绍的知识与技能外，还可能涉及本任务未介绍的知识与技能，需通过阅读参考书、网络搜索等方式进行自主学习后进行解答，在巩固课堂学习成果的同时培养自主学习能力。

1. 机车车辆限界规定，从轨面起计算，机车车辆的最大高度为（　　　）。

　　A. 3 400 mm　　　　B. 3 600 mm　　　　C. 4 800 mm　　　　D. 5 500 mm

2. 机车车辆限界规定，机车车辆的最大宽度为（　　　）。

　　A. 3 400 mm　　　　B. 3 600 mm　　　　C. 4 800 mm　　　　D. 5 500 mm

3. 机车车辆限界规定，从轨面高 2 600～3 100 mm 范围内，机车车辆的最大宽度为（　　　）。

　　A. 3 400 mm　　　　B. 3 600 mm　　　　C. 4 800 mm　　　　D. 5 500 mm

4. 车辆全长是指车辆两端两个车钩均处于（　　　）位时，两钩舌内侧面之间的距离。

　　A. 全开　　　　　　B. 开锁　　　　　　C. 闭锁　　　　　　D. 连挂

5. 车辆的轴距有（　　　）、全轴距和车辆定距三种。

6. 车辆的检修限度分为最大限度和（　　　）限度。

7. 一般在制造车辆时，取车辆全长与车辆定距之比为（　　　）。

8. 车辆的最大高度为（　　　）mm。车辆的最大宽度为（　　　）mm。

9. 我国客、货车辆车钩中心高度标准均为（　　　）mm；同时货车车钩中心高度最高不大于（　　　）mm，最低空车不小于（　　　）mm，重车不小于（　　　）mm。

任务 1.4　时速 160 km 动力集中（鼓形）动车组概述

任务分析

教学目标	知识目标	掌握时速 160 km 动力集中（鼓形）动车组编组形式
	能力目标	理解时速 160 km 动力集中（鼓形）动车组结构特点
	素养目标	培养学生团队协作、敢于担当的职业精神
教学重难点	教学重点	时速 160 km 动力集中（鼓形）动车组 Tc 车设备布置
	教学难点	时速 160 km 动力集中（鼓形）动车组 Mc 车设备布置
学情分析	知识和技能基础	通过学习了解时速 160 km 动力集中（鼓形）动车组的结构特点
	认知和实践能力	具备识读各名称代号的能力

任务工单

任务考核	
任务	提出问题
子任务 1	1. 时速 160 km 动力集中（鼓形）动车组编组形式是什么？
	2. 时速 160 km 动力集中（鼓形）动车组结构特点是什么？
	3. 时速 160 km 动力集中（鼓形）动车组安全标识是什么？
子任务 2	1. 时速 160 km 动力集中（鼓形）动车组 Tc 车设备布置是什么？
	2. 时速 160 km 动力集中（鼓形）动车组 Mc 车设备布置是什么？
子任务 3	培养学生团队协作、敢于担当的职业精神

任务实施

【知识点 1】 安全注意事项

1. 一般要求

（1）禁止用水直接冲洗地板。

（2）衣帽钩仅供挂衣帽使用，禁止悬挂重物。

（3）禁止踩踏和用重物撞压插座。

（4）应定期检查灭火器的使用期限，必要时更换。

（5）应设置集便器使用标识，禁止往集便器内扔手纸等杂物，以免堵塞集便器及污物箱。

（6）冬季使用应严防集便器及污物箱冻结。

（7）在冬季长期停放动车组时，必须将水箱、污物箱、水管路等放净。

（8）将水卫生设施内的存水排放干净，以防冻结。

（9）长期停放动车组时，必须施加停放制动和必要的止轮器。

2. 安全标示说明

有关技术安全的重要指令说明都带有适当的图标。为了确保人员安全，为了避免事故和对动力车和部件造成损坏，必须严格遵守指令。

危险指令图标如图 1-28 所示。当出现这类安全指令时，如果不遵守这些指令，将会存在伤害或死亡的危险。在这种情况下，必须严格遵守这些重要的工作安全指令并特别小心地执行。

小心指令图标如图 1-29 所示。当出现这类安全指令时，如果不遵守这些指令，可能导致部件或动力车的损坏和（或）故障。

注意指令图标如图 1-30 所示。这类图标给出提示和其他有用的信息。为了部件和动力车可靠运行，应遵守所有这类注意事项。

图 1-28　危险指令图标 　　　图 1-29　小心指令图标 　　　图 1-30　注意指令图标

【知识点 2】 动车组运用环境

时速 160 km 动力集中动车组的最高运营速度为 160 km/h。

1. 自然条件

（1）海拔：≤2 500 m。

在海拔 1 400 m、环境温度 +40℃，海拔 2 500 m、环境温度 +32.5 ℃，且连续在最大功率状态下运行时不应出现功率限制。

（2）环境温度（遮荫处）：±40℃。

动力车蓄电池充电器、微机控制系统、牵引和辅助变流器及其控制单元、升弓系统部件、空气制动等在满足 -25～+40℃ 环境下正常运用的前提下，可通过应用加强防寒和预热（可以采用蓄电池供电和接触网供电两种方式）的可选配置方案，达到 -40～+25℃ 环境下正常运用的要求。

暴露在车外的转向架承载橡胶件、制动系统橡胶件及阀的低温性能应按照 -50℃ 进行考核。

（3）月平均最大相对湿度（该月月平均最低温度不低于 25℃）：95%。

（4）环境条件：能适应风、沙、雨、雪、粉尘等的侵袭。

2. 线路条件

（1）建筑限界符合《标准轨距铁路限界　第 2 部分：建筑限界》（GB 146.2—2020）中的要求。

（2）区间最大坡度：≤30‰。

（3）最小曲线半径：可以通过半径为 125 m 的曲线，并能在半径为 250 m 的曲线上正常摘挂。

3. 供电系统

（1）供电制式：单相 AC25 kV、50 Hz。

（2）电网供电品质：最高电压 31 kV、最低电压 17.5 kV，其余符合《轨道交通　牵引供电系统电压》（GB/T 1402—2010）的规定。

4. 过分相方式

列车过分相方式有以下三种：

（1）手动过分相方式。

（2）半自动过分相方式。

（3）自动过分相方式。

5. 通信设备

列车装配以下通信设备：

（1）LKJ 2000 列车运行监控记录装置。

（2）机车综合无线通信设备 CIR。

（3）JT－C 型机车信号车载系统设备。

（4）TMIS 车号识别设备。

（5）TAX2 型机车安全信息综合监控装置。

（6）车载安全防护系统（6A 系统）。

6. 车载通信设备

列车装配以下车载通信设备：

（1）列车运行控制系统车载设备。

（2）无线通信车载设备。

【知识点 3】动车组配置

1. 编组布置

时速 160 km 动力集中动车组动力车编组形式如下：

短编组构成为 1Mc+7T+1Tc。

具体编组方案为 1 辆动力车+3 辆二等座车+1 辆餐座合造车（餐吧式）+3 辆二等座车+1 辆控制车/一等座车，如图 1－31 所示。

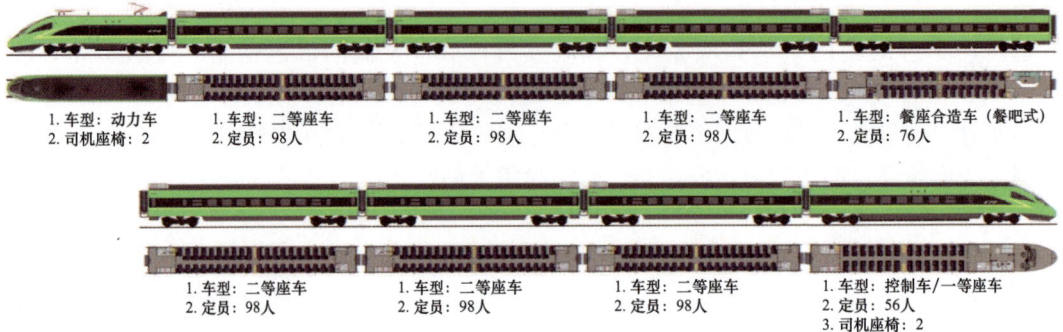

1. 车型：动力车　　1. 车型：二等座车　　1. 车型：二等座车　　1. 车型：二等座车　　1. 车型：餐座合造车（餐吧式）
2. 司机座椅：2　　2. 定员：98 人　　2. 定员：98 人　　2. 定员：98 人　　2. 定员：76 人

1. 车型：二等座车　　1. 车型：二等座车　　1. 车型：二等座车　　1. 车型：控制车/一等座车
2. 定员：98 人　　2. 定员：98 人　　2. 定员：98 人　　2. 定员：56 人
　　　　　　　　　　　　　　　　　　　　3. 司机座椅：2

图 1－31　短编组构成

短编组动车组技术参数如表 1－3 所示。

表 1-3　短编组动车组技术参数

轴重/t		不大于 16.5,同一轮对轮重差不超过 4%
车体长度/mm	拖车	25 500
	控制车	27 955
车体宽度/mm		3 360

短编组动车组定员为 720 人,如表 1-4 所示。

表 1-4　短编组动车组定员

顺号	1	2	3	4	5	6	7	8	9
等级	—	二等	二等	二等	二等	二等	二等	二等	一等
定员/人	—	98	98	98	76*	98	98	98	56

*:包含 2 个无障碍座席。

总结:9 辆编组,1 动 7 拖 1 控,全部为座车,总定员 720 人,长约 234 m。2/3/4/6/7/8 号车设二等座椅;9 号车设一等座椅;5 号车设无障碍卫生间及轮椅存放区,设餐吧区、播音室和机械师室。

2. 平面布置图

中车株洲电力机车有限公司动力车如图 1-32 所示。

图 1-32　中车株洲电力机车有限公司动力车

中车大连电力机车有限公司动力车如图 1-33 所示。

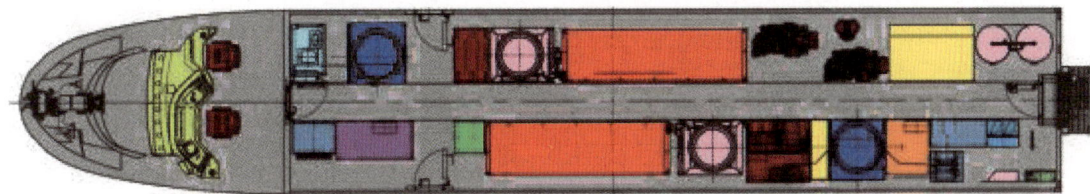

图 1-33　中车大连电力机车有限公司动力车

CR200J 优化二等座车如图 1-34 所示,定员 98 人。两端设通过台;一位端设坐式卫生间、乘务员室、电气控制柜、电热开水器;中部为客室,设置 2+3 普通座椅;二位端设蹲式卫生间、单人洗面间、大件行李区。

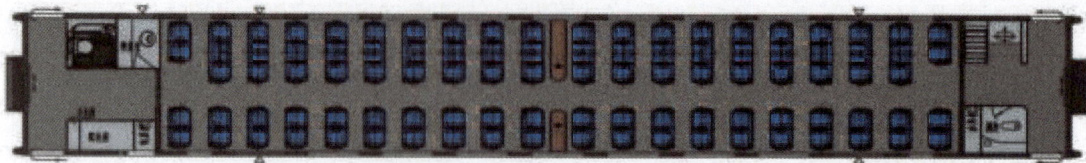

图 1-34 CR200J 优化二等座车

控制车定员 56 人。两端设通过台；一位端设蹲式卫生间、乘务员室、电气控制柜、电热开水器；中部为客室，设置 2+2 一等座椅；二位端设坐式卫生间、单人洗面间、司机室。

二等座车/餐车如图 1-35 所示，定员 76 人。一位端设通过台、垃圾箱和无障碍卫生间；车体中部为客室及机械师室，设置 2+3 普通座椅，客室设有无障碍座位和残障人士轮椅存放区；二位端设配电柜、餐吧区，餐吧区设方便售卖的展示柜及储藏设备。

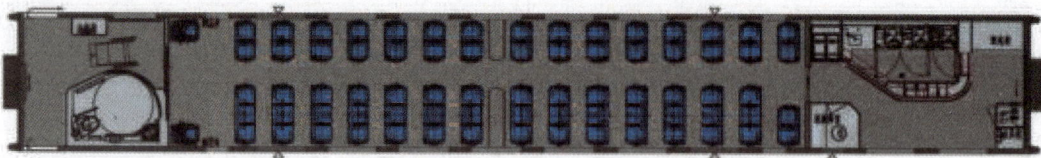

图 1-35 二等座车/餐车

CR200J 二等座车如图 1-36 所示，定员 98 人。两端设通过台；一位端设坐式卫生间、乘务员室、电气控制柜、电热开水器；中部为客室，设置 2+3 普通座椅；二位端设蹲式卫生间、单人洗面间、大件行李区。

图 1-36 CR200J 二等座车

【知识点 4】动车组技术参数

动车组技术参数如表 1-5 所示。

表 1-5 动车组技术参数

	CR200J	CR200J 优化
动力车车体长度/mm	20 000	
控制车车体长度/mm	27 955	
中间车车体长度/mm	25 500	
车辆间距/mm	1 076	800
车体宽度/mm	3 105	3 360

续表

		CR200J	CR200J 优化
车辆高度（新轮，不包括空调）/mm	动力车	4 030	4 433
	控制车/拖车	4 433	
客室地板面距轨面高度/mm		1 283	
转向架中心距/mm		拖车和控制车：18 000 动力车：9 000/10 055	
转向架轴距/mm		拖车和控制车：2 500/2 600 动力车：2 900/2 800	
车钩中心线距轨面高度/mm		880	
通过最小曲线半径/m	整列	$R145$	
	单车	动力车：$R125$ 拖车和控制车：$R100$	
动力车轮周牵引功率/kW		持续制：5 600 半小时：6 400	
紧急制动距离（平直道）/m		初速度为 160 km/h 时：≤1 400 初速度为 120 km/h 时：≤800	
网络系统		动力车：WT/MV 拖车和控制车：Lonworks	动力车：WT/MV 拖车和控制车：以太网

【知识点 5】动车组的特性

1. 车体采用鼓形车体

动力集中动车组采用鼓形车体，这种车身不仅能减少空气阻力，还具有缓解列车交会压力波等作用。车辆最大宽度为 3 360 mm，客室宽度、走廊宽度、包间长度等尺寸随车辆最大宽度增加而增加，舒适度得到提升。动力集中动车组车体如图 1-37 所示。

图 1-37　动力集中动车组车体

2. 外观一体化设计

车辆底部采用与车身断面形状相吻合的裙板遮住车下设备，以减少空气阻力，也可防止高速运行带来的沙石击打车下设备。车体表面光滑平整，尽量减少了突出物。

3. 提升车体材料耐腐蚀性

侧墙板、车顶板、端墙板及侧墙、端墙和车顶的梁柱选用高耐蚀性耐候钢。

4. 优化塞拉门及站台适应能力

车门采用电控电动塞拉门，塞拉门适用于 1 250 mm 站台。车体与站台间隙不大于 100 mm，不设置站台间隙补偿器。动力集中动车组车门如图 1-38 所示。动车组同时设置紧急逃生梯，可满足低站台或正线紧急情况下的下车需求。

图 1-38　动力集中动车组车门

5. 整车气密性

（1）车体结构。

铁地板、波纹地板与底架边梁连接处进行满焊。波纹地板拼接采用内部满焊，外部段焊打密封胶的方案实现地板全密封。车体冷凝水采用枕内排水槽和枕外排水盒的排水结构。

（2）给水卫生、厨房排水。

取消卫生间、洗面间、电热开水器、厨房地板上的地漏，在灰水管上设置压力保护器，灰水通过压力保护器后再直排到车外。在非排水状态下，压力保护器始终处于关闭状态，避免车内外空气流通，提高密封性。

（3）隔断热桥车窗。

隔断热桥车窗与既有 25T 型车窗的安装接口一致，车窗采用拉紧块安装，窗框为整体框架式结构，分为内、外框两部分，采用粘接胶连接实现隔断热桥。

任务考核与评价

任务		任务考核		任务评价	
任务	提出问题	学生回答		自我评价	教师评价
子任务 1	1. 时速 160 km 动力集中（鼓形）动车组编组形式是什么？				
	2. 时速 160 km 动力集中（鼓形）动车组结构特点是什么？				
	3. 时速 160 km 动力集中（鼓形）动车组安全标识是什么？				

任务考核			任务评价	
任务	提出问题	学生回答	自我评价	教师评价
子任务 2	1. 时速 160 km 动力集中（鼓形）动车组 Tc 车设备布置是什么？			
	2. 时速 160 km 动力集中（鼓形）动车组 Mc 车设备布置是什么？			
子任务 3	培养学生团队协作、敢于担当的职业精神			

◆ 复习思考题

复习思考题除涉及本任务介绍的知识与技能外，还可能涉及本任务未介绍的知识与技能，需通过阅读参考书、网络搜索等方式进行自主学习后进行解答，在巩固课堂学习成果的同时培养自主学习能力。

1. 时速 160 km 动力集中动车组动力车短编组形式为（   ）。

2. 时速 160 km 动力集中动车组采用（   ）车体，这种车身不仅能减少空气阻力，还具有缓解列车交会压力波等作用。

3. 时速 160 km 动力集中动车组的短编组为（   ）辆编组，总定员（   ）人，长约（   ）m。

项目 2

轮对轴箱装置

轮对轴箱装置是转向架的一个重要组成部分。轮对是由左右两个同型号、同尺寸的车轮和同型号的车轴通过过盈配合组装在一起的，如图 2-1 所示。

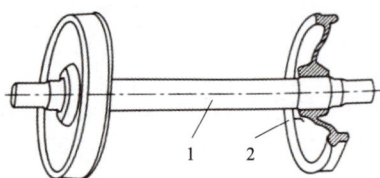

轮对

1—车轴；2—车轮

图 2-1　轮对

轮对的作用是承担车辆全部重量并传给钢轨，它在轨道上高速运行，同时还承受着从车体、钢轨两方面传递来的各种动、静作用力，其受力复杂。故对车辆轮对的要求如下。

（1）有足够的强度，以保证在高速、最大载荷下安全运行。

（2）在保证足够强度和寿命的前提下，拥有最轻重量，并具有一定的弹性，以减小轮轨间的作用力。

（3）阻力小，耐磨性好。

（4）适应直线和曲线区段运行，具有必要的抗脱轨安全性。

为了保证机车车辆在钢轨上的正常运行，车轮、车轴还需要承受来自机车车辆的全部静、动载荷，并把它传递给钢轨，所以车轮、车轴需要满足一定的强度要求。

机车车辆的驱动和制动也是通过轮对起作用的，所以对车轴和车轮的组装压力和压装过程有严格的要求。

轴箱装置是铁道车辆的重要组成部分，它不仅将车辆的垂直、水平载荷传递给轮对，而且不断地保持轴承的正常润滑，减少摩擦，降低运行阻力，限制轮对过大幅度地横向移动，防止雨水、灰尘等异物侵入，确保车辆不间断地运行。如果轴箱发生故障，轻微的故障会延误行车，严重的故障会使轴颈因剧烈磨损而折断，造成严重的铁路行车事故。

目前，我国铁道车辆的全部客车和绝大部分货车采用的都是滚动轴承轴箱油润装置。

本项目包括以下五个任务。

任务 2.1　车轮各部分的尺寸及标记

任务 2.2　车轴各部分的尺寸及标记

任务 2.3　第四种检查器的正确使用

任务 2.4　滚动轴承各部分的组成及标记

任务 2.5　时速 160 km 动力集中（鼓形）动车组轮对轴箱

任务 2.1 车轮各部分的尺寸及标记

任务分析

教学目标	知识目标	掌握车轮各部分的名称和作用
	能力目标	能识读车轮各部分的名称 能说明踏面设计成斜面的理由
	思政目标	培养学生爱岗敬业的情怀,在作业期间保持严谨的工作态度
教学重难点	教学重点	车轮的结构、作用与型号
	教学难点	踏面设计成斜面的理由
学情分析	知识和技能基础	通过学习,了解车轮的结构和标记
	认知和实践能力	具备识读车轮各部分名称的能力

任务工单

任务考核	
任务	提出问题
子任务 1	1. 车轮各部分的名称是什么?
	2. 车轮各部分的作用是什么?
	3. 写出车轮的各项尺寸
子任务 2	1. 画出车轮剖视图、主视图并指出车轮各部分的名称
	2. 画图说明车轮的标记
子任务 3	磨耗型车轮踏面外形的设计是什么?

任务实施

车轮是车辆直接与钢轨接触的部分,它将车辆的载荷传给钢轨,并在钢轨上滚动,使车辆运行。目前我国铁道车辆上使用的车轮为整体辗钢轮和新型铸钢轮,简称整体轮。早期,我国整体轮主要依赖国外进口,近年来,国产化进程较快。为满足高速车辆的要求,我国研制了高速轻型车轮,使车轮轻量化,以减少高速运行时轮轨之间的作用力。

【知识点 1】车轮各部分的名称及作用

车轮各部分的名称如图 2-2 所示。

(1)踏面:车轮与钢轨接触的表面。它是斜面,便于通过曲线,能够自动对中。

(2)轮缘:车轮圆周凸起的部分。引导车轮沿钢轨运行,起导向作用,还能防止脱轨。

(3)轮辋:踏面的径向厚度部分。轮辋厚度能保证踏面有足够的强度。

1—踏面；2—轮缘；3—轮辋；4—轮毂；
5—轮毂孔；6—辐板；7—辐板孔

图 2-2　车轮各部分的名称

（4）轮毂：轮和轴相互配合的部分。轮毂要保证车轮与车轴的相互结合，且要保证有足够的压装力。

（5）轮毂孔：安装车轴的孔。它与车轴的轮座部分实现过盈配合。

（6）辐板：轮辋与轮毂的板状连接部分。它包括盆形辐板、波浪形辐板、直辐板、S形辐板。

（7）辐板孔：便于轮对在切削加工时与机床固定，还可以方便吊运轮对。

【知识点 2】磨耗型车轮踏面外形的设计

磨耗型车轮的踏面由三段曲线、一段斜线和倒角组成，如图 2-3 所示。车轮踏面之所以这样设计有以下 4 点原因。

1. 便于通过曲线

在曲线路段上，铁路线路外轨长内轨短，两个车轮随着车轴共同转动，同一轮对上内外两个车轮转动的圈数是一样的。根据"距离=周长×圈数"的公式得知，外轨距离长，内外车轮圈数相同，那么外轮周长长，所以外轮与钢轨接触的周长长，如图 2-4 所示。再通过观察车轮踏面设计曲线图得知，靠近轮缘处与外轨接触，远离轮缘处与内轨接触。

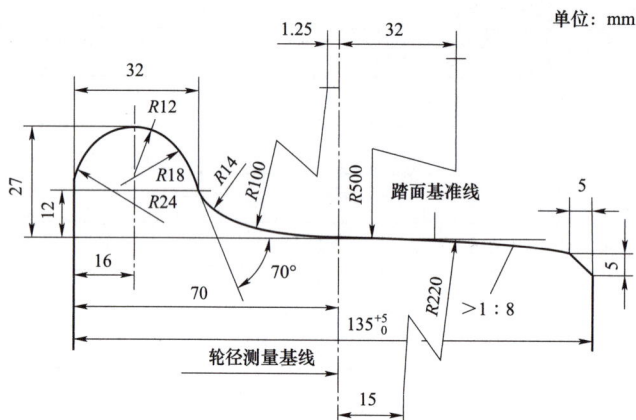

图 2-3　磨耗型车轮

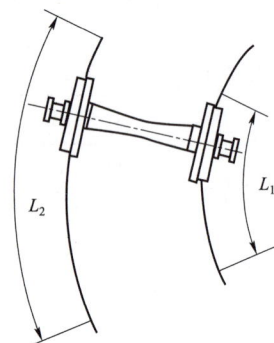

图 2-4　便于通过曲线

2. 可自动调中

由于踏面中部曲线有一定斜度，同时钢轨铺设时也有向线路中线倾斜的相同斜度，所以钢轨对车轮的作用力就指向了线路中心线，轮对在滚动过程中就可以自动对中了，从而起到了防止脱轨的作用。

3. 能顺利通过道岔

由于尖轨前端顶面低于基本轨顶面，当轮对由道岔的尖轨过渡到基本轨时，为防止撞到基本轨，踏面的最外侧做成 5×45° 的倒角，如图 2-5 所示，从而增大了踏面和轨顶的间隔，保证车轮顺利通过道岔。

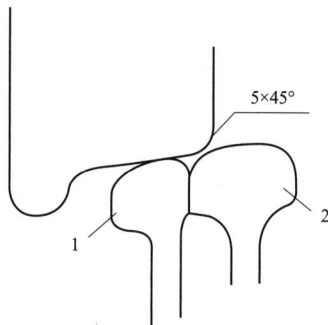

1—尖轨；2—基本轨

图 2-5　能顺利通过道岔

4. 使踏面磨耗比较均匀

车轮在滚动时，车轮与轨道的接触点也在不停地变换位置，所以踏面的磨耗比较均匀。

【知识点 3】车轮的类型

（1）辗钢整体轮。辗钢整体轮简称辗钢轮，它的优点是强度高、韧性好、自重轻，可以适应重载和高速运行条件。

（2）S 形辐板车轮。S 形辐板车轮的主要特点是辐板为不同圆弧连接成的 S 形状，LM 型踏面取消了辐板孔，制造精度高。

（3）新型铸钢轮。新型铸钢轮采用石墨型浇铸工艺，避免了辗钢轮由于下料偏差引起的尺寸和重量偏差，其尺寸精确，几何形状好，内部工艺组织均匀，质量分布均匀，轮轨之间动力作用相对小。新型铸钢轮辐板为流线型结构，耐疲劳，抗热性能优于辗钢轮。

【知识点 4】基点和滚动圆

由于车轮踏面的外形结构是由三段曲线和一段斜线组成的，要测量轮径、轮辋厚度，就需要在踏面上找出一个基准点。《技规》规定，车轮内侧面向外 70 mm 处踏面上一点称为基点。基点沿车轮转一周组成的圆称为滚动圆。

（1）在滚动圆上测量，货车车轮标准直径为 840 mm，客车车轮标准直径为 915 mm。

（2）轮辋宽度（车轮内侧面到外侧面的距离）为 135 mm。

（3）由车轮内侧面往外 16 mm 处确定轮缘顶点，踏面基准线到轮缘顶点的距离为轮缘高度。标准轮缘高度为 27 mm。

（4）由踏面基准线往上 12 mm 处，在轮缘上确定两点即为轮缘厚度。标准轮缘厚度为 32 mm。

【知识点 5】车轮标记

车轮标记刻打在轮毂内侧面，如图 2-6 所示，或轮辋外侧面，如图 2-7 所示。它包括车轮的制造年月、车轮型号、工厂标记、车轮钢种标记、熔炼炉罐号等。

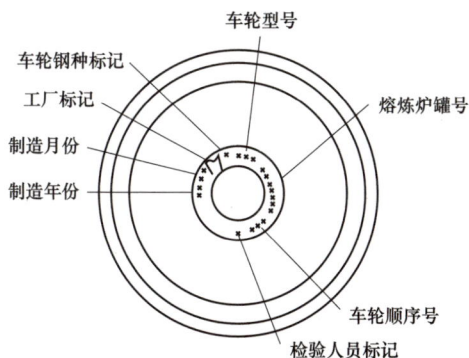

图 2-6 车轮标记（刻打在轮毂内侧面）　　图 2-7 车轮标记（刻打在轮辋外侧面）

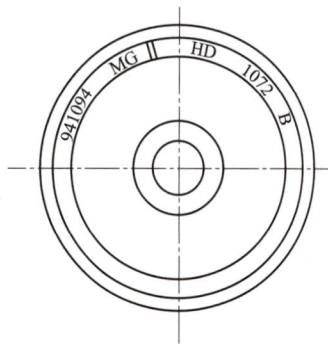

任务考核与评价

任务考核			任务评价	
任务	提出问题	学生回答	自我评价	教师评价
子任务 1	1. 车轮各部分的名称是什么？			
	2. 车轮各部分的作用是什么？			
	3. 写出车轮的各项尺寸			
子任务 2	1. 画出车轮剖视图，主视图并指出车轮各部分的名称			
	2. 画图说明车轮的标记			
子任务 3	磨耗型车轮踏面外形的设计是什么？			

复习思考题

复习思考题除涉及本任务介绍的知识与技能外，还可能涉及本任务未介绍的知识与技能，需通过阅读参考书、网络搜索等方式进行自主学习后进行解答，在巩固课堂学习成果的同时培养自主学习能力。

1. 辗钢整体车轮简称（   ）。

　　A. 铸钢轮　　　　　　B. 型钢轮　　　　　　C. 辗钢轮　　　　　　D. 锻钢轮

2. 车轮与钢轨接触的部分是（   ）。

　　A. 踏面　　　　　　　B. 轮缘　　　　　　　C. 轮辋　　　　　　　D. 轮毂

3. 车轮的（   ）是起导向作用，防止脱轨的。

　　A. 踏面　　　　　　　B. 轮缘　　　　　　　C. 轮辋　　　　　　　D. 轮毂

4. 能引导车轮沿钢轨运行的部分是（   ）。

　　A. 踏面　　　　　　　B. 轮缘　　　　　　　C. 轮辋　　　　　　　D. 轮毂

5. 为车轮吊运而设的是（   ）。

　　A. 轮辋　　　　　　　B. 轮毂　　　　　　　C. 轮毂孔　　　　　　D. 辐板孔

6. （   ）辐板整体辗钢轮是为了适应高速、重载运输发展的需要开发、研制的。

　　A. 直　　　　　　　　B. S 形　　　　　　　C. 盆形　　　　　　　D. 波浪形

7. 货车车轮标准直径为（   ）。

8. 客车车轮标准直径为（   ）。

9. 基点是从车轮内侧面向外（   ）mm 处踏面上的一点。

10. 基点绕车轮一圈形成的圆称为（   ）。

11. 客货车车轮标准轮辋高度是（   ）。

12. 客货车车轮标准轮缘高度是（ 　　 ）。

13. 客货车车轮标准轮缘厚度是（ 　　 ）。

14. 车轮标记刻打在（ 　　 ）内侧面或（ 　　 ）外侧面。

任务 2.2 　车轴各部分的尺寸及标记

任务分析

教学目标	知识目标	掌握车轴各部分的名称和作用
	能力目标	知道车轴各部分的安装部件 知道各种型号车轴的尺寸
	思政目标	培养学生爱岗敬业的情怀，在作业期间保持严谨的工作态度
教学 重难点	教学重点	车轴的结构、作用与型号
	教学难点	轮对内测距的计算方法
学情分析	知识和技能基础	通过学习，了解车轴的结构和尺寸
	认知和实践能力	具备识读轮对各部分名称的能力

任务工单

任务考核	
任务	提出问题
子任务 1	1. 车轴各部分的名称是什么？
	2. 车轴各部分的作用是什么？
子任务 2	1. RD$_2$ 型车轴的各项尺寸是多少？
	2. 识读车轴标记
子任务 3	画图说明车轮的安全搭载量

任务实施

车轴是轮对的主要配件，是轮对转动的中枢。铁道车辆用的车轴绝大多数是圆截面实心轴。由于车轴各部位受力状态不同及装配的不同需要，其直径也不一样。目前我国铁道车辆的所有客车和货车均采用滚动轴承车轴。

【知识点 1】车轴各部分的名称及作用

车轴各部分的名称如图 2-8 所示。

（1）轴颈：安装滚动轴承。

（2）防尘板座：安装防尘板，其直径比轴颈直径大，比轮座直径小。

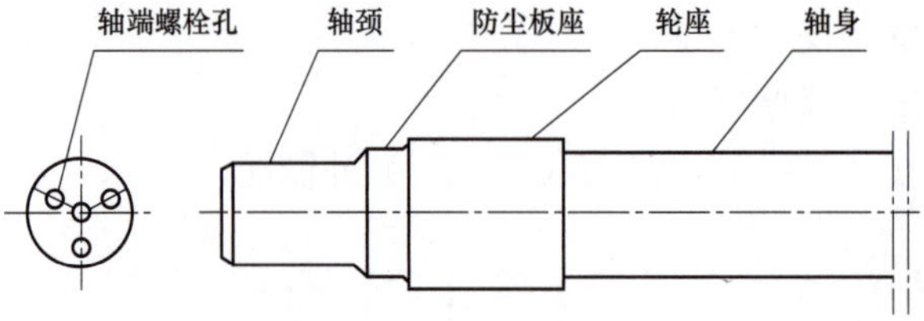

图 2-8　车轴各部分的名称

（3）轮座：车轴和车轮配合的部位，是车轴受力最大的部位。

（4）轴身：两轮座的连接部分，是车轴长度最大的部位。

（5）轴端螺栓孔：在车轴端部安装压板，防止滚动轴承内圈从轴颈上窜出。

【知识点 2】车轴的类型及尺寸

车轴分为标准车轴和非标准型车轴，根据轴颈安装的轴承的类型分为滑动轴承车轴和滚动轴承车轴，根据型号不同分为 B 型车轴、C 型车轴、D 型车轴、E 型车轴，根据是否空心分为实心车轴（实心轴）和空心车轴（空心轴）。图 2-9 和表 2-1 为 RC_3 型、RD_2 型、RD_3 型、RE_{2A} 型、RE_{2B} 型、RF_2 型车轴的示意图和基本尺寸。

其中，d 为轴颈直径，d_1 为防尘板座直径，d_2 为轮座直径，d_3 为轴身直径，L_1 为车轴总长，L_2 为车轴轴颈中心线之间的长度，L_3 为防尘板座之间的车轴长度，l_1 为轴颈长度。

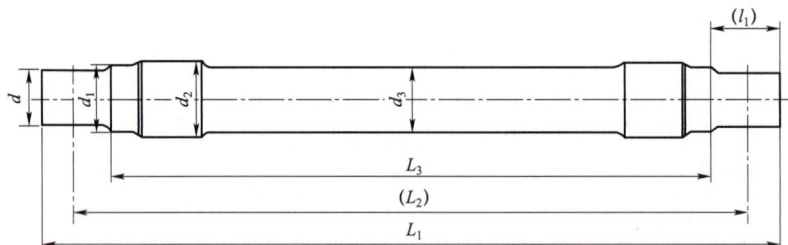

图 2-9　RC_3 型、RD_2 型、RD_3 型、RE_{2A} 型、RE_{2B} 型、RF_2 型车轴的示意图

表 2-1　RC_3 型、RD_2 型、RD_3 型、RE_{2A} 型、RE_{2B} 型、RF_2 型车轴的基本尺寸

车轴型号	d	d_1	d_2	d_3	L_1	(L_2)	L_3	(l_1)
RC_3	120	145	178	158	2 110	1 930	1 728	191
RD_2	130	165	194	174	2 146	1 956	1 706	220
RD_3	130	165	194	174	2 146	1 956	1 756	195
RE_{2A}	150	180	210	184	2 191	1 981	1 731	230
RE_{2B}	150	180	210	184	2 181	1 981	1 761	210
RF_2	160	190	230	200	2 214	2 006.6	1 776.6	218.7

从表 2-1 中得知，同一根车轴的轮座直径最大；不同车轴的轴颈直径越大，车轴越长。

【知识点 3】轮对及轮对内侧距

轮对是由两个材质、型号、尺寸完全相同的车轮压装在同型号车轴上组成的。

新造或进厂、段修理后的轮对，应有一定的技术要求，对于标准轨距的轮对，两轮缘内侧面距离为（1 353±2）mm，货车进厂、段修理后为（1 353±3）mm，如图 2-10 所示。同时，在同一轮对的三等分点上所测得的内侧面距离，最大差值不应超过 1 mm，进厂、段修理后不应超过 3 mm。

设计轮对内侧距时，要保留轮缘与钢轨之间游间。对于标准轨距线路，无论在直线上或曲线上，最小轨距为 1 433 mm，而标准轮对最大内侧距离为 1 356 mm，货车轮缘最大厚度为 32 mm。根据公式"最小轨距－轮对内侧距最大值－两个轮缘厚度最大值＝游间"得

单位：mm

1 353+3
1 356+32×2
1 435-2

图 2-10 轮对内侧距

$$1\ 433-1\ 356-32-32=13\ (\text{mm})$$

即每侧轮缘与钢轨间的平均最小游间为 6.5 mm。

设计轮对内侧距时，要保留踏面在钢轨上的安全搭载量。《技规》规定，最小曲线半径区段的最大轨距为 1 456 mm。标准型轮对的最小内侧距为 1 350 mm，轮缘厚度最薄为 23 mm，轮辋厚度为 135 mm。根据公式"轮缘厚度最小值＋轮对内侧距最小值＋轮辋宽度－轨距最大值＝安全搭载量最小值"得

$$1\ 350+23+135-1\ 456=52\ (\text{mm})$$

即理论安全搭载量为 52 mm。按照最不利的条件算，实际的安全搭载量为 24 mm。

【知识点 4】空心车轴

空心车轴是高速列车上的重要部件，是保证列车安全运行的关键部位。空心车轴较实心车轴减轻了 20%～40%的重量，一般可减轻重量 60～100 kg，甚至更多。

高速列车轮对组成中的车轴分为动车车轴和拖车车轴，如果车轴为空心轴，一般可减轻重量 60～100 kg。采用磨耗型踏面，可减小轮轨接触应力，既能保证车辆直线运行的横向稳定，又有利于曲线通过。

【知识点 5】车轴标记

车轴标记包括车轴制造标记和轮对组装标记，如图 2-11 所示。

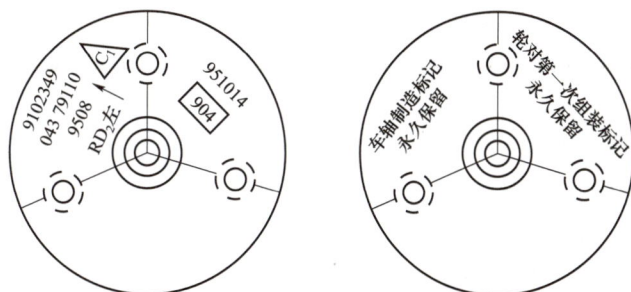

9102349
043 79110
9508
RD₂左
C₁
951014
904

车轴制造标记
永久保留
轮对第一次组装标记
永久保留

图 2-11 车轴标记

在车轴两端面上，将轴端分成三等份，构成三个扇形区。

车轴制造标记的内容有车轴钢冶炼熔炼号、钢种标记、制造工厂代号、制造顺序号、锻造

年月、车轴型号及方位标记、探伤检查钢印标记等。车轴制造标记永久保留。

轮对第一次组装时，轮对组装标记必须在车轴制造标记所处扇形区按顺时针方向排列的下一个扇形区内刻打，轮对第一次组装标记必须永久保留。

轮对再次组装时，轮对组装标记在轮对第一次组装标记所处扇形区按顺时针方向排列的下一个扇形区内刻打，左端打满后在右端刻打，依次类推。若各扇形区均打满，依次选择第二次及以后各次轮对组装标记中允许不保留的，将该扇形区的所有标记全部磨除，重新刻打轮对组装标记。

任务考核与评价

任务考核			任务评价	
任务	提出问题	学生回答	自我评价	教师评价
子任务 1	1. 车轴各部分的名称是什么？			
	2. 车轴各部分的作用是什么？			
子任务 2	1. RD$_2$ 型车轴的各项尺寸是多少？			
	2. 识读车轴标记			
子任务 3	画图说明车轮的安全搭载量			

◆ 复习思考题

复习思考题除涉及本任务介绍的知识与技能外，还可能涉及本任务未介绍的知识与技能，需通过阅读参考书、网络搜索等方式进行自主学习后进行解答，在巩固课堂学习成果的同时培养自主学习能力。

1. （　　）是为了吊运车轮而设的。
2. 安装轴承的部分是（　　）。
3. 车轴上最容易产生裂纹的部位是（　　）。
4. 进厂、段修理后轮对的内侧距为（　　）。
5. 车轴和车轮采用（　　）配合组装。
6. （　　）是保证车轮和车轴相互结合且保证有足够压装力的部分。
7. 安装轴承的部分是（　　）。
8. 车轴受力最大的部分是（　　）
9. 车轴上安装车轮的部分是（　　）。
10. 安装车轴的部分是（　　）。
　　A. 轮辋　　　　　　B. 轮毂　　　　　　C. 轮毂孔　　　　　D. 辐板孔
11. RD$_2$ 型车轴的轴颈直径是（　　）。
12. 车轴的（　　）标记应该永久保留。

任务 2.3 第四种检查器的正确使用

任务分析

教学目标	知识目标	知道第四种检查器能测量的各项目
	能力目标	会测量车轮各部分尺寸并能读数
	思政目标	培养学生爱国敬业的精神和脚踏实地的工作态度
教学重难点	教学重点	正确使用第四种检查器
	教学难点	第四种检查器上的读数表示车轮哪些部分的尺寸
学情分析	知识和技能基础	通过学习常见机械机构工作原理，熟悉铁路车辆的总体构造
	认知和实践能力	具备识读和绘制装配图的能力，具备一定的计算机办公软件应用能力

任务工单

用第四种检查尺测量车轮各部分的尺寸值并记录下来。

任务考核	
任务	提出问题
子任务 1	1. 测量踏面圆周磨耗深度尺寸
	2. 测量轮缘厚度尺寸
	3. 测量轮辋厚度尺寸
子任务 2	1. 测量踏面擦伤深度尺寸
	2. 测量轮缘垂直磨耗尺寸
	3. 测量踏面剥离长度尺寸
子任务 3	1. 测量轮辋宽度尺寸
	2. 测量踏面辗宽尺寸
	3. 测量轮缘高度尺寸

任务实施

第一步：参考图 2-12 所示的车轮各部分尺寸数据，按 1:1 比例制作卡片。

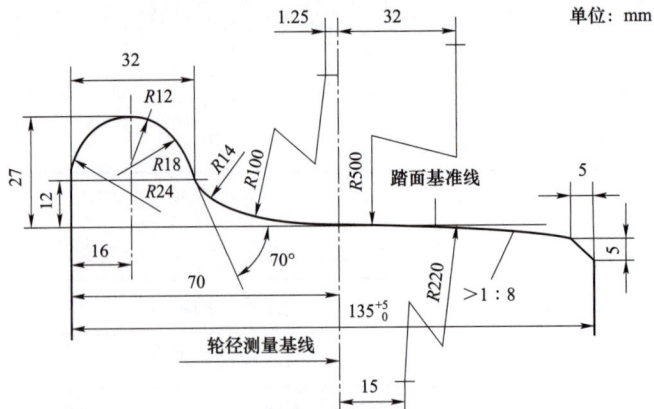

图 2-12　车轮各部分尺寸数据

第二步：观看第四种检查器的使用视频。

铁道车辆车轮第四种检查器是国内测量车轮尺寸的一种新型测量工具，具有 12 个检测功能。该种检查器具有测量车轮踏面圆周磨耗、踏面擦伤、剥离深度和长度、轮缘厚度、轮缘垂直磨耗、轮缘高度、轮辋宽度、轮辋厚度、车轮外侧碾宽、车钩闭锁位钩舌与钩腕内侧距离等功能。

第四种检查器（LLJ-4A 型检查器）由底板、测尺、样板三部分组成，如图 2-13 所示。

1—主尺；2—踏面磨耗测尺尺框；3—踏面磨耗测尺；4—轮缘高度测量定位面；5—尺框紧固螺钉；6—轮辋宽度测尺；7—止钉；
8—轮辋厚度测尺；9—轮缘厚度测尺；10—轮缘厚度测尺尺框；11—踏面磨耗尺尺框紧固螺钉；12—滚动圆中心定位线；
13—定位角铁；14—踏面磨耗尺尺框车轮滚动圆刻线；15—轮缘厚度测头；16—垂直磨耗测头；17—定位挡块

图 2-13　第四种检查器（LLJ-4A 型检查器）

（1）底板部分。

底板是安装测尺、刻打测量线的部位。在窄边内侧装有定位角铁，窄边上面刻有两段 0～75 mm 的刻线，分度值为 1.0 mm。宽边底板上面刻有 55～130 mm 刻线，分度值 1.0 mm。底板面距窄边内侧 70 mm 处装有定位挡块，方便了踏面测尺在 70 mm 处的定位，并提高了定位的准确性。

（2）测尺部分。

测尺有踏面测尺和轮缘测尺两种，这两种测尺均装在尺框内，可做上下移动，当推动踏面测尺上下移动时，能够带动轮缘测尺一起移动。

轮缘测尺背部开有一个长槽，使踏面测尺与轮缘测尺有一个相对移动量，而且当踏面测尺向下移到轮缘测尺背部长槽下端时，踏面测尺的 A 点距轮缘测尺的 F 点正好是 12 mm，这个 12 mm 的距离就是用来确定轮缘测尺 F 点到踏面基准圆的高度的，使轮缘测尺有一个准确的定位。

安装测尺的尺框装在导板上，可沿导板做横向移动。导板左端刻有 12～35 mm 刻度，称为测轮缘厚度的主尺，在尺框左边配有游标尺，称为副尺，分度值可精确到 0.1 mm，主、副尺配合使用，用来测量轮缘厚度，如图 2-14 所示。

导板右端刻有 130～145 mm 刻度，分度值为 1.0 mm。它与尺框左边游标尺配合使用，用以测量轮辋宽度，如图 2-15 所示。

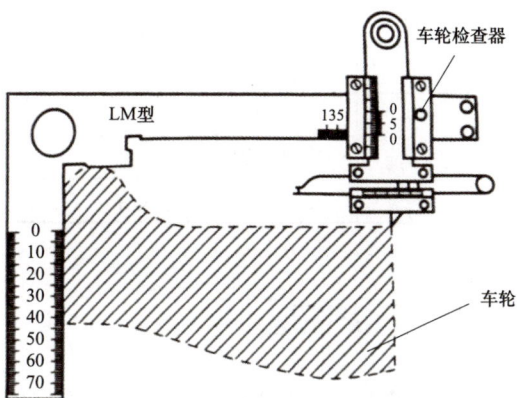

图 2-14　测量踏面圆周磨耗、轮辋厚度、轮缘厚度、轮缘高度示意图

图 2-15　测量轮辋宽度示意图

踏面测尺下部尖端称点，测尺下部有 -3～9 mm 刻度，分度值为 0.5 mm，与零位线配合使用，用以测量磨耗型踏面圆周磨耗和踏面擦伤深度。

测尺上部在尺框对应处右边有 0～10 mm 刻度，分度值为 0.5 mm，测量时与右侧尺框上的刻线相对应，用于测量锥型车轮踏面。测尺上部与尺框对应处左边有 0～20 mm 刻度，称为测量磨耗型踏面圆周磨耗的主尺，在左侧尺框上配有游标尺，称为副尺，分度值可精确到 0.1 mm，这部分的主、副尺专门用于测量磨耗型踏面 70 mm 处的圆周磨耗。

为了使踏面测尺方便、准确地定位于距第四种检查器 E 边 70 mm 处，在该处底板上设有定位挡块，在踏面测尺定位时，将测尺调整靠紧定位挡块左侧，即定位于测踏面 70 mm 基准圆的位置上。

（3）样板部分。

样板部分主要是轮缘垂直磨耗检查样板，在样板上刻有 12～20 mm 刻度，将其安装在轮缘测尺下部的紧固孔上即可使用。

第三步：测量任务中的各项尺寸。

先将尺调好，再根据游标卡尺的读数方法进行读数。

读数分两部分，即整数部和小数部。

先看副尺的零刻线位于主尺哪个刻线的后面，从主尺上读取整数部。

再看主、副尺重合的刻度线位于副尺的第几格就读零点几，这是小数部。

任务考核与评价

用第四种检查器测量车轮各部分的尺寸值并记录下来。

任务考核					任务评价	
任务	提出问题	第一次	第二次	第三次	自我评价	教师评价
子任务 1	1. 测量踏面圆周磨耗深度尺寸					
	2. 测量轮缘厚度尺寸					
	3. 测量轮辋厚度尺寸					
子任务 2	1. 测量踏面擦伤深度尺寸					
	2. 测量轮缘垂直磨耗尺寸					
	3. 测量踏面剥离长度尺寸					
子任务 3	1. 测量轮辋宽度尺寸					
	2. 测量踏面辗宽尺寸					
	3. 测量轮缘高度尺寸					

复习思考题

复习思考题除涉及本任务介绍的知识与技能外，还可能涉及本任务未介绍的知识与技能，需通过阅读参考书、网络搜索等方式进行自主学习后进行解答，在巩固课堂学习成果的同时培养自主学习能力。

1. 第四种检查器是测量车轮（　　）、（　　）、（　　）、（　　）、（　　）、（　　）、（　　）、（　　）、（　　）的专用量具。

2. LLJ-4A 型检查器由（　　）、（　　）、（　　）三部分组成。

3. 为了使第四种检查器方便准确地定位于踏面基点上，在踏面测尺底板上设有（　　）。

任务 2.4　滚动轴承各部分的组成及标记

任务分析

教学目标	知识目标	掌握滚动轴承的工作原理、轴承的代号
	能力目标	能识别滚动轴承各组成部分，能识读轴承代号
	思政目标	培养学生团队协作的精神，沉着冷静、严谨的工作态度
教学重难点	教学重点	能识别轴承代号
	教学难点	理解轴承代号表示的意义
学情分析	知识和技能基础	通过学习，了解滚动轴承的作用和组成
	认知和实践能力	具备识读轴承代号的能力

任务工单

任务考核	
任务	提出问题
子任务 1	1. 滚动轴承由哪几部分组成？
	2. 滚动轴承各部分的作用是什么？
	3. 滚动轴承的游隙及大小是多少？
子任务 2	1. 客车常用的滚动轴承代号是什么？
	2. 客车用的滚动轴承轴箱装置有哪些种类？
子任务 3	货车无轴箱的双列圆锥滚子轴承轴箱标志板的内容是什么？

任务实施

【知识点 1】滚动轴承基础知识

滚动轴承是将转动的车轴与轴座之间的滑动摩擦变为滚动摩擦，从而减少摩擦损失的一种精密的机械元件。

滚动轴承一般由内圈、外圈、保持架和滚动体四部分组成，如图 2-16 所示。内圈的作用是与轴相配合并与轴一起旋转；外圈的作用是与轴承座相配合，起支撑作用；保持架能使滚动体均匀分布，引导滚动体旋转，起润滑作用；滚动体一方面沿内外圈滚道做公转，另一方面绕自身轴心做自转，它们之间的接触点是在不断变化的，零件之间没有滑动摩擦，因此其摩擦阻力小。

图 2-16　滚动轴承

滚动轴承存在径向游隙与轴向游隙，以保证滚动体能够自由转动。径向游隙是内外圈滚道与滚子之间的内部间隙。圆柱轴承的径向游隙一般为 0.12～0.17 mm。轴向游隙是轴承内外圈沿其轴线的相互位移量，单个圆柱轴承的轴向游隙定为 0.4～0.7 mm，成对圆柱轴承的轴向游隙定为 0.8～1.4 mm。

我国铁路客车滚动轴承现在使用 Ⅰ 型、Ⅳ 型润滑脂。润滑脂具有较好的机械安定性、胶体安定性、抗氧化性、抗乳化性、冷却性、润滑性。

【知识点 2】客车用滚动轴承轴箱装置

1. 客车常用滚动轴承的代号

我国客车常用轴箱轴承，每轴箱内有一对轴承，代号为 152726QT－42726QT，其含义如图 2－17 所示。

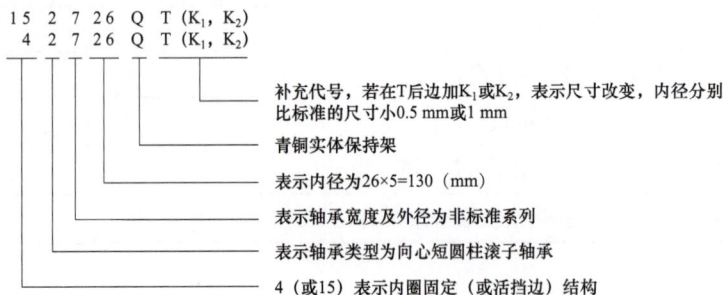

```
15  2  7  26  Q  T  (K₁, K₂)
4   2  7  26  Q  T  (K₁, K₂)
```

补充代号，若在T后边加K₁或K₂，表示尺寸改变，内径分别
比标准的尺寸小0.5 mm或1 mm

青铜实体保持架

表示内径为26×5=130（mm）

表示轴承宽度及外径为非标准系列

表示轴承类型为向心短圆柱滚子轴承

4（或15）表示内圈固定（或活挡边）结构

图 2－17　客车滚动轴承代号含义

现以我国客车用新型滚动轴承为例说明其表示方法，该新型轴承代号为 NJP3226X1－NJ3226X1，其含义如图 2－18 所示。

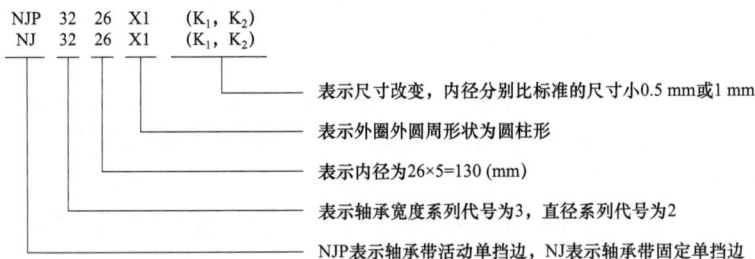

```
NJP  32  26  X1  (K₁, K₂)
NJ   32  26  X1  (K₁, K₂)
```

表示尺寸改变，内径分别比标准的尺寸小0.5 mm或1 mm

表示外圈外圆周形状为圆柱形

表示内径为26×5=130 (mm)

表示轴承宽度系列代号为3，直径系列代号为2

NJP表示轴承带活动单挡边，NJ表示轴承带固定单挡边

图 2－18　客车用新型滚动轴承代号

2. 客车用的滚动轴承轴箱装置

（1）橡胶迷宫式轴箱装置。

橡胶迷宫式轴箱装置由轴箱体、后盖、防尘挡圈、橡胶油封、前盖、压板等组成，如图 2－19所示。

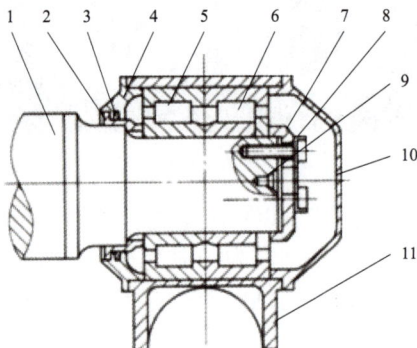

1—车轴；2—防尘挡圈；3—橡胶油封；4—后盖；5—42726T 轴承；6—152726T 轴承；
7—压板；8—防松片；9—螺栓；10—前盖；11—轴箱体

图 2－19　橡胶迷宫式轴箱装置

（2）金属迷宫式轴箱装置。

金属迷宫式轴箱装置由轴箱体、防尘挡圈、前盖、压板等组成，如图2-20所示。

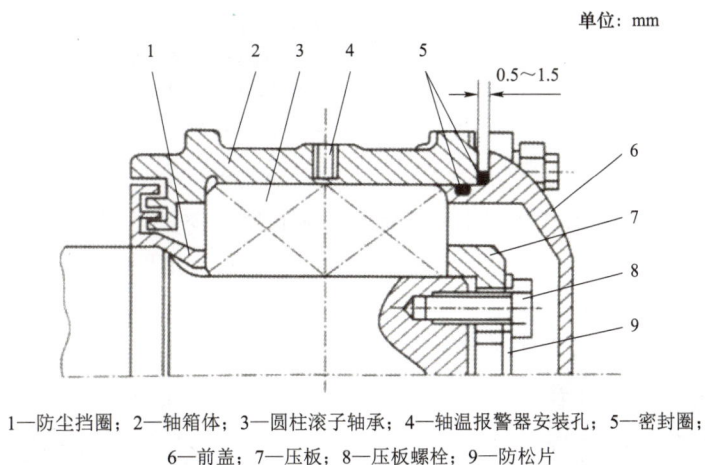

1—防尘挡圈；2—轴箱体；3—圆柱滚子轴承；4—轴温报警器安装孔；5—密封圈；
6—前盖；7—压板；8—压板螺栓；9—防松片

图2-20 金属迷宫式轴箱装置

3. 客车常用的滚动轴承的滚动体

客车常用的滚动轴承的滚动体是短圆柱形式，如图2-21所示。

4. 轴箱标志板

轴箱组装完成后应安装施封锁，并在车轴左端面右上角安装轴箱标志板。轴箱标志板如图2-22所示，轴箱标志板分为A、B、C三栏，按规定分别刻打轮对轴号、组装单位代号、组装时间。

图2-21 客车常用的滚动轴承的滚动体

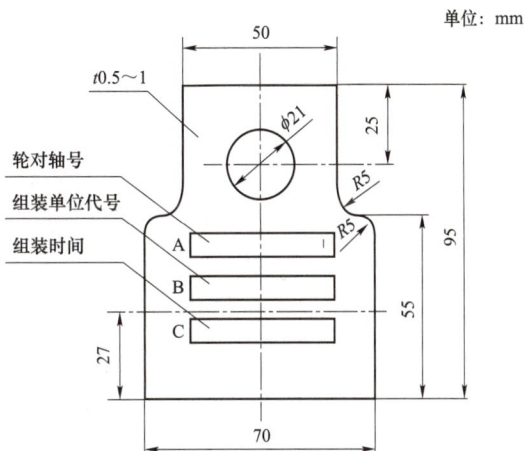

图2-22 轴箱标志板

【知识点3】货车滚动轴承装置

1. 货车常用的滚动轴承代号

我国货车常用无轴箱滚动轴承。货车常用的滚动轴承代号为197726和SKF197726，其含义如图2-23所示。

SKF 19 7 7 26 T（K₁, K₂）

补充代号，T表示回火温度为200℃；若T后边加K₁、K₂表示
尺寸改变，其内径比标准的小0.5 mm或1 mm

表示内径26×5=130（mm）

表示宽度及外径系列为非标准系列

表示轴承类型为圆锥滚子轴承

表示结构特点为密封式双列圆锥滚子轴承

厂家单位代号（只用于斯凯孚轴承）

图2-23　货车滚动轴承代号含义

2. 货车用无轴箱圆锥滚子轴承装置

货车用无轴箱圆锥滚子轴承装置由滚动轴承、密封罩（密封座、密封圈）后挡、前盖、防松片、标志板、承载鞍、施封锁、轴端螺栓等附属配件组成，如图2-24所示。

3. 货车常用的滚动轴承

货车常用的滚动轴承为圆锥滚子轴承，如图2-25所示。

图2-24　货车用无轴箱圆锥滚子轴承

图2-25　货车常用的圆锥滚子轴承

4. 无轴箱的双列圆锥滚子轴承轴箱标志板

无轴箱的双列圆锥滚子轴承轴箱标志板如图2-26所示，共分为A、B、C、D四栏，车轴左端和车轴右端轴箱标志板标记内容不同。无轴箱的双列圆锥滚子轴承轴箱标志板内容如表2-2所示。

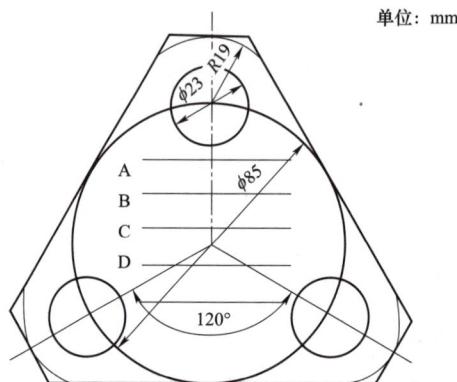

图2-26　无轴箱的双列圆锥滚子轴承轴箱标志板

表2-2　无轴箱的双列圆锥滚子轴承轴箱标志板内容

	左端		右端
A	轴承首次装用年月，轴承分类代号，轴承制造/大修单位代号，轴承等级标记	A	轴承首次装用年月，轴承分类代号，轴承制造/大修单位代号，轴承等级标记
B	轮对第一次组装年月日，"左"，轴号	B	轮对最后一次组装年月日，轮对组装单位代号
C	轴承本次装用年月日	C	轴承本次装用年月日
D	轴承本次装用单位代号，一般检修标记	D	轴承本次装用单位代号，一般检修标记

任务考核与评价

任务考核			任务评价	
任务	提出问题	学生回答	自我评价	教师评价
子任务 1	1. 滚动轴承由哪几部分组成？			
	2. 滚动轴承各部分的作用是什么？			
	3. 滚动轴承的游隙及大小是多少？			
子任务 2	1. 客车常用的滚动轴承代号是什么？			
	2. 客车用的滚动轴承轴箱装置有哪些种类？			
子任务 3	货车无轴箱的双列圆锥滚子轴承轴箱标志板的内容是什么？			

复习思考题

复习思考题除涉及本任务介绍的知识与技能外，还可能涉及本任务未介绍的知识与技能，需通过阅读参考书、网络搜索等方式进行自主学习后进行解答，在巩固课堂学习成果的同时培养自主学习能力。

1. 货车无轴箱的双列圆锥滚子轴承标志板 A 栏刻打（　　）、轴承分类代号和轴承制造/大修单位代号等。

    A. 轴承首次装用年月日　　　　　　　　B. 轮对首次装用年月日

    C. 组装单位代号　　　　　　　　　　　D. 一般检修标记

2. 货车无轴箱的双列圆锥滚子轴承标志板 B 栏左端刻打（　　）、轮对组装单位代号。

    A. 轴承首次装用年月日　　　　　　　　B. 轮对首次装用年月日

    C. 轮对最后一次组装年月日　　　　　　D. 一般检修标记

3. 车轴经过运用以后所产生的裂纹，大约（　　）以上都发生在轮座部分。

    A. 10%　　　　　　B. 95%　　　　　　C. 100%　　　　　　D. 50%

4. 货车滚动轴承 197726 的滚子是（　　）。

    A. 圆柱形　　　　　B. 圆锥形　　　　　C. 圆珠形　　　　　D. 球形

5. 客车滚动轴承 152726QT－42726QT 的滚子是（　　）。

    A. 圆柱形　　　　　B. 圆锥形　　　　　C. 圆珠形　　　　　D. 球形

6. 滚动轴承存在（　　）游隙和（　　）游隙，以保证滚动体能够自由转动。

    A. Ⅰ型润滑脂　　B. Ⅱ型润滑脂　　C. Ⅲ型润滑脂　　D. Ⅳ型润滑脂

7. （　　）是车辆滚动轴承内部配件之一。

    A. 旁承盒　　　　　B. 保持架　　　　　C. 轴瓦　　　　　　D. 门轴销

8. 橡胶迷宫式轴箱装置由轴箱体、后盖、防尘挡圈、（　　）、前盖、压板等组成。

A. 轴身　　　　B. 轴颈　　　　C. 防尘板座　　　　D. 轮座

9. 滚动轴承一般由（　　）、（　　）、（　　）、（　　）四部分组成。

10. 滚动轴承存在（　　）与（　　），才能保证滚动体能够自由转动。

任务 2.5　时速 160 km 动力集中（鼓形）动车组轮对轴箱

任务分析

教学目标	知识目标	掌握时速 160 km 动力集中（鼓形）动车组轮对轴箱的主要技术参数、结构、工作原理
	能力目标	会比较时速 160 km 动力集中（鼓形）动车组轮对轴箱与 25 型客车轮对轴承装置的异同点
	思政目标	培养学生团队协作的精神，沉着冷静、严谨的工作态度
教学重难点	教学重点	时速 160 km 动力集中（鼓形）动车组轮对轴箱的主要技术参数、结构
	教学难点	时速 160 km 动力集中（鼓形）动车组轮对轴箱的工作原理
学情分析	知识和技能基础	通过学习，了解时速 160 km 动力集中（鼓形）动车组轮对轴箱的主要技术参数、结构、工作原理
	认知和实践能力	具备识读轮对轴箱零部件的能力

任务工单

任务考核	
任务	提出问题
子任务 1	1. 轮对轴箱装置的主要功能是什么？
	2. 时速 160 km 动力集中（鼓形）动车组轮对、轴箱的主要技术参数是多少？
	3. 时速 160 km 动力集中（鼓形）动车组轮对、轴箱的工作原理是什么？
子任务 2	1. 识读时速 160 km 动力集中（鼓形）动车组轮对布置图
	2. 时速 160 km 动力集中（鼓形）动车组轮对轴箱组装的结构组成？
子任务 3	区分时速 160 km 动力集中（鼓形）动车组一位和二位轮对轴箱组装异同点

任务实施

轮对轴箱装置的主要功能是将车轮的滚动转化为车辆的运动，并将一系簧上的载荷传递给轨道，同时将制动力、驱动力传递给车辆以实现车辆的起动、制动等功能。时速 160 km 动力集中（鼓形）动车组轮对轴箱装置如图 2−27 所示。

图 2−27　时速 160 km 动力集中（鼓形）动车组轮对轴箱装置

【知识点 1】时速 160 km 动力集中（鼓形）动车组轮对、轴箱技术参数

时速 160 km 动力集中（鼓形）动车组轮对技术参数如表 2-3 所示。

表 2-3　时速 160 km 动力集中（鼓形）动车组轮对技术参数

参数	参数值或偏差
轮径（新轮）/mm	$\phi\,1\,250$
最小轮径（全磨耗）/mm	$\phi\,1\,150$

时速 160 km 动力集中（鼓形）动车组轴箱技术参数如图 2-4 所示。

表 2-4　时速 160 km 动力集中（鼓形）动车组轴箱技术参数

轴向游隙/mm	0.1～0.7
轴承油脂	轴承厂家确认的油脂

【知识点 2】时速 160 km 动力集中（鼓形）动车组轮对轴箱结构组成

时速 160 km 动力集中（鼓形）动车组轮对布置图、轮对轴箱组装结构图、一位轮对轴箱零件明细、二位轮对轴箱零件明细分别如图 2-28、图 2-29、表 2-5、表 2-6 所示。

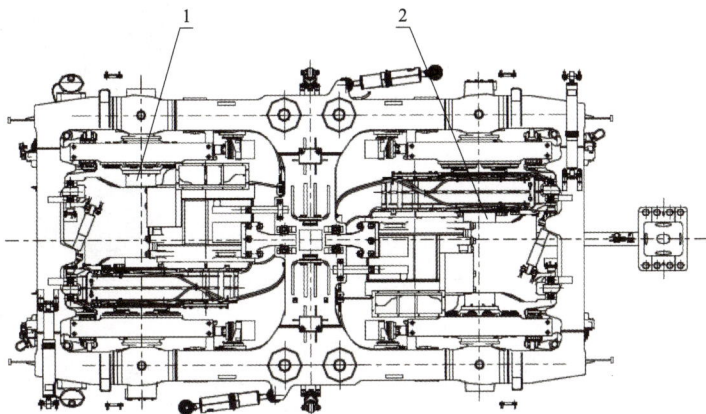

1—一位轮对；2—二位轮对

图 2-28　时速 160 km 动力集中（鼓形）动车组轮对布置图

1—制动盘；2—连接销；3—车轴；4—从动车轮；5—螺栓电子标签；6—平垫圈；7—轴箱组装；8—主动车轮

图 2-29　时速 160 km 动力集中（鼓形）动车组轮对轴箱组装结构图

表2-5　时速160 km动力集中（鼓形）动车组一位轮对轴箱零件明细

序号	零件名称	零件图片
1	轴圈	
2	内端盖	
3	轴箱橡胶关节	
3.1	轴箱体	
3.5	橡胶关节	
3.2	孔用弹性挡圈	
4	圆柱滚子轴承	
5	润滑脂（MOLUKOTE）	—
6	润滑脂（NBU30PTM）	—
7	乐泰胶（587）	—

续表

序号	零件名称	零件图片
8	金属密封叠环	
9	美孚高温润滑脂	—
10	内六角螺钉 （M20×65）	
11	高压安全垫	
12	乐泰胶（263）	—
13	乐泰胶（243）	—
14	双头螺柱	
15	六角螺母（M20）	
16	弹簧垫圈（20）	
17	O 形密封圈 1	
18	六角头部带孔螺栓（M20×55）	
19	镀锌铁丝	—
20	外端盖（接地）	
21	防滑器测速齿轮	

续表

序号	零件名称	零件图片
22	端轴接地装置	
23	O 形密封圈 2	
24	盖板	
25	六角螺栓 （M10×20）	
26	弹簧垫圈（10）	
27	测速齿轮	
28	外端盖螺堵	
29	垫圈	
30	外端盖	
31	霍尔速度传感器	—
32	乐泰胶（518）	—
33	螺旋塞（M10）	—
34	防滑速度传感器	—

序号	零件名称	零件图片
35	六角螺栓 （M8×20）	
36	弹簧垫圈	
37	紧固夹 （D1－24×20）	
38	螺塞（M12）	
39	镀锌铁丝	—

表 2－6　时速 160 km 动力集中（鼓形）动车组二位轮对轴箱零件明细

序号	零件名称	零件图片
1	轴圈	
2	内端盖	
3	轴箱橡胶关节	
3.1	轴箱体	

续表

序号	零件名称	零件图片
3.5	橡胶关节	
3.2	孔用弹性挡圈	
4	圆柱滚子轴承	
5	润滑脂 （MOLUKOTE）	—
6	润滑脂 （NBU30PTM）	—
7	乐泰胶（587）	—
8	金属密封叠环	
9	美孚高温润滑脂	—
10	内六角螺钉 （M20×65）	
11	高压安全垫	
12	乐泰胶（263）	—
13	乐泰胶（243）	—
14	双头螺柱	
15	六角螺母（M20）	
16	弹簧垫圈（20）	

序号	零件名称	零件图片
17	O 形密封圈 1	
18	六角头部带孔螺栓（M20×55）	
19	镀锌铁丝	—
20	外端盖（接地）	
21	防滑器测速齿轮	
22	端轴接地装置	
23	O 形密封圈 2	
24	盖板 1	
25	六角螺栓（M10×20）	
26	弹簧垫圈（10）	

续表

序号	零件名称	零件图片
27	测速齿轮	
28	外端盖螺堵	
29	垫圈	
30	外端盖	
31	盖板 2	—
32	乐泰胶（518）	—
33	螺旋塞（M10）	—
34	防滑速度传感器	—
35	螺旋塞	—
36	螺塞（M12）	

　　时速 160 km 动力集中（鼓形）动车组轮对轴箱组成包括：① 两个车轮，一根车轴；② 一个接地功能单元；③ 一个速度传感器和测速齿轮；④ 一套防滑速度传感器和测速齿轮。

【知识点 3】时速 160 km 动力集中（鼓形）动车组轮对轴箱工作原理

　　轴箱组装是机车转向架最重要的组成部分之一，安装在机车车轴两端轴颈上。轴箱组装将全部簧上载荷包括垂直方向的动载荷传给车轴，并将来自轮对的牵引力、制动力和冲击作用传到构架上去。此外，它还传递轮对与构架间的横向和纵向作用力。同时，轴承能将机车车轮的滚动转化为车体的平动，为车辆轴端设备（如接地装置、速度传感器及走行部故障监测子系统装置等）提供安装接口。

任务考核与评价

	任务考核		任务评价	
任务	提出问题	学生回答	自我评价	教师评价
子任务 1	1. 轮对轴箱装置的主要功能是什么？			
	2. 时速 160 km 动力集中（鼓形）动车组轮对、轴箱的主要技术参数是多少？			
	3. 时速 160 km 动力集中（鼓形）动车组轮对、轴箱的工作原理是什么？			
子任务 2	1. 识读时速 160 km 动力集中（鼓形）动车组轮对布置图			
	2. 时速 160 km 动力集中（鼓形）动车组轮对轴箱组装的结构组成			
子任务 3	区分时速 160 km 动力集中（鼓形）动车组一位和二位轮对轴箱组装异同点			

复习思考题

复习思考题除涉及本任务介绍的知识与技能外，还可能涉及本任务未介绍的知识与技能，需通过阅读参考书、网络搜索等方式进行自主学习后进行解答，在巩固课堂学习成果的同时培养自主学习能力。

1. 时速 160 km 动力集中（鼓形）动车组轮对的新轮轮径为（　　　）。

2. 时速 160 km 动力集中（鼓形）动车组轮对的车轮经全磨耗后的最小轮径为（　　　）。

3. 时速 160 km 动力集中（鼓形）动车组轮对轴箱的轴向游隙为（　　　）。

4. 时速 160 km 动力集中（鼓形）动车组轮对轴箱组成包括：（　　　）个车轮，（　　　）根车轴，一个（　　　　　　），一个（　　　　　　）和一套（　　　　　　）。

弹簧减振装置

项目描述

弹簧减振装置是转向架的重要组成部分之一，铁道车辆在轨道上运行时，将伴随产生复杂的振动现象。列车运行速度越高，这些振动的危害就越严重。为减小有害的车辆冲击，提高车辆运行的平稳性，车辆必须在走行部分安装缓和冲击和减小振动的装置，即弹簧减振装置。

铁道车辆弹簧减振装置的作用主要体现在两个方面：一是缓和因线路的不平顺、轨缝道岔、钢轨磨耗和不均匀下沉，以及因车轮擦伤、车轮不圆、轴颈偏心等原因引起的车辆振动和冲击；二是使车辆的质量及载荷比较均衡地传递给各轮轴，并使车辆在静载荷状况下（包括空、重车），两端的车钩距轨面高度满足《铁路技术管理规程》规定的要求，以保证车辆的正常连挂。

铁道车辆上采用的弹簧减振装置按其主要作用的不同，大体可分为三类：第一类是主要起缓和冲击的弹簧装置，如中央及轴箱的螺旋圆弹簧；第二类是主要起衰减（消耗能量）振动的减振装置，如垂向油压减振器；第三类是主要起定位（弹性约束）作用的定位装置，如轴箱轮对纵横方向的弹性定位装置、摇动台的横向缓冲器及纵向牵引拉杆。

上述各类装置在车辆振动系统中又称弹性悬挂装置。这些装置对车辆运行是否平稳、能否顺利通过曲线并保证车辆安全运行，都起着重要的作用，故应合理地设计其结构，选择适宜的各项参数。

本项目的主要内容包括：钢弹簧、空气弹簧、摩擦减振器、油压减振器、抗侧滚扭杆的结构和性能。

本项目包含以下三个任务。

任务 3.1　钢弹簧和空气弹簧

任务 3.2　减振装置和抗侧滚扭杆

任务 3.3　时速 160 km 动力集中（鼓形）动车组一系、二系悬挂装置

弹簧减振装置

任务 3.1　钢弹簧和空气弹簧

任务分析

教学目标	知识目标	了解钢弹簧的类型、作用，熟悉空气弹簧的技术指标
	能力目标	能识别车辆上钢弹簧和空气弹簧的形式
	思政目标	培养沉着冷静、遇乱不惊的职业素养；根植工匠精神和爱国情怀

续表

教学 重难点	教学重点	掌握钢弹簧和空气弹簧在车辆上的安装情况
	教学难点	理解空气弹簧的工作原理
学情分析	知识和技能基础	通过学习，了解弹簧的作用、技术指标
	认知和实践能力	认识弹簧，并能识别各类弹簧的用途

任务工单

任务考核	
任务	提出问题
子任务 1	1. 钢弹簧的制造工艺是什么？
	2. 写出钢弹簧的技术参数（至少 10 个）
	3. 铁道车辆上采用什么样的钢弹簧？
子任务 2	1. 空气弹簧由什么组成？
	2. 高度控制阀的作用是什么？
子任务 3	差压阀的作用是什么？

任务实施

【知识点 1】钢弹簧

1. 钢弹簧的形式

铁道车辆上的钢弹簧通常采用簧条截面为圆形的圆柱压缩螺旋弹簧，故又称圆簧。

材质：常用的弹簧材质有 55Si2Mn 和 60Si2Mn 两种。这种硅锰弹簧钢在热处理时有较高的淬透性，加热时氧化皮较少，能获得较好的表面质量与较高的疲劳强度，而且与其他合金弹簧钢相比价格低廉。此外，车辆上也有某些弹簧采用碳钢或铬锰钢。

制造工艺：弹簧制造有冷卷与热卷之分，铁道车辆转向架上采用的簧条直径一般都较粗，故多使用热卷工艺。另外，制造时还要将簧条每端约 3/4 圈的长度制成斜面，使弹簧卷成后两端成平面，以保证弹簧平稳站立并尽量减少偏载。两端的 3/4 圈作为支持平面，是弹簧辅助部分，起传递载荷作用。

2. 钢弹簧的技术参数

（1）有效圈数（n）：弹簧实际工作部分的弹簧圈数。

（2）支持圈数：螺旋弹簧的辅助部分，它不起弹力作用，仅起支撑作用，以保证弹簧平稳直立。其圈数为每端 3/4 圈，两端共计 1.5 圈。

（3）总圈数（N）：有效圈数与支持圈数的总和，即 $N=n+1.5$。

（4）弹簧料径（d）：螺旋弹簧的钢料直径。

（5）弹簧直径（D）：螺旋弹簧直径分三种，即弹簧外径 D_1、弹簧内径 D_2、弹簧中径 D。其中弹簧中径是螺旋弹簧内径和弹簧外径的平均值。

（6）弹簧间隙（g）：螺旋弹簧相邻两簧圈之间的空隙。

（7）螺距（t）：螺旋弹簧相邻两簧圈上对应位置之间的距离称螺距，也叫节距。

（8）旋绕比（m）：螺旋弹簧的中径与料径之比值。

（9）螺旋角（a）：螺旋弹簧钢料卷制时倾斜的角度。

（10）螺旋弹簧高度（H）：两端面之间的距离。可分为自由高度（H_O）和荷重高度（H_p）。

（11）全压缩高度（H_{min}）：螺旋弹簧受压力作用时，各簧圈完全密贴的高度，又称实体高度。它是弹簧荷重高度的一种特殊形式，也是弹簧的最小高度。

（12）弹簧的旋向：螺旋弹簧的旋转方向可分为右旋和左旋两种，如图 3-1 所示。所谓右旋是指用眼睛正对弹簧端面，簧条旋制方向为顺时针旋转的，否则为左旋。

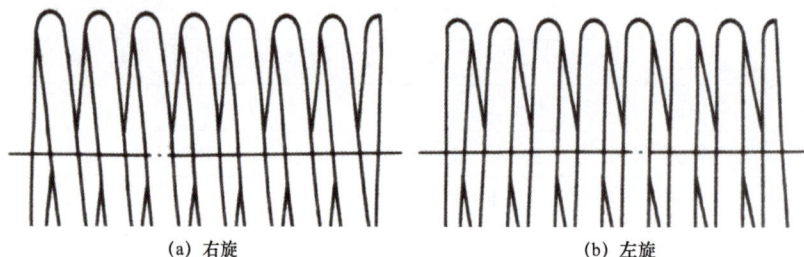

(a) 右旋　　　　　　　　　(b) 左旋

图 3-1　弹簧的旋向

3. 钢弹簧在铁道车辆上的运用情况

铁道车辆转向架的弹簧装置经常采用双圈弹簧，个别情况采用三圈弹簧。多圈弹簧减小了弹簧所占的空间，结构更加紧凑。

为了避免内圈与外圈发生卡住或簧组转动的情况，要求双圈（或多圈）弹簧中紧挨着的两层弹簧的螺旋方向不能一致，应一个左旋，另一个右旋。

随着货车载重量的增加，带来的问题是空、重车簧在质量上相差悬殊，若货车仍采用一级刚度的螺旋弹簧，会出现振动性能不良的情况，因此其采用两级刚度弹簧组，内外圈弹簧刚度与自由高均不同，可兼顾空、重车两种状态，空车时为外簧承载，重车时为内外簧并联承载，如图 3-2 所示。

4. 钢弹簧在货车转向架上的运用

钢弹簧在货车转向架上的运用如图 3-3 所示。

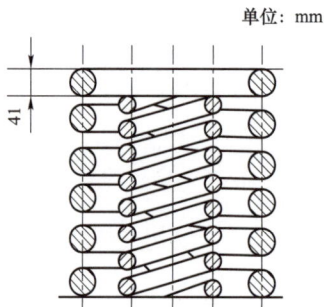

单位：mm

图 3-2　双圈弹簧　　　　图 3-3　钢弹簧在货车转向架上的运用

5. 钢弹簧在客车转向架上的运用

钢弹簧在客车转向架上的运用如图 3-4 所示。

图 3-4 钢弹簧在客车转向架上的运用

【知识点 2】空气弹簧介绍

空气弹簧具有变刚度、等高度、三维弹性、自带减振功能、空车和重车自振频率相当、单独支重、省去垂向减振器等特点。

因为空气弹簧具有上述特点，空气弹簧在客车上得到了广泛应用。

1. 空气弹簧装置系统的组成

自由膜式的空气弹簧由上下盖板和橡胶囊组成。空气弹簧装置由空气弹簧本体、附加空气室、高度控制阀、差压阀等装置组成，如图 3-5 所示。

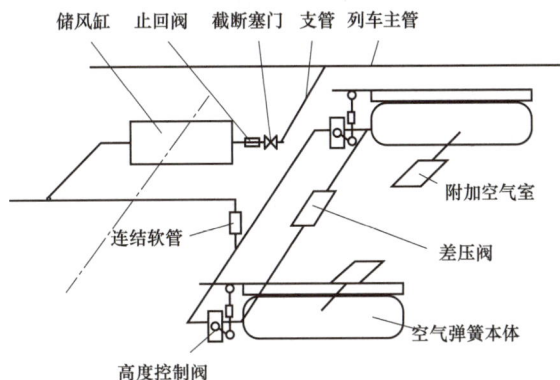

图 3-5 空气弹簧装置组成

2. 高度控制阀

高度控制阀的主要作用是维持车体在不同静载荷下都与轨面保持一定的高度。在直线上运行时，车辆在正常的振动情况下不发生进、排气作用；在车辆通过曲线时，由于车体的倾斜，使得转向架左右两侧的高度控制阀分别产生进、排气的不同作用，从而减少车辆的倾斜。

高度控制阀一般可分为机械式和电磁式两种，按组成的不同又可分为有延时机构和无延时机构两种，按引起高度控制阀产生进、排气作用的传动方式不同还可分为直顶式和杠杆式等。

高度控制阀一般是由高度控制机构、进排气机构和延时机构等部分组成的。

高度控制阀的工作原理如图 3-6 所示，由于车体静载荷的增加（或减小），空气弹簧被压缩（或伸长），使空气弹簧高度降低（或增高）。随着车体距轨面高度降低（或升高），高度控制机构使进、排气机构工作，向空气弹簧充气（或排气），当空气弹簧内压与所承受的静载荷相平衡时，空气弹簧高度增高（或降低）使得空气弹簧恢复到原来高度，高度控制机构就停止工作，进、排气机构处于关闭状态，充气（或排气）停止。

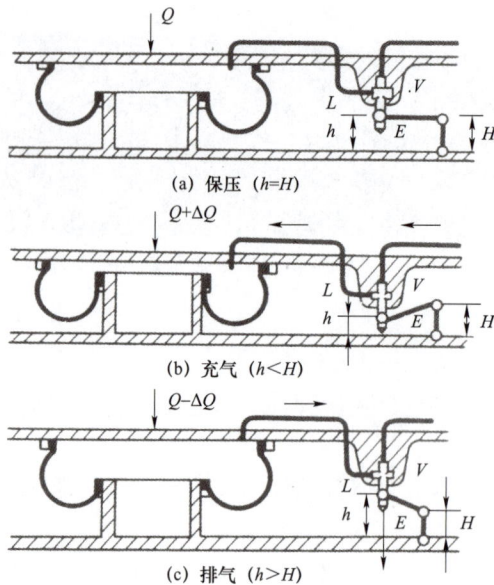

(a) 保压（h=H）

(b) 充气（h<H）

(c) 排气（h>H）

h—地板实际高度；H—地板标定高度；Q—车体静载荷；ΔQ—车体载荷增加（减小）量；
L—空气弹簧的高度；V—进、排气机构；E—高度控制机构

图 3-6　高度控制阀的工作原理

　　延时机构一般是由缓冲弹簧和阻尼减振器组成的，该机构使得车辆运行时，空气弹簧在正常的振动情况下，高度虽有变化，但不发生进、排气作用，此时仅是延时机构的缓冲弹簧伸缩变形，而进、排气阀并不作用。运行中的铁道车辆在正常振动情况下，空气弹簧不充气也不排气，但是当车辆静载荷变化或车辆通过曲线时，空气弹簧就需要充气或排气。

　　高度控制机构和延时机构可以控制阀门的开启或关闭。高度控制机构一般是由杆件组成的，按传动方式不同，可分为直顶式和杠杆式两种。直顶式高度控制机构是由高度控制阀的接触杆直接把空气弹簧高度（即车体距轨面高度）的变化情况传递给进、排气机构和延时机构。杠杆式高度控制机构是把空气弹簧高度变化情况，通过杠杆机构，将空气弹簧的大位移转换成小位移，再传递给进、排气机构和延时机构。直顶式高度控制机构比杠杆式高度控制机构少了一套杠杆传动机构，其结构更简单，并克服了杠杆传动中销套连接产生的误差，但对其安装的垂直度要求比较严格。

　　设有延时机构的高度控制阀，结构比较复杂，为保证其性能稳定，对各部件参数的配合要求较严，其工艺加工要求较高。无延时机构的高度控制阀在车辆运行中，进气阀和排气阀不断地开启、关闭，因而空气消耗量大，虽然结构简单，但在车辆上较少采用。

　　电磁式高度控制阀作用灵敏，高度调整迅速，但运用维护比较麻烦，工作时需要电源，所以平时调车或长途回送车辆不方便。为节省压力空气的消耗，在行车时需采用切断电源的措施，故对长途车辆是不适合的，所以在干线车辆上几乎不采用，而在市郊和短途车辆上有所采用。

　　【思考】高度控制阀调节的是空气弹簧的高度变化，随着载荷的变化高度控制会同时给同一转向架的左右两侧的空气弹簧充风或排风。那么在车辆过曲线时，由于外轨超高，车辆也会向

内侧倾斜，旅客会受惯性作用力也向内侧倾斜吗？

3. 差压阀的作用

差压阀是保证同一个转向架左右两侧空气弹簧的内压之差相同的阀。在有压差时，差压阀会自动连通左右两侧的空气弹簧。

同一个车辆是由四个空气弹簧支撑的，由于线路不平顺、空气弹簧充排气时间及速度的差别、高度控制阀的高度控制杆有效长度的不同及车辆载荷的不均衡等原因，使得静止或运行中的转向架的左右两侧空气弹簧内压力有区别。当不采用差压阀时，其压差可达 $0.1\sim0.15$ MPa。这会使转向架两侧的垂直载荷很不均衡，抵抗脱轨的能力明显降低。为保证车辆平稳、安全地运行，防止脱轨，车辆必须在空气弹簧悬挂系统中设有差压阀。

当差压阀左右两侧空簧压差小于某一定值时（一般为 0.08 MPa），左右两个阀都处于关闭状态，左右两个空簧均不相通。若左侧空气弹簧压力增高，并超过该定值时，打开阀门，压力空气从左侧流向右侧，反之亦然。

4. 空气弹簧在客车转向架上的运用

空气弹簧在客车转向架上的运用如图 3-7 所示。

图 3-7 空气弹簧在客车转向架上的运用

任务考核与评价

任务考核			任务评价	
任务	提出问题	学生回答	自我评价	教师评价
子任务 1	1. 钢弹簧的制造工艺是什么？			
	2. 写出钢弹簧的技术参数（至少 10 个）			
	3. 铁道车辆上采用什么样的钢弹簧？			
子任务 2	1. 空气弹簧由什么组成？			
	2. 高度控制阀的作用是什么？			
子任务 3	差压阀的作用是什么？			

◆ 复习思考题

复习思考题除涉及本任务介绍的知识与技能外，还可能涉及本任务未介绍的知识与技能，需通过阅读参考书、网络搜索等方式进行自主学习后进行解答，在巩固课堂学习成果的同时培养自主学习能力。

1. 钢弹簧具有（   ）弹性势能的特性。

2. （   ）是指用眼睛正对弹簧端面簧条旋制方向为顺时针旋转的。

3. 为了避免内圈与外圈发生卡住或簧组转动，要求双圈（或多圈）弹簧中紧挨着的两层弹簧的（   ）不能一致，应一个左旋，另一个右旋。

4. 货车采用了两级刚度弹簧组，内外圈弹簧刚度与（   ）均不同，可兼顾空、重车两种状态，空车时为（   ）簧承载，重车时为内外簧（   ）联承载。

5. （   ）是螺旋弹簧相邻两簧圈上对应位置之间的距离。

6. （   ）的主要作用是维持车体在不同静载荷下都与轨面保持一定的高度。

7. 自由膜式的空气弹簧由上下盖板和（   ）组成。

8. 空气弹簧装置由空气弹簧本体、附加空气室、（   ）、差压阀及滤尘器等装置组成。

9. （   ）是保证同一个转向架左右两侧空气弹簧的内压之差的阀。

任务 3.2 减振装置和抗侧滚扭杆

✎ 任务分析

教学目标	知识目标	了解减振装置的种类 熟悉减振装置的工作原理
	能力目标	能识别各类型减振装置
	思政目标	培养沉着冷静、遇乱不惊的职业素养；根植工匠精神和爱国情怀
教学 重难点	教学重点	掌握抗侧滚扭杆的减振原理 掌握油压减振器的减振工作原理
	教学难点	理解斜楔的减振原理
学情分析	知识和技能基础	通过学习，了解减振装置的种类、工作原理
	认知和实践能力	认识弹簧，并能掌握各类弹簧的用途

▤ 任务工单

任务考核	
任务	提出问题
子任务 1	1. 摩擦减振器有哪些形式？
	2. 油压减振器的作用原理是什么？
	3. 铁道车辆上采用的减振器是如何分类的？

任务考核	
任务	提出问题
子任务 2	1. 油压减振器的检修注意事项是什么？
	2. 写出斜楔的受力分析
子任务 3	抗侧滚扭杆的工作原理是什么？

任务实施

先在客车转向架上找出减振器，进而掌握减振器的基础知识。

减振器的作用是减小振动。它的作用力方向总是与运动的方向相反，起着阻止振动的作用。通常减振器有变机械能为热能的功能，减振阻力的方式和数值的不同会直接影响减振性能。

铁道车辆采用的减振器按阻力特性可分为常阻力减振器和变阻力减振器；按安装部位可分为轴箱减振器和中央（摇枕）减振器；按减振方向可分为垂向减振器和横向减振器；按结构特点又可分为摩擦减振器和油压减振器。

【思考】摩擦减振器安装在转向架的哪个位置？它的减振原理是什么？

【知识点1】摩擦减振器

摩擦减振器结构简单，成本低，制造维修比较方便，故广泛应用在货车转向架上，但它的缺点是摩擦力随摩擦面状态的改变而变化，并且由于摩擦力与振动速度基本无关，有可能出现以下情况：当振幅小时，摩擦阻力可能过大而形成对车体的硬性冲击；当振幅大时，摩擦阻力可能不足而不能使振动迅速衰减。

摩擦减振器有摩擦块、摩擦体、楔块、斜楔等形式。其中，斜楔为三角形结构，装在转向架上，如图 3-8 所示，主摩擦面与垂直面呈 2°30′，与侧架立柱磨耗板接触，副摩擦面与垂直面呈 45°，与摇枕接触。当车辆由于载荷发生变化时，摇枕会上下移动，与斜楔相互摩擦减振，同时侧架高度维持不变。

图 3-8　斜楔

【思考】油压减振器有什么作用？它安装在转向架的哪个位置？它又是如何起到减振作用的？

【知识点 2】油压减振器

　　油压减振器主要利用液体黏滞阻力所做的负功来吸收振动能量，它的优点在于它的阻力是振动速度的函数，其特点是振幅的衰减量与幅值的大小有关，振幅大时衰减量也大，反之亦然。这种"自动调节"减振的性能正符合铁道车辆的需求。因而为了改善振动性能，客车广泛采用性能良好的油压减振器，但它具有结构复杂、维护比较困难、成本较高及受外界温度影响等缺点。下面介绍客车上使用的油压减振器。

　　油压减振器是一个密封、充满油液的油缸，油缸内有活塞，把油缸分为上下两部分，SFK1型液压减振器如图 3-9 所示。SFK1 型液压减振器活塞部分如图 3-10 所示。活塞上有一小孔称为节流孔。如果把油缸固定在弹簧托板上，活塞固定在摇枕上，当摇枕做上下振动时，活塞杆向上运动时油缸上部分体积缩小，而油缸下部分的体积增大，油缸下部油液的压力降低。由于油缸上下两部分的压力不同，于是压力高的上部分的油液通过节流孔流到油缸下部分去填充活塞移动后产生的空间。

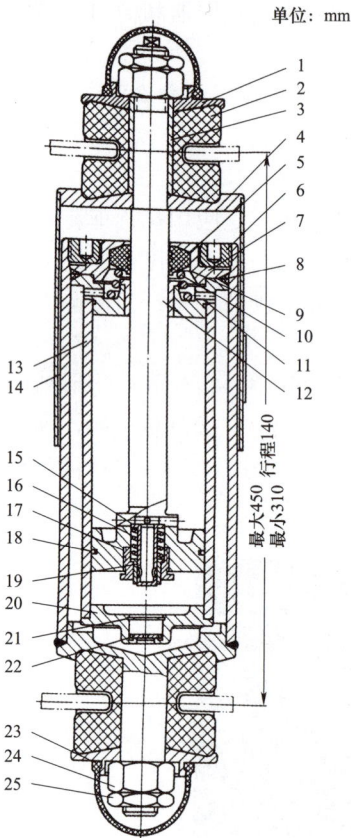

1—压板；2—橡胶垫；3—套；4—防尘罩；5—密封圈；6—螺盖；
7—密封盖；8—密封圈；9—密封托垫；10—密封弹簧；11—缸端盖；
12—活塞杆；13—缸体；14—储油筒；15—芯阀；16—弹簧；17—阀座；
18—涨圈；19—阀套；20—进油阀座；21—锁环；22—阀瓣；
23—防锈帽；24、25—螺母

图 3-9　SFK1 型液压减振器

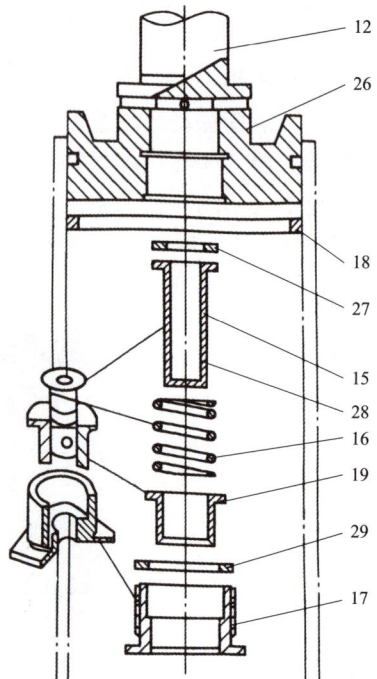

12、15、16、17、18、19 同图 3-9 所示，
26—活塞部分；27、29—调整垫；
28—节流孔

图 3-10　SFK1 型液压减振器活塞部分

油液通过微小的节流孔时要产生阻力，阻力大小和油液流动的速度及节流孔的形状和大小有关。油液流动的速度越大，阻力也越大。当活塞向下运动时，则油缸上部体积逐渐增大，而油缸下部体积减小，油液通过活塞上的节流孔由下部流向上部，产生阻力。因此，车辆振动时，油压减振器起减振作用。以上所说的情况基于假设活塞杆不占据油缸体积，而实际的活塞杆具有一定的体积，当减振器工作时，油缸上部和下部体积的变化是不相等的。

由于我国南北气温相差很大，东北地区冬季严寒而南方地区夏季炎热，温度变化范围为 −40～+40℃。减振器要在不同温度下正常工作，而且还要保证减振器在长期使用中性能不变，就必须合理选择减振器油液。

减振器油液应满足以下要求：在 −40～+40℃ 范围内黏度变化不大，−40℃ 不凝固；不应混入空气或产生气泡，无腐蚀性；润滑性能好，沥青胶质灰渣杂质少；物理化学性能稳定，不易变质；价格便宜。试验表明 SYB 1207−56 号仪表油具有较好的性能，冬季温度在 −20～−15℃ 地区运用的客车，可使用该仪表油和 22 号透平油各半的混合油。

虽然在减振效果上油压减振器优于摩擦减振器，但在实际应用中若设计不当，油压减振器同样会把轴箱簧下冲击力传给转向架和车体。车辆在运行中轮轨的垂直冲击过程对减振器来说是压缩过程，为了防止减振器传递这类冲击，可采用单向油压减振器。这种单向油压减振器只在拉伸过程产生阻力，而在压缩过程不产生阻力或只产生很小的阻力。

轴箱减振器上端与转向架构架相连，下端连接在轴箱上，连接形式采用橡胶套的销接式。在正常使用情况下，减振器相对销和套的转角都不大，橡胶套产生的弹性变形使磨耗不存在，但考虑要便于更换轴箱弹簧，应允许松开螺母之后，减振器可做大角度的转动。

油压减振器在转向架上的运用情况如图 3−11 所示。

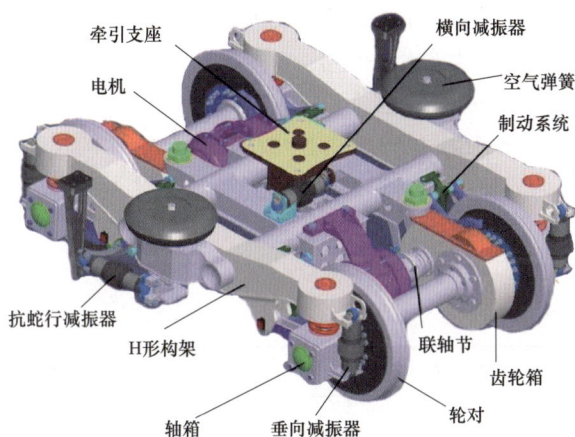

图 3−11 油压减振器在转向架上的运用情况

【知识点 3】抗侧滚扭杆装置

抗侧滚扭杆装置应设置在空气弹簧（中央弹簧）的上、下支撑部分之间。因转向架结构形式不同，它可以设置在摇枕与弹簧托梁之间，如设有摇动台装置的 209HS 型和 CW−2C 型客车转向架；或者设置在摇枕与构架之间，如采用无摇动台装置的 206KP 型和 SW−160 型客车转向架；还可以设置在车体与构架之间，如无心盘、无旁承、无摇动台装置的高速客车转向架。

抗侧滚扭杆的组成如图 3-12 所示，抗侧滚扭杆装置由扭杆、杠杆、连杆、关节轴承、垫圈等组成。

抗侧滚扭杆的工作原理是：当车体发生侧滚时，一根连杆向上运动，另一根连杆向下运动，这时带动扭臂的一头分别向上和向下运动即作用于扭杆一个力矩，使得扭杆发生扭转变形，其扭杆产生的反力矩抵抗车体侧滚，从而改善车体侧滚性能，如图 3-13 所示。

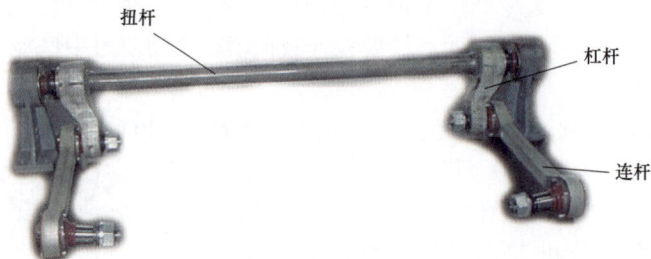

图 3-12　抗侧滚扭杆的组成

图 3-13　抗侧滚扭杆的工作原理

扭杆弹簧的主体为一直杆，它是利用扭杆的扭转弹性变形起弹簧作用的。在实用范围内扭转力矩与扭转角的特性曲线呈线性。扭杆弹簧具有自重轻、结构简单、单位体积变形大及占空间位置小等特点，所以在铁道车辆上用于抗侧滚装置。扭杆弹簧的材质和制造精度要求较高，在制造加工过程中对其防腐处理要及时，并需进行探伤检验。

虽然抗侧滚扭杆装置安装的位置有所不同，但都有相同的主要性能要求。

（1）应具有前述的作用特点和适宜的抗侧滚扭转刚度，同时应具有能适应空气弹簧（中央弹簧）上、下支撑部分之间相对运动的随动性。

（2）在垂向、横向及纵向的三个方向上，均应尽量减小对中央悬挂装置刚度的影响。

（3）扭杆与转臂之间应有足够大的刚度。

（4）应注意防止车辆高频振动的传递。

抗侧滚扭杆装置的最佳抗扭刚度值的选择，应根据车辆结构及车体重心的高低、转向架结构及悬挂参数运行速度、线路条件、通过道岔的型号及速度等诸多因素来考虑，并通过必要的理论计算和试验工作来确定。

任务考核与评价

任务考核			任务评价	
任务	提出问题	学生回答	自我评价	教师评价
子任务 1	1. 摩擦减振器有哪些形式？			
	2. 油压减振器的作用原理是什么？			
	3. 铁道车辆上采用的减振器是如何分类的？			
子任务 2	1. 油压减振器的检修注意事项是什么？			
	2. 写出斜楔的受力分析			
子任务 3	抗侧滚扭杆的工作原理是什么？			

复习思考题

复习思考题除涉及本任务介绍的知识与技能外，还可能涉及本任务未介绍的知识与技能，需通过阅读参考书、网络搜索等方式进行自主学习后进行解答，在巩固课堂学习成果的同时培养自主学习能力。

1. 斜楔是通过（　　）作用减振的。
2. 斜楔的主摩擦面与垂直线的夹角是（　　）。
3. 斜楔的副摩擦面与垂直线的夹角是（　　）。
4. 斜楔是通过摩擦作用将冲击能量变成（　　）消耗掉了。
5. 油压减振器是通过（　　）的流动产生阻力减振的。
6. 油压减振器的活塞上有个小的（　　）。
7. 抗侧滚扭杆是利用扭杆的扭转（　　）起弹簧作用的。

任务 3.3　时速 160 km 动力集中（鼓形）动车组一系、二系悬挂装置

任务分析

教学目标	知识目标	了解时速 160 km 动力集中（鼓形）动车组一系、二系悬挂装置的主要技术参数
	能力目标	掌握时速 160 km 动力集中（鼓形）动车组一系、二系悬挂装置的功能
	思政目标	培养逻辑推理能力和团队合作能力
教学重难点	教学重点	时速 160 km 动力集中（鼓形）动车组一系、二系悬挂装置的位置
	教学难点	时速 160 km 动力集中（鼓形）动车组一系、二系悬挂装置的功能
学情分析	知识和技能基础	通过学习，了解时速 160 km 动力集中（鼓形）动车组一系、二系悬挂装置的结构、工作原理
	认知和实践能力	认识悬挂装置，并能识别各类悬挂装置的用途

任务工单

任务考核	
任务	提出问题
子任务 1	1. 时速 160 km 动力集中（鼓形）动车组一系、二系悬挂装置的主要技术参数是什么？
	2. 时速 160 km 动力集中（鼓形）动车组一系悬挂装置的位置在哪里？
	3. 时速 160 km 动力集中（鼓形）动车组二系悬挂装置的位置在哪里？

任务考核	
任务	提出问题
子任务 2	1. 写出时速 160 km 动力集中（鼓形）动车组一系悬挂装置的结构组成
	2. 写出时速 160 km 动力集中（鼓形）动车组二系悬挂装置的结构组成
子任务 3	时速 160 km 动力集中（鼓形）动车组一系和二系悬挂装置的功能比较

任务实施

【知识点1】时速 160 km 动力集中（鼓形）动车组一系、二系悬挂装置概述

悬挂装置的工作环境温度（遮荫处）为 −40～+40 ℃，暴露在外的所有橡胶件低温性能满足 −50 ℃运用要求。

一系悬挂装置布置在轮对与转向架构架之间，二系悬挂装置布置在转向架构架和动力车车体之间，一系、二系悬挂装置布置见图 3−14，一系悬挂装置三维布置见图 3−15，二系悬挂系统三维布置见图 3−16。

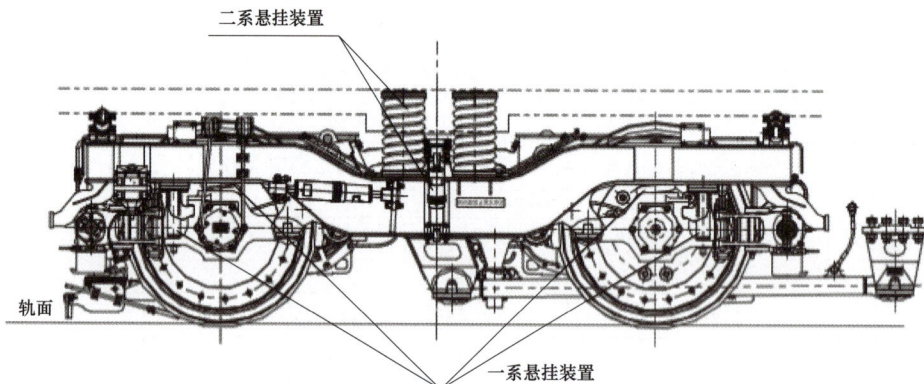

图 3−14　一系、二系悬挂装置布置

图 3−15　一系悬挂装置三维布置

图 3−16　二系悬挂系统三维布置

根据动力车转向架运动学、动力学性能需要，在转向架内设计了一系、二系悬挂装置。它们能给转向架提供各向刚度和阻尼，在实现转向架牵引与制动功效的同时还能缓和轨道对动力车的冲击和振动，提高动力车的安全和运行品质性能。另外，一系、二系悬挂装置还可实现一些其他辅助功能，如绝缘、起吊等。

为了实现均衡轴重及车钩距轨面的合适高度，动力车在转向架一系、二系悬挂装置的弹簧

组内均设有调整垫。在转向架调试过程中，增减调整垫可以达到均衡轴重及车钩距轨面的合适高度的目的。

【知识点 2】时速 160 km 动力集中（鼓形）动车组一系、二系悬挂装置说明

1. 一系、二系悬挂装置的主要技术参数

一系悬挂装置的主要技术参数如表 3–1 所示。

表 3–1　一系悬挂装置的主要技术参数

一系弹簧组工作高/mm	292±2

二系悬挂装置的主要技术参数如表 3–2 所示。

表 3–2　二系悬挂装置的主要技术参数

二系螺旋弹簧工作高/mm	475±3

2. 一系、二系悬挂装置结构

一系悬挂装置结构如图 3–17 所示。

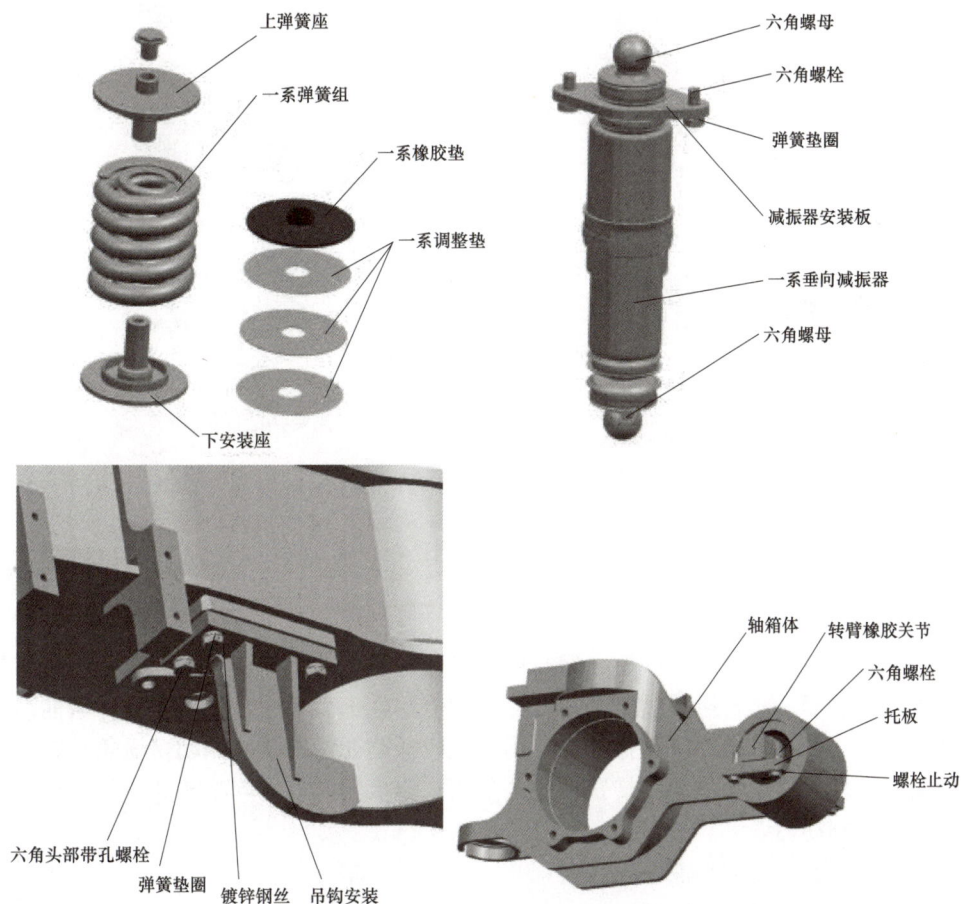

图 3–17　一系悬挂装置结构

二系悬挂装置结构如图 3-18 所示。

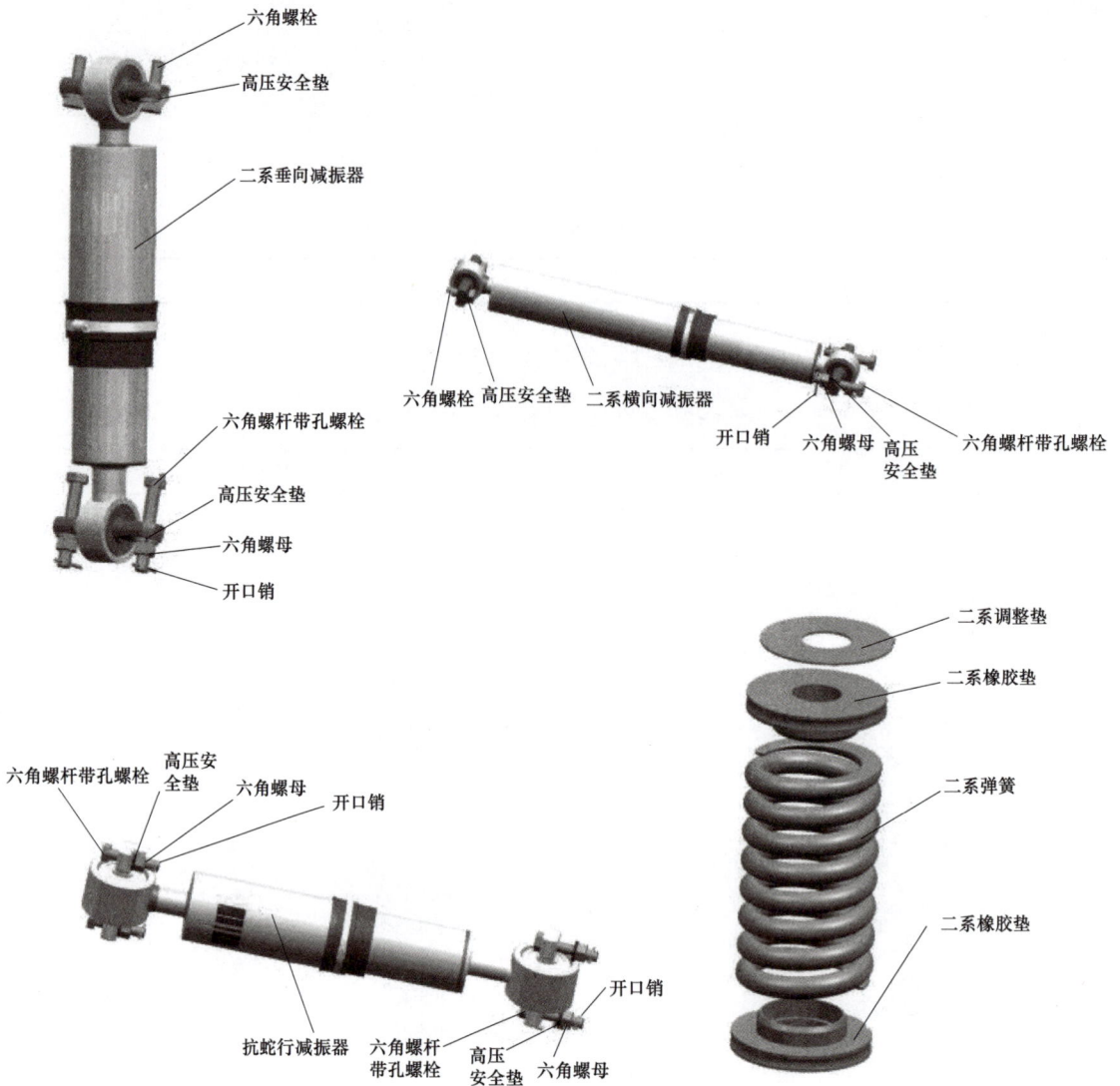

图 3-18　二系悬挂装置结构

【知识点 3】时速 160 km 动力集中（鼓形）动车组一系、二系悬挂装置工作原理

1. 一系悬挂装置

一系悬挂装置设置在轴箱与构架之间，由一系弹簧组（一系弹簧、安装座及一系调整垫）、一系垂向油压减振器、转臂橡胶关节及相应的紧固件等零部件组成。一系螺旋弹簧能缓和动力车的振动和冲击；一系垂向油压减振器的作用是吸收振动能量并衰减振动，避免动力车共振，并起转向架端轴轮对的起吊作用；转臂橡胶关节用来连接轮对与转向架构架，传递动力车轮对产生的牵引力与制动力。

一系悬挂装置具有下列功能。

（1）提供一系悬挂三向刚度。

（2）平均分配一系垂向载荷。

（3）减缓轮对垂向振动。

（4）传递轮对牵引力和制动力。

2. 二系悬挂装置

二系悬挂装置设置在转向架与车体之间，由二系弹簧组（二系弹簧、二系橡胶垫及二系调整垫）、二系垂向油压减振器、二系横向油压减振器、抗蛇行减振器，以及用来安装油压减振器的紧固件等零部件组成。二系弹簧布置在构架侧梁两侧，二系垂向减振器左右对称布置在构架中部，二系横向油压减振器和抗蛇行减振器对称布置在构架端梁及侧梁两侧。

二系悬挂装置具有下列功能。

（1）提供二系悬挂三向刚度。

（2）承受车体以上的垂向载荷。

（3）减缓车体的垂向振动。

任务考核与评价

任务考核			任务评价		
任务	提出问题	学生回答	自我评价	教师评价	
子任务 1	1. 时速 160 km 动力集中（鼓形）动车组一系、二系悬挂装置的主要技术参数是什么？				
	2. 时速 160 km 动力集中（鼓形）动车组一系悬挂装置的位置在哪里？				
	3. 时速 160 km 动力集中（鼓形）动车组二系悬挂装置的位置在哪里？				
子任务 2	1. 指出时速 160 km 动力集中（鼓形）动车组一系悬挂装置的结构组成				
	2. 指出时速 160 km 动力集中（鼓形）动车组二系悬挂装置的结构组成				
子任务 3	时速 160 km 动力集中（鼓形）动车组一系和二系悬挂装置的功能比较				

复习思考题

复习思考题除涉及本任务介绍的知识与技能外，还可能涉及本任务未介绍的知识与技能，需通过阅读参考书、网络搜索等方式进行自主学习后进行解答，在巩固课堂学习成果的同时培养自主学习能力。

1. 时速 160 km 动力集中（鼓形）动车组一系悬挂装置在（　　　）与（　　　）之间。

2. 时速 160 km 动力集中（鼓形）动车组二系悬挂装置在（　　　）与（　　　）之间。

3. 时速 160 km 动力集中（鼓形）动车组一系、二系悬挂装置能给转向架提供各向（　　　）

和（　　）。

4. 时速 160 km 动力集中（鼓形）动车组一系、二系悬挂装置还可实现一些其他辅助功能，如（　　）、（　　）等。

5. 时速 160 km 动力集中（鼓形）动车组一系弹簧组工作高（　　）。

6. 时速 160 km 动力集中（鼓形）动车组二系螺旋弹簧工作高（　　）。

7. 时速 160 km 动力集中（鼓形）动车组一系悬挂装置具有什么功能？

8. 时速 160 km 动力集中（鼓形）动车组二系悬挂装置具有什么功能？

项目 4

货车转向架

🔧 项目描述

铁道车辆具有自导向性和低运行阻力的特点。能体现这两个特性的就是转向架。转向架作为铁道车辆上很重要的部件，也是检修人员重点检查的部位。转向架由很多零部件组成并起到相应的作用。简单地说，它的作用包括传递垂向、纵向、横向作用力，缓冲减振、制动等。

转向架（见图 4-1）是能相对车体回转的一种走行装置，它通常由侧架（或构架）、轮对、轴箱、弹簧减振装置、摇枕及基础制动装置等组成一个独立结构，安装在车体底架下面，是车辆的重要组成部分。

图 4-1 转向架

本项目重点介绍货车转向架，主要内容有转 8 系列、转 K2、转 K3、转 K4、转 K5、转 K6、转 K7 型转向架的结构组成和区别。通过本项目的学习，学生能熟练掌握货车转向架的结构，能区分各种型号的货车转向架。

本项目包含以下五个任务。

任务 4.1　货车转向架各零部件的名称及作用
任务 4.2　转向架的分类及特点
任务 4.3　安装下交叉支撑装置的转向架
任务 4.4　安装弹簧托板或副构架的转向架
任务 4.5　区分各种型号的货车转向架

任务 4.1　货车转向架各零部件的名称及作用

任务分析

教学目标	知识目标	了解货车转向架的组成和作用
	能力目标	能识读货车转向架各部分名称并能进行受力分析
	思政目标	工作中提升安全意识、团队协作精神
教学重难点	教学重点	掌握货车转向架各组成部分的组成、作用
	教学难点	货车转向架各部件的受力传递顺序
学情分析	知识和技能基础	通过学习，了解货车转向架的作用和结构
	认知和实践能力	认识货车转向架，能进行货车转向架的分解并识读各部分名称

任务工单

任务考核	
任务	提出问题
子任务1	1. 转向架的作用是什么？
	2. 转向架的结构组成部分是什么？
	3. 写出转向架的零部件名称
子任务2	1. 货车转向架零部件的作用是什么？
	2. 判断转向架的垂直力传递顺序
子任务3	画出货车转向架的主要零部件

任务实施

【知识点1】转向架的作用

转向架是能相对车体回转的一种走行装置，它通常由侧架（或构架）、轮对、轴箱、弹簧减振装置、摇枕及基础制动装置等组成一个独立结构，安装在车体底架下面，是车辆的重要组成部分。

转向架有以下基本作用。

（1）增加车辆的载重、长度与容积，提高列车运行速度，以满足铁路向高速重载发展的需要。

（2）轴承装置能使车轮沿钢轨的滚动转化为车体沿线路运行的平动。

（3）支撑车体，承受并传递车体和轮对之间的各种载荷及作用力，并使轴重均匀分配。

（4）能灵活地沿直线线路运行及顺利地通过曲线。

（5）便于安装弹簧减振装置，具有良好的减振特性，以缓和车辆和线路之间的相互作用，减小振动和冲击，提高车辆运行平稳性和安全性。

（6）充分利用轮轨之间的黏着，传递牵引力和制动力，放大制动缸所产生的制动力，使车辆具有良好的制动效果，以保证在规定的距离之内停车。

转向架是车辆的一个独立部件。在转向架与车体之间尽可能减少连接，并要求结构简单、装拆方便，以便于转向架可单独制造和检修。

【知识点 2】转向架的基本组成

货车转向架通常由轮对轴箱装置、基础制动装置、转向架支撑车体装置、侧架（构架）、弹性悬挂装置五部分组成，如图 4-2 所示。

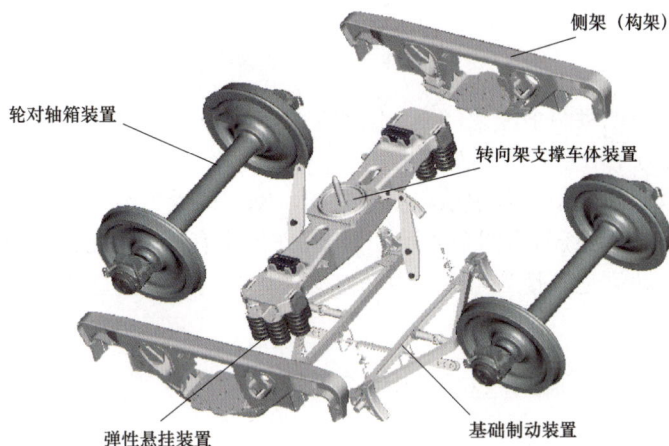

图 4-2　转向架的结构组成

（1）轮对轴箱装置。轮对传递载荷并在钢轨上走行，轴箱和轴承连接构架（侧架）与轮对，使轮对转动转化为车体平面移动。货车一般采用无轴箱的轴箱油润装置。

（2）基础制动装置。制动缸活塞杆的推力经过杠杆连杆传递给闸瓦。货车一般采用单侧闸瓦制动。客车一般采用双侧闸瓦制动或盘型制动。

（3）转向架支撑车体装置。支撑车体，传递作用力，通过曲线时实现车体和转向架间的回转。货车一般采用下心盘、下旁承支撑。

（4）弹性悬挂装置。货车一般只在摇枕和侧架方框间安装两级弹簧悬挂装置，客车除了轴箱弹簧外还安装中央弹簧。

（5）侧架（构架）。它是转向架的骨架，货车上采用的是两个侧架和一个摇枕结构，客车上采用的是整体构架。

【知识点 3】货车转向架主要零部件

货车转向架主要零部件有轮对、摇枕、侧架、下心盘、下旁承、制动梁、弹簧、承载鞍、斜楔、闸瓦、轴承、制动系统等，如图 4-3 所示。

（1）侧架。货车转向架由两个侧架组成。侧架中部方框内安装摇枕、斜楔、摇枕弹簧及减振弹簧。侧架两侧通过导框安装承载鞍及滚动轴承。侧架上有两个三角形的检查孔。

图 4-3　货车转向架的主要零部件名称

（2）摇枕。摇枕要连接两个侧架，位于侧架中部导框下面。摇枕呈中间厚两端薄的鱼腹板结构。摇枕上面中心有下心盘，两侧是下旁承。

（3）承载鞍。承载鞍位于轮对轴承和侧架之间。侧架的受力经过承载鞍传递给轴承。

（4）闸瓦。每套制动系统带有四个闸瓦，即一个车轮带有一块闸瓦的单侧闸瓦制动的方式。

（5）制动梁。制动梁是等腰三角形，中间有支柱。制动梁的垂直端安装有闸瓦托，闸瓦托上安装有闸瓦。

【知识点 4】货车转向架的垂直力传递顺序

车体的垂直力经下心盘（下旁承）传给摇枕两端相接触的斜楔、摇枕弹簧，斜楔所受的力一部分传给减振弹簧，另一部分由斜楔侧面经立柱磨耗板传给侧架。弹簧所受的力都传给了侧架，侧架传给它两侧的轴承导框，再经承载鞍传给轴承，最终传给轮对中的车轴和车轮，车轮再传给钢轨。

货车转向架的垂直力的传递顺序如图 4-4 所示。

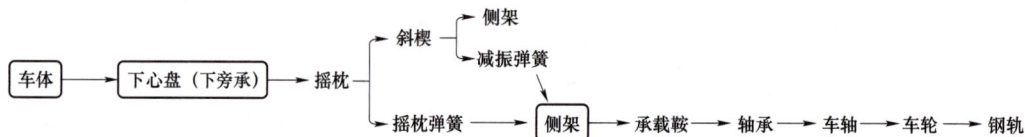

图 4-4　货车转向架的垂直力的传递顺序

任务考核与评价

任务考核			任务评价	
	提出问题	学生回答	自我评价	教师评价
子任务 1	1. 转向架的作用是什么？			
	2. 转向架的结构组成部分是什么？			
	3. 写出转向架的零部件名称			
子任务 2	1. 货车转向架零部件的作用是什么？			
	2. 判断转向架的垂直传递顺序			
子任务 3	画出货车转向架的主要零部件			

复习思考题

复习思考题除涉及本任务介绍的知识与技能外，还可能涉及本任务未介绍的知识与技能，需通过阅读参考书、网络搜索等方式进行自主学习后进行解答，在巩固课堂学习成果的同时培养自主学习能力。

1. 货车转向架有（　　）个侧架。
2. 侧架中部方框内安装有（　　）、斜楔和弹簧。
3. 侧架（　　）导框安装承载鞍及轴承。
4. 货车转向架有（　　）个摇枕。
5. 摇枕呈（　　）形状。
6. 摇枕上面中心有（　　），两侧是（　　）。
7. （　　）位于轮对轴承和侧架之间。
8. 一个车轮带有（　　）块闸瓦是单侧闸瓦制动。
9. 制动梁的形状是（　　），中间有支柱。
10. 写出转向架的垂直力传递顺序。

任务 4.2　转向架的分类及特点

任务分析

教学目标	知识目标	了解车辆常用转向架分类情况
	能力目标	能认识不同分类标准的车辆转向架
	思政目标	培养学生爱岗敬业的精神，踏实肯学的学习态度
教学重难点	教学重点	转向架不同标准的分类方式
	教学难点	转向架轴箱定位方式
学情分析	知识和技能基础	通过学习了解不同类型的转向架
	认知和实践能力	认识转向架，能进行转向架的分解并识读各部分名称

任务工单

任务考核	
任务	提出问题
子任务 1	1. 转向架按弹簧悬挂装置的分类有哪些？
	2. 转向架按承载方式的分类有哪些？
	3. 转向架按轴箱定位方式的分类有哪些？
子任务 2	1. 如何区分转向架的弹簧悬挂方式？
	2. 如何区分转向架的轴箱定位方式？
子任务 3	画出转向架种类的思维导图

任务实施

【知识点1】转向架的种类

转向架也叫走行部，它在轨道上运行，由于转向架的轴数、轴型、弹簧悬挂装置、悬挂形式、载荷承载方式、轴箱定位方式及安装的车种车型不同，转向架有很多不同种类。下面从轴数、轴型、弹簧悬挂装置、悬挂形式、载荷承载方式、轴箱定位的角度来分析转向架的区别。

1. 按轴数与类型分

根据《铁道车辆轮对及轴承型式与基本尺寸》（TB/T 1010—2016），按轴颈直径，车辆所用的车轴基本上可分为C、D、E、F四种。一般货车采用D、E、F三种轴型，客车采用C、D两种轴型。随着我国铁路运输的发展，其趋势是除少数特殊用途车辆之外，新型货车主要采用E、F两种轴，新型客车主要采用D轴。

按轴数分类，转向架有二轴、三轴和多轴之分。我国大多数客、货车采用二轴转向架。

2. 按弹簧悬挂装置分

（1）一系弹簧悬挂。在采用一系悬挂的车辆上，从车体至轮对之间，只设有一系弹簧减振装置，如图4-5（a）所示。所谓"一系"，一般是指车体的振动只经过一次弹簧减振装置实施减振。采用一系弹簧悬挂的转向架结构比较简单，便于检修、制造，成本较低，所以一般一系悬挂多在货车转向架上采用。

(a) 一系弹簧悬挂　　　　(b) 二系弹簧悬挂

图4-5　弹簧悬挂装置

（2）二系弹簧悬挂。在采用二系悬挂的车辆上，从车体至轮对之间，设有二系弹簧减振装置，如图4-5（b）所示。在转向架中同时有摇枕弹簧减振装置和轴箱弹簧减振装置，使车体的振动经历二次弹簧减振装置衰减，改善了车辆的运行品质，所以二系悬挂多在客车转向架上采用。

3. 按中央弹簧跨距和构架侧梁中心线间的距离关系分

（1）内侧悬挂。这种转向架中央弹簧的横向跨距小于构架两侧梁的纵向中心线之间距离，如图4-6（a）所示，简称内侧悬挂转向架。

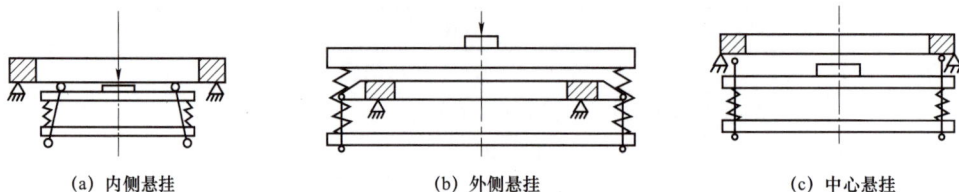

(a) 内侧悬挂　　　　(b) 外侧悬挂　　　　(c) 中心悬挂

图4-6　弹簧装置的横向跨距

（2）外侧悬挂。这种转向架中央弹簧的横向跨距大于构架两侧梁的纵向中心线之间距离，如图4-6（b）所示，简称外侧悬挂转向架。

（3）中心悬挂。这种转向架中央弹簧的横向跨距与构架两侧梁的纵向中心线之间距离相等，如图 4-6（c）所示，简称中心悬挂转向架。

4. 按不同的载荷分配及载荷作用点分

（1）心盘集中承载。车体上的全部重量通过前后两个上心盘分别传递给前后转向架的两个下心盘，如图 4-7（a）所示。我国大多数客、货车转向架都采用这种承载方式。

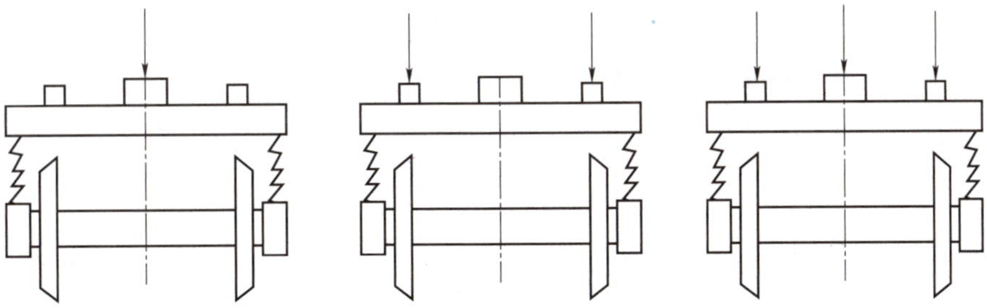

(a) 心盘集中承载   (b) 全旁承承载   (c) 心盘与全旁承共同承载

图 4-7 车体载荷传递方式

（2）非心盘承载。这种转向架没有心盘装置，虽然有的转向架上还有类似心盘的装置存在，但它仅作为牵引及转动中心之用，而车体上的全部重量通过中央弹簧悬挂装置直接传递给转向架构架。其中，有的转向架在中央弹簧悬挂装置与构架之间安装有旁承装置，这种转向架又称为全旁承承载，如图 4-7（b）所示。

（3）心盘部分承载。这种承载方式的结构是上述两种承载方式结构的组合，即车体上的重量按一定比例分配，分别传递给心盘与旁承，使之共同承载，如图 4-7（c）所示。

5. 按轴箱定位方式分

（1）固定定位。轴箱与侧架焊成一体。

（2）导框式定位。导框式定位如图 4-8 所示。轴箱上有导槽，侧架或构架上有导框。

（3）干摩擦导柱式。干摩擦导柱式定位如图 4-9 所示。构架上的导柱插于轴箱弹簧托盘上的支持环。

图 4-8 导框式定位

图 4-9 干摩擦导柱式定位

（4）油导筒式。导柱在导筒内上下移动时，油液可进出导柱的内腔，产生减振作用。

（5）拉板式定位。由特种弹簧钢制成薄形定位拉板，一端连轴箱，另一端通过橡胶节点连挂构架。

（6）拉杆式定位。拉杆式轴箱定位如图 4-10 所示。拉杆两端有橡胶节点，分别与轴箱和构架连接，实现弹性定位。

图 4-10　拉杆式轴箱定位

（7）转臂式定位。转臂式轴箱定位如图 4-11 所示。定位转臂一端固结在轴箱上，另一端通过橡胶节点与构架相连。

（8）橡胶弹簧定位。橡胶弹簧定位如图 4-12 所示。在轴箱和构架之间以橡胶弹簧相连。

图 4-11　转臂式轴箱定位

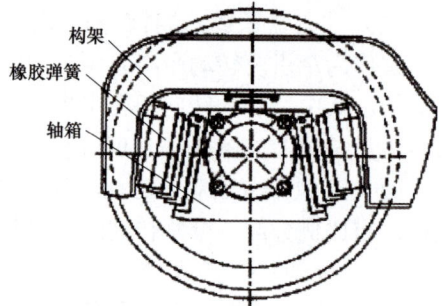

图 4-12　橡胶弹簧定位

任务考核与评价

任务考核			任务评价	
	提出问题	学生回答	自我评价	教师评价
子任务 1	1. 转向架按弹簧悬挂装置的不同有哪些分类形式？			
	2. 转向架按承载方式的不同有哪些分类形式？			
	3. 转向架按轴箱定位方式的不同有哪些分类形式？			
子任务 2	1. 如何区分转向架的弹簧悬挂方式？			
	2. 如何区分转向架的轴箱定位方式？			
子任务 3	画出转向架种类的思维导图			

复习思考题

复习思考题除涉及本任务介绍的知识与技能外，还可能涉及本任务未介绍的知识与技能，需通过阅读参考书、网络搜索等方式进行自主学习后进行解答，在巩固课堂学习成果的同时培养自主学习能力。

1. 我国客、货车转向架常见的是（   ）轴转向架。
2. 我国客车转向架采用（   ）系弹簧悬挂装置。
3. （   ）是指车体的振动只经过一次弹簧减振装置实施减振。
4. 客车转向架中同时有（   ）和（   ），使车体的振动经历二次弹簧减振装置衰减。
5. 内侧悬挂是转向架中央弹簧的横向跨距（   ）构架两侧梁的纵向中心线之间距离。
6. 导框式定位是（   ）上有导槽，（   ）上有导框。
7. 干摩擦导柱式是（   ）上的导柱插入轴箱弹簧托盘上的支持环。
8. 油导筒式是导柱在导筒内上下移动时，（   ）可进出导柱的内腔，产生减振作用。
9. 拉板式定位是由特种弹簧钢制成薄形定位拉板，一端连（   ），另一端通过橡胶节点连挂构架。
10. 拉杆式定位是拉杆两端有橡胶节点，分别与（   ）和（   ）连接，实现弹性定位。
11. 转臂式定位是指定位转臂一端固结在（   ）上，另一端通过橡胶节点与（   ）相连。
12. 橡胶弹簧定位是在轴箱和构架之间用（   ）相连。
13. 货车一般采用（   ）轴箱定位方式。

任务 4.3 安装下交叉支撑装置的转向架

任务分析

教学目标	知识目标	知道安装下交叉支撑装置的转向架的型号
	能力目标	会分析货车转向架垂直力的传递顺序
	思政目标	培养学生爱岗敬业的精神，踏实肯学的学习态度
教学重难点	教学重点	转 K6 型转向架结构组成
	教学难点	转 K6 型转向架各零部件的安装情况
学情分析	知识和技能基础	通过学习，了解不同类型的转向架
	认知和实践能力	认识转向架，能进行转向架的分解并识读各部分名称

任务工单

任务考核	
任务	提出问题
子任务 1	1. 转 K2 型转向架结构组成包括什么？
	2. 转 K6 型转向架结构组成包括什么？

任务考核	
任务	提出问题
子任务 2	1. 会判断转 8A、K2、K6 型转向架结构区别
	2. 下交叉支撑装置的优点是什么？
子任务 3	写出 K6 型转向架的技术参数

任务实施

【知识点 1】转 8A 系列：转 8A 型、转 8G 型转向架

1. 转 8A 系列转向架

转 8A 型转向架由左右两个独立的侧架与一个摇枕组成。每一侧架连接前后两个轮对一侧的轴箱，左右两个侧架之间在中央部位用一根横向放置的摇枕连接在一起。

转 8A 型转向架采用导框式轴箱定位，采用一系中央悬挂、斜楔式变摩擦力减振器，采用标准 RD$_2$ 型滚动轴承车轴和整体辗钢车轮。RD$_2$ 型滚动轴承装置包括 197726T 双列圆锥滚子轴承和承载鞍。该转向架安装有两套弹簧减振装置，对称安装在两侧架中央的方形空间内。每套装置由 7 组双卷螺旋弹簧（圆弹簧）和两块三角形楔块组成。基础制动装置采用单侧闸瓦滑槽式弓形制动梁，如图 4−13 所示。

2. 转 8AG 型转向架

转 8AG 型转向架主要是在转 8A 型转向架基础上，加装交叉支撑装置（见图 4−14）和心盘磨耗盘，采用双作用弹性旁承、两级刚度弹簧、奥贝球铁衬套。转 8AG 型转向架为适应两级刚度弹簧，将摇枕弹簧定位圆脐加高；为适应交叉支撑装置，采用了新结构的下拉杆；其他主要零部件（摇枕、侧架、制动梁、轮对等）与转 8A 型转向架相同。

图 4−13　滑槽式弓形制动梁

图 4−14　交叉支撑装置

3. 转 8G 型转向架

转 8G 型转向架主要是在转 8A 型转向架侧架基础上，将侧架外弯钩断面变成箱形结构，对原结构薄弱部位进行了加强，采用嵌入式滑槽磨耗板，增加左、右支撑座各 1 个、保持环 4 个，其他零件与转 8A 型转向架相同，如图 4−15 所示。

图 4−15　转 8G 型转向架

转 8G 与转 8AG 型转向架的区别在于，转 8G 型转向架采用重新设计的改进型侧架和支撑座，能够保证支撑座与侧架接触弧面密贴施焊，从而取消了转 8AG 用的连接板；采用弧形筋结构闸瓦托，增大了闸瓦托与交叉杆的间隙；借用了转 K2 型转向架的嵌入式滑槽磨耗板，提高了磨耗板的耐磨性能并方便了检修；其余零部件与转 8AG 型转向架相同。

【知识点 2】转 K2 型下交叉支撑装置转向架

转 K2 型转向架属于铸钢三大件式转向架，如图 4-16 所示，在两侧架之间安装了弹性下交叉支撑机构。交叉杆从摇枕下面穿过；减振装置采用分离式斜楔，摇枕斜楔摩擦面上焊装楔形插板，采用整体式斜楔、摇枕斜楔摩擦面上焊装平板型磨耗板；基础制动装置为中拉杆结构，中央悬挂系统采用两级刚度弹簧；上、下心盘之间安装心盘磨耗板；采用双作用弹性旁承。

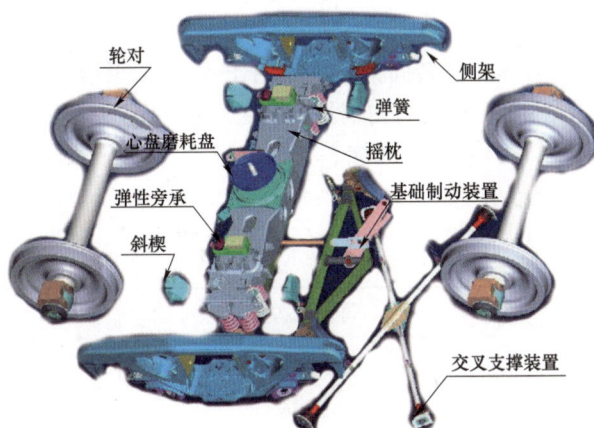

图 4-16　转 K2 型转向架

转 K2 型转向架装在 P_{65}、P_{65A}、P_{65S} 型行包快运棚车上时，采用高摩合成闸瓦；装在构造速度为 100 km/h 的 P_{64}、P_{64A}、C_{64}、C_{64K} 型等提速车上时，采用高磷闸瓦。

【知识点 3】转 K6 型下交叉支撑装置转向架

转 K6 型转向架是目前国内主型 25t 轴重货车转向架，如图 4-17 所示。它采用铸钢三大件式结构。摇枕、侧架为 B 级铸钢，侧架采用宽导框式结构，两侧架之间加装下交叉支撑装置。一系悬挂采用改进型轴箱橡胶垫，二系悬挂采用带变摩擦减振装置的中央枕簧悬挂系统，摇枕弹簧为两级刚度，组合式斜楔的主摩擦板采用高分子复合材料，斜楔体为贝氏体球墨铸铁。侧架立柱磨耗板采用 45 号钢，滑槽磨耗板采用 T10 或 47Mn2Si2Ti，采用锻造支撑座。它采用直径为 375mm 的下心盘，下心盘内设有含油尼龙心盘磨耗盘，装用 25t 轴重 150、250、160 型双列圆锥滚子轴承，RE_{2A} 或 RE_2 型 50 钢车轴，以及磨耗型踏面的 HEZ 轻型铸钢或 HESA 轻型辗钢车轮。它采用双作用

图 4-17　转 K6 型转向架

常接触弹性旁承。基础制动装置采用高摩合成闸瓦和 L 型制动梁。

转 K6 型转向架是齐齐哈尔铁路车辆（集团）有限责任公司为改善转向架运行品质、延长车辆检修周期和使用寿命而开发的转向架，转向架的商业运行速度为 120 km/h，能够满足当前中国铁路货车提速、重载的需求。该转向架采用了美国标准车辆转向架公司的交叉支撑装置和 S-2-HD 悬挂系统技术，提高了货车三大件转向架的抗菱刚度，改善了货车通过曲线时的性能，提高了转向架蛇行失稳临界速度。它装用组合式制动梁，提高了制动系统安全性能。

转 K6 型转向架可用于 25 t 轴重敞车、棚车、平车、罐车，也可用于各种 25 t 轴重专用货车。

【知识点 4】转 K2、K6 型转向架的比较

转 K2 型转向架采用 D 轴轮对、21 t 轴重，是我国载重 60 t 级铁路货车的主型转向架。转 K6 型转向架结构原理及结构设计与转 K2 型转向架类似，如表 4-1 所示。转 K6 型转向架与转 K2 型转向架不同之处有：转 K6 型转向架车轴采用 E 轴，轴距增大至 1 830 mm，摇枕一端 2 组承载弹簧，采用直径 375 mm 下心盘，摇枕和侧架加大断面以满足 25 t 轴重强度的要求。另外，转 K6 型转向架在承载鞍和侧架之间加装了橡胶弹性剪切垫，实现了轮对的弹性定位、导框的无磨耗。

表 4-1　转 K2 型转向架与转 K6 型转向架技术参数对比表

	转 K2 型	转 K6 型
固定轴距/mm	1 750	1 830
轴颈中心距/mm	1 956	1 981
旁承中心距/mm	1 520	1 520
车轮直径/mm	840	840
轨距/mm	1 435	1 435
轴重/t	21	25
自重/t	4.2	4.8
最高运行速度/（km/h）	120	120
车轮踏面形状	LM 磨耗型踏面	LM 磨耗型踏面
车轴型号	RD_2 型	RE_{2A} 或 RE_2 型

任务考核与评价

任务考核			任务评价	
任务	提出问题	学生回答	自我评价	教师评价
子任务 1	1. 转 K2 型转向架结构组成是什么？			
	2. 转 K6 型转向架结构组成是什么？			

续表

任务考核			任务评价	
任务	提出问题	学生回答	自我评价	教师评价
子任务 2	1. 会判断转 8A、K2、K6 型转向架结构区别			
	2. 下交叉支撑装置的优点			
子任务 3	写出 K6 型转向架的技术参数			

复习思考题

复习思考题除涉及本任务介绍的知识与技能外，还可能涉及本任务未介绍的知识与技能，需通过阅读参考书、网络搜索等方式进行自主学习后进行解答，在巩固课堂学习成果的同时培养自主学习能力。

1. 转 8A 型转向架由左右两个独立的（　　）与一个（　　）组成。
2. 转 8A 型转向架采用（　　）轴箱定位。
3. 转 8A 型转向架采用弹簧悬挂方式是（　　）。
4. 转 8A 型转向架采用（　　）减振器。
5. 转 8A 型转向架采用（　　）型滚动轴承车轴和（　　）车轮。
6. 转 8A 型转向架采用（　　）轴承。
7. 转向架有两套弹簧减振装置，分别装在两侧架（　　）的方形空间内。
8. 转 8A 型转向架每套装置由（　　）组双卷螺旋弹簧（圆弹簧）和（　　）块三角形楔块组成。
9. 转 8A 型转向架的基础制动装置采用（　　）侧闸瓦。
10. 转 8AG 型转向架主要是在转 8A 型转向架基础上，加装（　　）和（　　）。
11. 转 8AG 型转向架采用（　　）旁承。
12. 转 8AG 型转向架采用（　　）弹簧。
13. 转 8AG 型转向架采用（　　）衬套和 45 号钢圆销。
14. 转 8AG 型转向架为适应两级刚度弹簧，将摇枕弹簧定位圆脐（　　）。
15. 转 8G 与转 8AG 型转向架的区别在于采用重新设计的改进型（　　）和支撑座。
16. 转 K6 型转向架下交叉支撑装置从（　　）下面穿过。
17. 转 K6 型转向架的摇枕斜楔摩擦面上焊装（　　）。
18. 转 K2 型转向架的基础制动装置为（　　）拉杆结构。
19. 转 K6 型转向架的中央悬挂系统采用（　　）刚度弹簧。
20. 转 K6 型转向架的上、下心盘之间安装（　　）。
21. 转 K6 型转向架采用（　　）旁承。
22. 转 K6 型转向架一系悬挂采用（　　）。
23. 转 K6 型转向架采用直径为（　　）mm 的下心盘，下心盘内设有（　　）。

任务 4.4　安装弹簧托板或副构架的转向架

任务分析

教学目标	知识目标	知道安装弹簧托板或副构架的转向架的优点
	能力目标	能区分安装弹簧托板或副构架的转向架的型号
	思政目标	培养学生爱岗敬业的精神，踏实肯学的学习态度
教学重难点	教学重点	安装弹簧托板或副构架的货车转向架型号和特点
	教学难点	摆动式转向架的摆动原理
学情分析	知识和技能基础	通过学习了解不同类型的转向架
	认知和实践能力	认识转向架，能进行转向架的分解并识读各部分名称

任务工单

任务考核	
任务	提出问题
子任务 1	1. 安装弹簧托板的转向架型号及区别是什么？
	2. 安装副构架的转向架型号及区别是什么？
子任务 2	1. 转 K5 型转向架的结构特点是什么？
	2. 转 K7 型转向架的结构特点是什么？
子任务 3	能区分开转 K3、K4、K5、K7 型转向架

任务实施

【知识点 1】转 K4 型带弹簧托板的转向架

转 K4 型转向架属于铸钢三大件式转向架，如图 4-18 所示，悬挂系统为二系的摇枕弹簧和一系的摆动机构的组合，垂向、横向都具有两级刚度特性，大大增加了车辆的横向柔性，降低了轮轨间的磨耗，提高了车辆的运行品质。同时，摆动式转向架摇枕挡位置下移，使侧滚中心降低，对侧滚振动控制加强，加之振摆转动中心降低，有效地减小了爬轨和脱轨的可能性，尤其是对高重心的货车，大大提高了其脱轨安全性。转 K4 型带弹簧托板的转向架具有高的耐久性和可靠性，采用了弹性常接触式旁承和新型制动梁。

转 K4 型转向架主要采用以下 7 项新技术：① 由弹簧托板、导框摇动座、弹簧托板摇动座等组成的摇动台

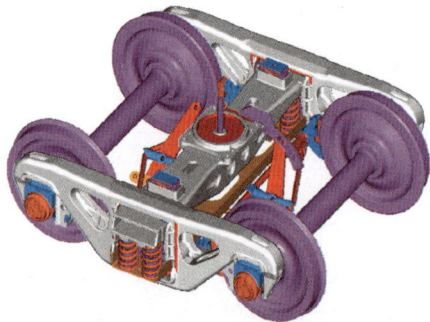

图 4-18　转 K4 型转向架

机构；② 悬挂系统为摇枕弹簧和摆动机构组合；③ 安装了双作用常接触式弹性旁承；④ 装用了针状马氏体铸铁斜楔，其中主斜楔面为高分子复合材料；⑤ 安装了心盘磨耗盘；⑥ 主要摩擦副均采用耐磨件；⑦ 为适应摇动台机构工作，在支点座和制动杠杆中孔装用了可转动的耐磨球套。

【知识点 2】转 K5 型带弹簧托板的转向架

转 K5 型转向架商业运行速度为 120 km/h。它承袭了转 K4 型转向架的主要结构，其弹簧托板由转 K4 型的平直型改为下凹型，基础制动采用了自行研制的 L-C 型组合式制动梁，其减振内圆弹簧、斜楔、弹性旁承等零部件可与转 K4 型转向架互换。该转向架具有性能优良、使用寿命长、维修费用低等优点，适应我国铁路货车"快速、重载"的发展方向，具有广阔的推广应用前景。

转 K5 型转向架结构组成如图 4-19 所示。它采用 RE_{2B} 型轮对和 353130A、353130B、353130C 紧凑型滚动轴承。侧架和摇枕采用 B 级钢，承载鞍采用 C 级钢。摇动座与弹簧托板用折头螺栓、防松螺母紧固，弹簧悬挂系统坐落在弹簧托板上。弹簧托板摇动座支承坐落在侧架中央方框下弦杆的腔形结构中，摇动座与摇动座支承的接触面为圆弧形结构，两圆弧形成滚动副，使侧架具有摆动的功能。每侧弹性悬挂系统及减振装置由两个斜楔、两组减振弹簧、六组承载弹簧组成。减振弹簧与承载弹簧均为两级刚度，使空车、重车分别对应不同的刚度，从而空车和重车都有优良的动力性能。基础制动装置为中拉杆形式，采用新型高摩合成闸瓦和奥贝球铁耐磨销套及相应圆销，固定杠杆与固定杠杆支点座之间用铁蹄环连接。下旁承采用与转 K4 型转向架通用的常接触橡胶弹性旁承。

图 4-19　转 K5 型转向架结构组成

转 K5 型转向架适用于载重为 70 t 级的各型铁路货车、载重为 76 t 和 80 t 的各型运煤专用敞车以及其他总重为 100 t 的铁路专用货车。

【知识点 3】转 K4 与转 K5 型转向架的区别

转 K4 型转向架采用 D 轴轮对、轴重 21 t，主要用在载重 60 t 级的铁路货车上。从 2006 年开始，我国停止生产载重 60 t 的货车，该型转向架也相应停止生产。2003 年，为满足铁路货车"提速、重载"的需求，在转 K4 型转向架的基础上，研制开发了转 K5 型转向架，其主要部件如侧架、摇枕、弹簧托板、摇动座、摇动座支承、弹簧、减振装置、轮对、轴承等的结构设计与转 K4 型转向架类似。转 K5 型转向架与转 K4 型转向架不同之处有：转 K5 型转向架车轴采用 E 轴，轴距增大至 1 800 mm，弹簧托板由直边形改为鱼腹形压件，摇枕一端增加 2 组承载弹簧，采用直径 375 mm 下心盘，摇枕和侧架加大断面以满足 25 t 轴重强度的要求等。转 K4 型转向架和转 K5 型转向架技术参数对比表如表 4-2 所示。

表 4-2　转 K4 型转向架与转 K5 型转向架技术参数对比表

	转 K4 型	转 K5 型
固定轴距/mm	1 750	1 800
轴颈中心距/mm	1 956	1 981
旁承中心距/mm	1 520	1 520
车轮直径/mm	840	840
轨距/mm	1 435	1 435
轴重/t	21	25
自重/t	4.2	4.68
最高运行速度/（km/h）	120	120
制动倍率	6.48	4
车轴型号	RD_2 型	RE_{2A} 型

【知识点 4】转 K3 型构架式转向架

转 K3 型转向架结构组成如图 4-20 所示，由 H 形整体焊接构架、轴箱弹簧悬挂装置、轮对、弹性常接触式旁承及基础制动装置等组成。采用球面心盘、高分子磨耗板、高摩合成闸瓦，在单侧斜锲相对的导框座中加设了纵向定位弹簧。该转向架具有抗菱刚度高、安全、可靠，便于通过曲线、维修费用低等优点。

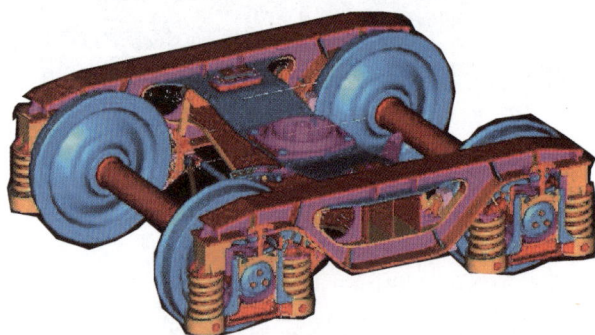

图 4-20　转 K3 型转向架结构组成

【知识点 5】转 K7 型转向架

转 K7 型转向架主要用于大秦线 80 t 级运煤敞车，亦可用于其他 70 t 级铁路货车，并能满足货车 120 km/h 的运行速度要求。

转 K7 型转向架是在原三大件转向架的基础上将一个轮对的左右两个承载鞍相连，形成 U

形副构架, 再将前后两个轮对通过连接杆与两个 U 形副构架销接在一起, 从而形成自导向机构。

转 K7 型转向架结构组成如图 4-21 所示, 该转向架为铸钢三大件式货车转向架, 主要由轮对、侧架、橡胶堆、摇枕、基础制动装置、滚动轴承装置、JC 型双作用弹性旁承、轮对径向装置、组合式斜楔等部件组成。一系悬挂采用橡胶堆, 相对于轮轴中心线呈斜对称分布, 二系悬挂采用带变摩擦减振装置的中央枕簧悬挂系统, 摇枕弹簧为二级刚度, 采用组合式斜楔, 采用直径为 375 mm 的下心盘, 下心盘内设有导电式尼龙心盘磨耗盘。基础制动装置为下拉杆式单侧闸瓦制动装置, 采用 L-A 或 L-B 型组合式制动梁, 新型高摩合成闸瓦。

图 4-21　转 K7 型转向架结构组成

【知识点 6】转 K7 和转 K3 型转向架的区别

转 K3 型转向架在结构组成上与其他货车转向架不同, 它采用的是构架、轴箱、弹簧的结构组成。转 K7 型转向架在普通三大件的基础上将一个轮对的左右两个承载鞍相连, 形成副构架, 再将前后两个副构架与交叉拉杆销接在一起, 从而形成自导向机构。转 K3 型转向架与转 K7 型转向架技术参数对比表如表 4-3 所示。

表 4-3　转 K3 型转向架与转 K7 型转向架技术参数对比表

	转 K3 型	转 K7 型
固定轴距/mm	1 800	1 800
轴颈中心距/mm	1 956	1 981
旁承中心距/mm	1 520	1 520
车轮直径/mm	840	840
轨距/mm	1 435	1 435
轴重/t	21	25
自重/t	4.2	4.77
最高运行速度/ (km/h)	120	120
制动倍率	6.48	6
车轴型号	RD_2 型	RE_2 型

任务考核与评价

任务考核			任务评价	
任务	提出问题	学生回答	自我评价	教师评价
子任务 1	1. 安装弹簧托板的转向架型号及区别			
	2. 安装副构架的转向架型号及区别			
子任务 2	1. K5 型转向架的结构特点是什么？			
	2. K7 型转向架的结构特点是什么？			
子任务 3	能区分开转 K3、K4、K5、K7 型转向架			

复习思考题

　　复习思考题除涉及本任务介绍的知识与技能外，还可能涉及本任务未介绍的知识与技能，需通过阅读参考书、网络搜索等方式进行自主学习后进行解答，在巩固课堂学习成果的同时培养自主学习能力。

　　1. 转 K4 型转向架主要采用（　　）、导框摇动座、摇动座等组成的摇动台机构。

　　2. 转 K3 型转向架采用整体焊接（　　）和轴箱弹簧悬挂装置。

　　3. 转 K7 型转向架增加了 U 形（　　）。

　　4. 转 K5 型转向架在两侧架之间安装了（　　）。

　　5. 货车转（　　）型转向架采用构架，轴箱、弹簧的结构组成。

　　6. 转 K5 型转向架的摇枕斜楔摩擦面上焊装（　　）。

　　7. 转 K5 型转向架的中央悬挂系统采用（　　）刚度弹簧。

　　8. 转 K6 型转向架上、下心盘之间安装（　　）。

　　9. 转 K5 型转向架采用（　　）旁承。

　　10. 转 K5 型转向架一系悬挂采用（　　）。

　　11. 转 K5 型转向架采用直径为（　　）mm 的下心盘，下心盘内设有（　　）。

任务 4.5　区分各种型号的货车转向架

任务分析

教学目标	知识目标	了解货车常用转向架结构特点
	能力目标	能认识不同型号的转向架
	思政目标	培养学生爱岗敬业的精神，踏实肯学的学习态度

教学 重难点	教学重点	货车转向架结构上的区别
	教学难点	交叉拉杆如何抗蛇行作用原理
学情分析	知识和技能基础	通过学习，了解不同类型的转向架
	认知和实践能力	认识转向架，能进行转向架的分解并识读各部分名称

任务工单

任务考核	
任务	提出问题
子任务 1	1. 能背诵货车转向架的助记口诀
	2. 比较货车转向架的枕簧数量不同
子任务 2	能区分货车转向架的型号
子任务 3	能画出各型货车转向架的不同之处

任务实施

随着铁路货运列车不断向高速、重载、长大交路方向发展，铁道车辆也进入了不断升级换代时期，有许多新技术、新结构、新材料和新工艺被不断应用其中。

我国货车转向架发展简介如下。

21 t 轴重的转向架有：

转 8—转 8A—转 8AG—转 8G—转 K1、转 K2、转 K3、转 K4。

25 t 轴重的转向架有转 K5、转 K6、转 K7，160 km/h 高速货车转向架。

除上述转向架外，还有 27 t 轴重转向架（80 t 级通用车）、30 t 轴重转向架（95 t 专用车）。

目前，货车提速转向架中有转 8AG、转 8G、转 K1、转 K2、转 K3、转 K4、转 K5、转 K6、转 K7 等 9 种（其中，转 8AG、转 8G 商业运行速度 90～100 km/h，其他 120 km/h）。在这 9 种转向架中比较常见的有转 8AG、转 8G、转 K2、转 K4、转 K5、转 K6 这 6 种，分别装配在不同的车型之上。

各型转向架的结构特点，仅从外观上就能对各型转向架加以区分，这里结合各型转向架的局部特点，编排了"提速转向架简易识别助记口诀"和提速转向架简易识别助记口诀图，如图 4–22 所示，以助于我们快速区分各型转向架。

(a) 转 8AG、转 8G 型转向架　　　　　　(b) 转 K1 型转向架

图 4–22　提速转向架简易识别助记口诀图

(c) 转 K2 型转向架

(d) 转 K3 型转向架

(e) 转 K4 型转向架

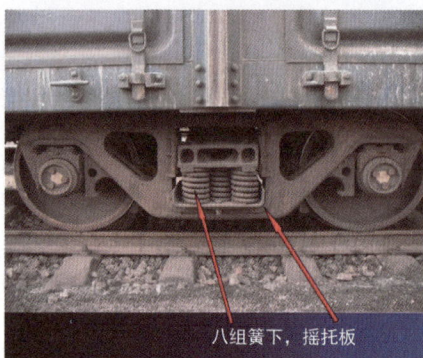

(f) 转 K5 型转向架

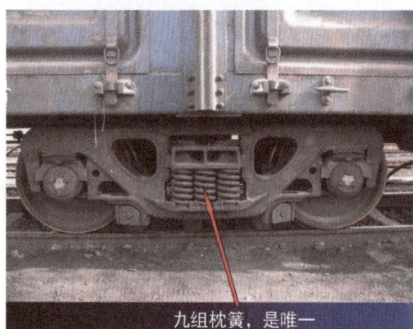

(g) 转 K6 型转向架

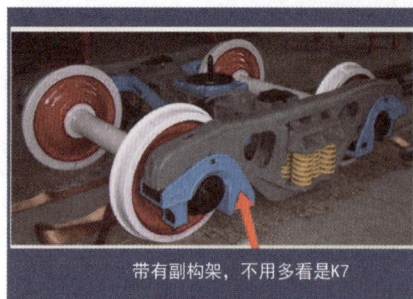

(h) 转 K7 型转向架

图 4-22　提速转向架简易识别助记口诀图（续）

提速转向架简易识别助记口诀：

① 七组枕簧一般粗，有接板 8AG；

② 七组枕簧一般粗，无接板是 8G；

③ 七组枕簧中交叉，不用细看是 K1；

④ 七组枕簧有粗细，仔细确认是 K2；

⑤ 轴箱有簧不常见，焊接构架是 K3；

⑥ 转 K4，六组簧下，摇托板；

⑦ 转 K5，八组簧下，摇托板；

⑧ 转 K6，九组枕簧，是唯一；

⑨ 带有副构架，不用多看是 K7。

任务考核与评价

任务考核			任务评价	
任务	提出问题	学生回答	自我评价	教师评价
子任务 1	1. 能背诵货车转向架的助记口诀			
	2. 比较货车转向架的枕簧数量不同			
子任务 2	能区分货车转向架的型号			
子任务 3	能画出各型货车转向架的不同之处			

◆ 复习思考题

　　复习思考题除涉及本任务介绍的知识与技能外，还可能涉及本任务未介绍的知识与技能，需通过阅读参考书、网络搜索等方式进行自主学习后进行解答，在巩固课堂学习成果的同时培养自主学习能力。

　　1. 七组枕簧一般粗，有接板（　　　）。

　　2. 七组枕簧一般粗，无接板是（　　　）。

　　3. 七组枕簧（　　　），不用细看是 K1。

　　4. 七组枕簧有（　　　），仔细确认是 K2。

　　5. 轴箱有簧不常见，焊接构架是（　　　）。

　　6. 转 K4，（　　　）组簧下，（　　　）。

　　7. 转 K5，（　　　）组簧下，（　　　）。

　　8. 转 K6，（　　　）组枕簧，是唯一。

　　9. 带有（　　　），不用多看是 K7。

客车转向架

项目描述

客车是运送旅客的车辆，为保证旅客运输的安全性及舒适性，对客车转向架（见图 5-1）的要求比货车转向架的要求更严格。客车转向架不仅要有足够的强度，而且还要有良好的运行平稳性和较高的运行速度，以便将旅客安全、迅速、平稳、舒适地送到目的地。

客车转向架的要求如下。

1. 减少轮轨作用力及各部位的磨耗，具有安全性、平稳性、舒适性和曲线通过性能。

2. 自重轻，减少簧下质量，各零部件应有足够的强度和适宜的刚度，并尽可能实现通用化、标准化和产品系列化。

3. 具有良好的制动性能，保证在规定的制动距离内安全停车。

4. 采用新技术、新材料、新工艺，结构简单，运用可靠，检修方便，制造容易，成本低廉。

客车转向架的基本作用如下。

1. 减少车辆运行阻力。

2. 车辆通过高低不平处，能减小车体的垂直位移。

3. 安装多系弹簧及减振器，保证车辆有良好的运行品质，以适应不断提高的行车速度。

4. 传递和放大制动缸产生的制动力，使车辆具有良好的制动效果。

5. 支撑车体并将车上的各种作用力和载荷传递给钢轨。

本项目重点介绍客车转向架，主要内容包括 209 系列、206 系列及准高速、快速客车转向架的构造、作用及结构特点。通过本项目的学习，学生应熟悉主型客车转向架的结构特点，能区分客车转向架的型号。

本项目包含以下六个任务。

任务 5.1　我国客车转向架简述

任务 5.2　客车 209 系列转向架的区别

任务 5.3　客车 206 系列转向架的比较

任务 5.4　CW 系列客车转向架

任务 5.5　SW-220K 型转向架

任务 5.6　时速 160 km 动力集中动车组（鼓形）——PW-220K 型转向架

图 5-1　客车转向架

任务 5.1　我国客车转向架简述

任务分析

教学目标	知识目标	了解我国客车转向架的基本情况
	能力目标	能判断客车转向架的构造速度
	思政目标	工作中提升安全意识，团队协作精神
教学重难点	教学重点	我国客车主型转向架的型号
	教学难点	我国客车主型转向架的区分
学情分析	知识和技能基础	通过学习，了解转向架的作用和结构
	认知和实践能力	认识转向架，能进行转向架的分解并识读各部分名称

任务工单

任务考核	
任务	提出问题
子任务 1	1. 了解 202 型转向架的发展情况
	2. 了解 206 型转向架的发展情况
子任务 2	1. 了解 209 系列转向架的比较
	2. 比较以上各高速客车转向架的区别
子任务 3	熟悉我国铁路客车转向架的发展史

任务实施

客车转向架概述

转向架是铁路客车关键部件之一，转向架性能的好坏直接影响到列车速度、安全性、舒适性。本项目讲述我国铁路客车转向架从 20 世纪 50 年代以来的发展概况，并简要介绍各主型转向架的特点。

【知识点 1】我国铁路客车转向架发展概况

206 型转向架是四方车辆厂于 1971 年设计制造的 D 轴转向架，它采用 U 形构架、干摩擦导柱式轴箱定位装置、带横向拉杆的小摇动台式中央弹簧悬挂装置、双片吊环式单节长摇枕吊杆、外侧悬挂及吊挂式基础制动装置。1986 年在 206 型基础上研制了 206W 型转向架，1989 年研制了 206G 型转向架，20 世纪 90 年代初又研制出 206KP、206WP 型准高速转向架用于广深线运行的 25Z 型客车。1997 年，在 206KP、206WP 型基础上研制、开发了 SW-160 型转向架，用于 25K 型快速车。在 2004 年，研究开发了持续运行速度 160 km/h 的 SW-220K 型转向架，用于 25T 型提速客车上。

209 型转向架是浦镇车辆厂于 1972 年在 205 型转向架基础上研制出的 D 轴转向架，1975 年批量生产。它采用 H 形构架、导柱式轴箱定位装置、摇动台式中央弹簧悬挂装置、长摇枕吊杆、外侧悬挂及吊挂式基础制动装置。1980 年在其基础上制造了具有轴箱定位装置、弹性定位套及纵向牵引杆装置的 209T 型转向架。20 世纪 80 年代中期，为了提速，在 209T 型基础上研制了最高运行速度 140km/h 的 209P 型转向架。1988 年为第二代双层客车研制了 209PK 型转向架。20 世纪 90 年代初又为准高速客车开发了 209HS 型转向架（但 209HS 型转向架由于安全储备量不够，因多次发生危及行车安全的故障而在 20 世纪 90 年代后期被下令停产）。

到了 90 年代初及以后，我国研究、开发出一批技术先进、性能优良的客车转向架，如 SW-200 型、CW-200 型、CW-200K 型、SW-220K 型、PW-220K 转向架等。

【知识点 2】主型客车转向架

1. 202 型转向架

202 型转向架为我国主型 C 轴客车转向架，设计构造速度为 120 km/h。

202 型转向架是 1958 年由四方车辆厂设计的，1959 年开始批量生产，1972 年定型。其间，有关工厂先后修改设计、生产出 5 种 202 型转向架，即 202 原型、202A 型、202B 型、202C 型及 202D 型等 5 种 202 型转向架。5 种 202 型 C 轴转向架总体结构形式基本上是一致的，采用铸钢 H 形构架、导柱式轴箱定位装置、摇动台式摇枕弹簧悬挂装置、两系圆弹簧、摇枕弹簧、油压减振器、吊挂式闸瓦基础制动等。

202 型 C 轴转向架适用于 22 型和 23 型的 YZ22、YZ23、YW22、RW22、RW23 等客车。截至 1986 年年底生产了 2 万余辆份，从 1988 年 9 月起全部停止生产，并改用 D 轴 206 型、209 型转向架。

除了 202 型 C 轴转向架外，还有 201 型、203 型、204 型、205 型及 210 型 D 轴转向架，它们分别适用于 CA22 型餐车、CA23 型餐车、YZ31 型市郊客车、XL22 型行李车、UZ22 型邮政车等，有的还适用于 YZ22 型、YZ23 型、YW22 型及 RW22 型等客车。

2. 206 系列转向架

206 型转向架是我国主型 D 轴客车转向架，设计构造速度 160 km/h。

206（207）型转向架是四方车辆厂在 1971—1972 年间为中、蒙、苏国际联运客车而设计制造的轴准轨（207 型为宽轨）转向架，如图 5-2 所示。206（207）型转向架是在总结 U1 型（1960 年为我国第 1 列双层客车设计的 D 轴转向架）、U2 型（1964 年为国际联运客车设计，分准轨、宽轨 2 种 D 轴转向架）、KZ1 型（1965 年为 25.5 m 高速列车的行李发电车设计的 C 轴转向架）等 U 形构架式转向架基础上设计制造的新型 U 形转向架，也即 U3 型转向架。

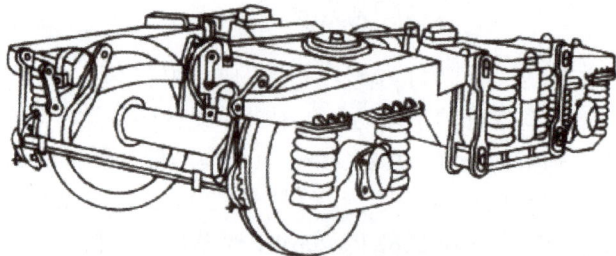

图 5-2　206 型转向架

　　在 20 世纪 70 年代末，四方车辆厂还研制过 U4、U5 型转向架。1986 年，四方车辆厂还研制了无摇动台的 206 W 型转向架。1989 年，四方车辆厂根据 50 辆国际旅游列车的要求，设计制造了 206G 型转向架。90 年代初铁道部开始研制 3 列广深线准高速列车时，四方车辆厂又成功研制了时速 160 km 的 206KP 和 206WP 型准高速转向架，应用于 25Z 型等准高速客车，以及随后用于大提速的 25K 型各种快速客车上。

　　206 系列客车转向架经历了产生、发展、不断改进、不断完善的过程，虽在局部结构和设计参数上有些区别，但其总体结构形式基本上是一致的。其主要特点是采用了 U 形铸钢构架、干摩擦导柱式轴箱定位装置、小摇动台式摇枕弹簧悬挂、双片吊环式单节长摇枕吊杆、构架外侧悬挂、两系圆弹簧悬挂、摇枕弹簧带油压减振器、吊挂式闸瓦踏面基础制动等技术。

　　206（207）型转向架具有良好的动力学性能，最高试验速度达到 157 km/h，206KP 和 206WP 型转向架最高试验速度达到 187 km/h（试验线），在 1994 年 9—10 月间在广深线准高速客车动力学性能试验中，最高试验速度达到 174 km/h，创下了当时我国铁路客车正线最高试验速度的纪录。

3. SW - 160 型转向架

　　1997 年，四方车辆厂在 206KP、206WP 型转向架基础上，为 25K 型快速客车及高档快速客车研制开发了 SW - 160 型转向架，其主要结构特点如下：① 构架侧梁由 206 KP 型转向架两单片钢板压型焊接改为 4 块钢板拼焊而成，扩大了中部 U 形空间，并局部改进了构架端部轴箱弹簧座结构，不仅使空气弹簧有更大的安装空间和更合理的设计参数，而且增加了构架端部的强度。② 在轴距由 2 400 mm 增大至 2 560 mm 的同时，还将两空气弹簧横向间距由 1 956 mm 增至 2 300 mm 以实现外侧悬挂，不仅有利于提高运行稳定性和抗侧滚性能，也有利于取消抗侧滚扭杆装置，简化转向架结构。③ 原 206KP 型转向架采用空气弹簧，而 206WP 型转向架采用高圆簧，现均可采用空气弹簧，还对横向减振器安装位置做了改进，同时降低了减振器的阻尼值。④ 仍采用转臂式弹性轴箱定位装置，但进一步优化了结构和定位参数。

　　由于 SW - 160 型转向架具有比 206WP、206KP 型转向架更佳的运行性能，所以从 1998 年起，它在 25 K 型快速客车和高档客车上得到了快速推广应用。

　　2004 年，为满足铁路干线第 5 次提速的需要，四方车辆厂研究开发了持续运行速度 160 km/h 的 SW - 220K 型转向架，装用于 25T 型提速客车和 SP25T 型提速客车上。

　　2004 年，铁道部向 SP 公司采购了 338 辆 SP25T 型提速客车，其中 187 辆装用加拿大庞巴迪公司在法国 ANF 子公司生产的 AM96 型转向架。该转向架在比利时国家铁路装于国际城间快车上，已有 20 多年运用经验。AM96 型转向架为无摇枕结构，原型 AM96 型转向架采用模块化设计理念，构架可适应加装磁轨制动装置，但中国 AM96 型转向架取消了磁轨制动装置，并将适应 200 km/h 运行要求的轴盘式 3 个盘的盘型制动改为 2 个盘的盘型制动。

4. 209 系列转向架

　　209 系列转向架是南京浦镇车辆厂从 1972 年开始在原 205 型转向架基础上逐步改进、完善而形成的，设计构造速度 160 km/h。根据铁道部 1972 年客车转向架定型工作会议精神，浦镇车辆厂首先对 205 型转向架的二系悬挂系统进行了改进，由内侧悬挂改为超外侧悬挂，由板簧改为圆簧加油压减振器，进而在 1975 年改进设计，试制出 208、209 型通用型客车转向架（装 C 轴为 208 型、装 D 轴为 209 型），最高试验速度分别达到了 130 km/h 和 153 km/h。

　　1978 年，根据铁道部十年科技发展规划的要求，我国开始研制 25.5 m 轻型客车，运行速度要提高到 160 km/h，浦镇车辆厂又对 209 型转向架的轴箱定位结构进行了改进，并采用了牵引拉杆，创下了当时正线最高试验速度 160 km/h 的纪录。在此基础上，浦镇车辆厂对该转向架的轴箱定位导柱结构、摇枕横向缓冲器、摇枕吊销等结构做了进一步改进和完善，制成 209T 和 209P 型转向架。209T 和 209P 型转向架分别采用踏面制动和盘型制动，可分别适用 22 型和 25 型客车。

后来我国开始研制新型 25.5 m 双层空调旅客列车，浦镇车辆厂又设计生产了 209PK 型转向架。该转向架采用了空气弹簧悬挂、盘型制动、空重车调整阀、抗侧滚稳定器等新结构、新技术。1993 年，浦厂研制成功用于准高速双层客车的 209HS 型转向架。

209 型转向架于 1986 年 12 月通过铁道部科技成果鉴定，并于 1988 年 9 月开始在长春客车厂和唐厂新造客车上装用，开始了大面积的推广应用。

209 型 D 轴系列转向架包括 209T、209P、209TK、209PK、209HS 型 5 种转向架。这 5 种转向架虽然在结构和参数上有区别，但其总体结构基本是一致的。209T 型主要结构特点是：① H 形铸钢构架；② 干摩擦导柱式轴箱弹性定位装置；③ 摇动台式二系悬挂装置（长吊杆、外侧悬挂、圆弹簧、油压减振器）；④ 一系为圆簧悬挂；⑤ 吊挂式闸瓦踏面基础制动装置等。而 209P 型采用盘型基础制动；209PK 型转向架最大的特点是采用了空气弹簧悬挂，此外，还采用了单元式制动缸盘型基础制动装置和抗侧滚扭杆装置等；而 209TK 型为踏面基础制动。

209HS 型转向架是在 209PK 型转向架基础上研制的，其总体结构形式与 209 PK 型基本一致，还具有以下主要结构特点。

（1）吊杆长度由 209PK 型的 580 mm 增加为 710 mm，并且在吊杆上下两端设有橡胶堆，与摇枕吊座、摇动台吊轴构成弹性连接。

（2）一系悬挂增设了垂向油压减振器，同时采用无磨耗的橡胶堆轴箱定位。

（3）承载方式由心盘承载改为全旁承承载。

（4）在二系悬挂系统设置了横向油压减振器和抗侧滚扭杆装置等。209HS 型转向架主要装用于 25Z 型准高速双层空调客车、25K 型快速双层空调客车和单层 25K 型空调客车上，最高试验速度达到 212.6 km/h，创下了当时中国铁路最高试验速度纪录。

5. CW–2 系列转向架

经过对 CW–2 型转向架构架的改进和加强，在目前国内客车上已装用有 CW–2B、CW–2C 和 CW–2E 型三种转向架。

CW–2 型客车转向架的中央悬挂装置为有摇动台装置的全旁承承载的结构方式，中央弹簧为空气弹簧，其间距为 1 956 mm。垂直长吊杆采用了滚动支承的形式，以保证横向运行的平稳性和磨耗的减少。该转向架设有抗侧滚装置，其上端与摇枕相连，下端与弹簧托盘相接。由于利用了空气弹簧可变节流孔的节流效应衰减垂向振动，CW–2 型转向架取消了中央悬挂装置中的垂向减振器，在构架两根侧梁外侧各设有一根纵向牵引拉杆传递牵引力与制动力。转向架中心有类似心盘的中心销，它只起转动作用。横向缓冲挡装于摇枕与构架之间。转向架固定轴距为 2 500 mm。

构架为焊接结构，构架侧梁和横梁均为由 4 块钢板组焊成的箱形结构。在横梁与侧梁上焊有基础制动装置等有关的吊架及安装座等。

轴箱轮对定位装置由单侧转臂及与其相匹配的横向控制杆共同组成，使轮对在纵向和横向均具有适宜的定位刚度。横向控制杆布置在转向架的端部，通过 4 个球形橡胶节点分别使轮对两侧轴箱之间、构架与轮对两侧轴箱之间互相连接，使之具有独特的结构。在轴箱外侧（构架侧梁端部）设有轴箱弹簧和单向垂直油压减振器。

转向架采用轴装式盘型制动及膜板式单元制动缸。每轴安装有微机控制的防滑装置。CW-2B 型客车转向架是根据《160 km/h 准高速 25.5m 空调旅客列车设计任务书》的基本要求，吸收国外先进技术并吸取广深线准高速客车的运用经验，在 CW-2 型准高速转向架的基础上改进设计的转向架。

在转向架的研究、设计及制造过程中，转向架主要部件需要通过强度计算及试验、动力学性能理论计算、试验台滚振试验、环行线试验、正线试验及运行考核，使参数更加优化、设计结构更加合理，从而保证了转向架具有优良的性能且便于维修。

CW-2B 型转向架采用焊接结构的构架、摇枕、弹簧托梁。轴箱弹簧装置采用钢圆簧和转臂式定位。中央悬挂装置采用空气弹簧、长吊杆和旁承支重的形式。基础制动装置采用盘型制动加防滑器。

CW-2B 型转向架的各零部件间广泛采用橡胶元件，力争实现无磨耗，大大减少了检修工作量。

【知识点 3】200 km/h 以上高速客车转向架

时速 200 km 及以上速度的客车转向架（含动力分散型动车组转向架）大体有以下几种：① 由长春客车厂研制的时速 250 km 试验型高速客车转向架；② 由四方车辆厂研制的时速 300 km 试验型铰接式高速客车转向架；③ 用于 1998 年 6 月郑武线时速 200 km 综合试验和时速 200 km 旅客列车组的 CW-200、SW-200、PW-200 型转向架，这些转向架在 1998 年 6 月的郑武线动力学试验中最高时速达到了 240 km；（4）用于时速 200 km 的"先锋号"动力分散型动车组的动力转向架和非动力转向架；（5）用于时速 270 km 的"中华之星"号动力集中型电动车组的拖车 CW-300 型和 SW-300 型转向架等 5 类 9 种转向架。

长春客车厂的 CW-200 型无摇枕转向架如图 5-3 所示。其构架采用 4 块钢板拼焊，横梁采用无缝钢管，与侧梁连通作为附加空气室，中央悬挂采用无摇枕的空气弹簧悬挂，采用抗蛇行油压减振器，单拉杆牵引，设两个横向油压减振器和抗侧滚装置，其轴箱为转臂式无磨耗定位，并使用油压减振器，基础制动为每轴 3 个盘的轴盘式盘型制动装置。该转向架也用于"蓝箭号""神州号"动车组。

图 5-3   CW-200 型转向架

2004 年长春客车厂在 CW-200 型基础上改进设计了 CW-200K 型转向架，用于时速 160 km 的 25T 提速车上。

四方车辆厂的 SW-200 型转向架结构与 SW-160 型转向架基本相同，其改进为，优化了一系、二系悬挂系数；采用轴盘式基础制动装置，适用于 200 km/h 的高速列车。

浦镇车辆厂的 PW-200 型转向架是在 209HS 型转向架的基础上重新研制的，它优化了一系和二系悬挂参数；采用了无磨耗的橡胶堆轴箱弹性定位装置；采用高速轻型轮对；轴颈中心距改为 2 000 mm；更换了轴箱减振器安装位置；装用了带可调阻尼和弹性支承的空气弹簧，采用两端为球铰的纵向拉杆；装用了新型盘轴式基础制动装置；优化了结构设计。

任务考核与评价

任务考核			任务评价	
任务	提出问题	学生回答	自我评价	教师评价
子任务 1	1. 了解 202 型转向架的发展情况			
	2. 了解 206 型转向架的发展情况			
子任务 2	1. 了解 209 系列转向架的比较			
	2. 比较 200 km/h 以上各高速客车转向架的区别			
子任务 3	熟悉我国铁路客车转向架的发展史			

复习思考题

复习思考题除涉及本任务介绍的知识与技能外，还可能涉及本任务未介绍的知识与技能，需通过阅读参考书、网络搜索等方式进行自主学习后进行解答，在巩固课堂学习成果的同时培养自主学习能力。

1. 202 型转向架为我国主型（　　）轴客车转向架，构造速度为（　　）km/h。

2. 206 型转向架是我国主型（　　）轴客车转向架，设计构造速度（　　）km/h。

3.（　　）系列转向架是南京浦镇车辆厂生产的，设计构造速度（　　）km/h。

4. 2004 年长春客车厂在 CW-200 型基础上改进设计了 CW-200K 型转向架，用于时速 160 km 的（　　）车上。

任务 5.2　客车 209 系列转向架的区别

任务分析

教学目标	知识目标	了解 209 系列转向架结构特点
	能力目标	能认识 209 系列不同型号的转向架
	思政目标	培养学生爱岗敬业的精神，踏实肯学的学习态度

教学 重难点	教学重点	209 系列转向架结构上的区别
	教学难点	209 系列转向架新技术
学情分析	知识和技能基础	通过学习，了解不同类型的转向架
	认知和实践能力	认识转向架，能进行转向架的分解并识读各部分名称

任务工单

任务考核	
任务	提出问题
子任务 1	1. 209T 型转向架的结构组成是什么？
	2. 209PK 型转向架的结构组成是什么？
	3. 209HS 型转向架的结构组成是什么？
子任务 2	1. 分析比较 209T、209D 型转向架的区别
	2. 分析比较 209PK、209HS 型转向架的区别
子任务 3	画 209P 型客车转向架主视图和俯视图

任务实施

209 系列客车转向架

209 系列转向架是为 25 型客车设计制造的 H 形钢构架转向架，经过不断改进和发展，已形成 209T 型、209P 型、209PK 型、209HS 型、PW - 200 型等系列转向架。

【知识点 1】209T 型转向架

209T 型转向架主要用于 25C 型客车上。它的结构组成如下。

1. 构架

209T 型转向架的构架为铸钢一体式 H 形构架。在构架侧梁外部装有横向缓冲器，它由挡轴、缓冲橡胶组成。横向缓冲器和摇枕每侧间隙为（25±2）mm，两侧间隙之和不大于 50 mm。构架两侧梁中心距为 1 943 mm。

2. 摇枕弹簧悬挂装置

209T 型转向架的摇枕弹簧悬挂装置为摇动台式，采用单节长吊杆、构架外侧悬挂带油压减振器的摇枕圆弹簧组。下旁承用螺栓组装在摇枕端部，位于构架侧梁外侧，两旁承中心距为 2 390 mm。在构架侧梁外侧和摇枕两端斜对称焊有牵引拉杆座，用具有橡胶弹性节点的牵引拉杆将摇枕和构架相连。

3. 轮对轴箱弹簧装置

209T 型转向架的轮对轴箱弹簧装置为无导框式结构，采用 R3 型滚动轴承轮对，装用的轴承型号为 42726QT、152726QT 单列向心短圆柱滚子轴承，轴箱弹簧采用单卷圆柱螺旋弹簧，轴箱定位装置采用了干摩擦导柱式弹性定位结构。

4. 基础制动装置

209T 型转向架的基础制动装置采用杠杆传动，双侧闸瓦制动，为双片吊挂直接作用式。

【知识点 2】209P 型转向架

209P 型转向架是为适应铁路客车提速的使用要求，在 209T 型转向架基础上，采用盘型制动装置改进设计的，如图 5-4 所示。209P 型转向架主要装用于构造速度为 140 km/h 的各种 25 型客车。

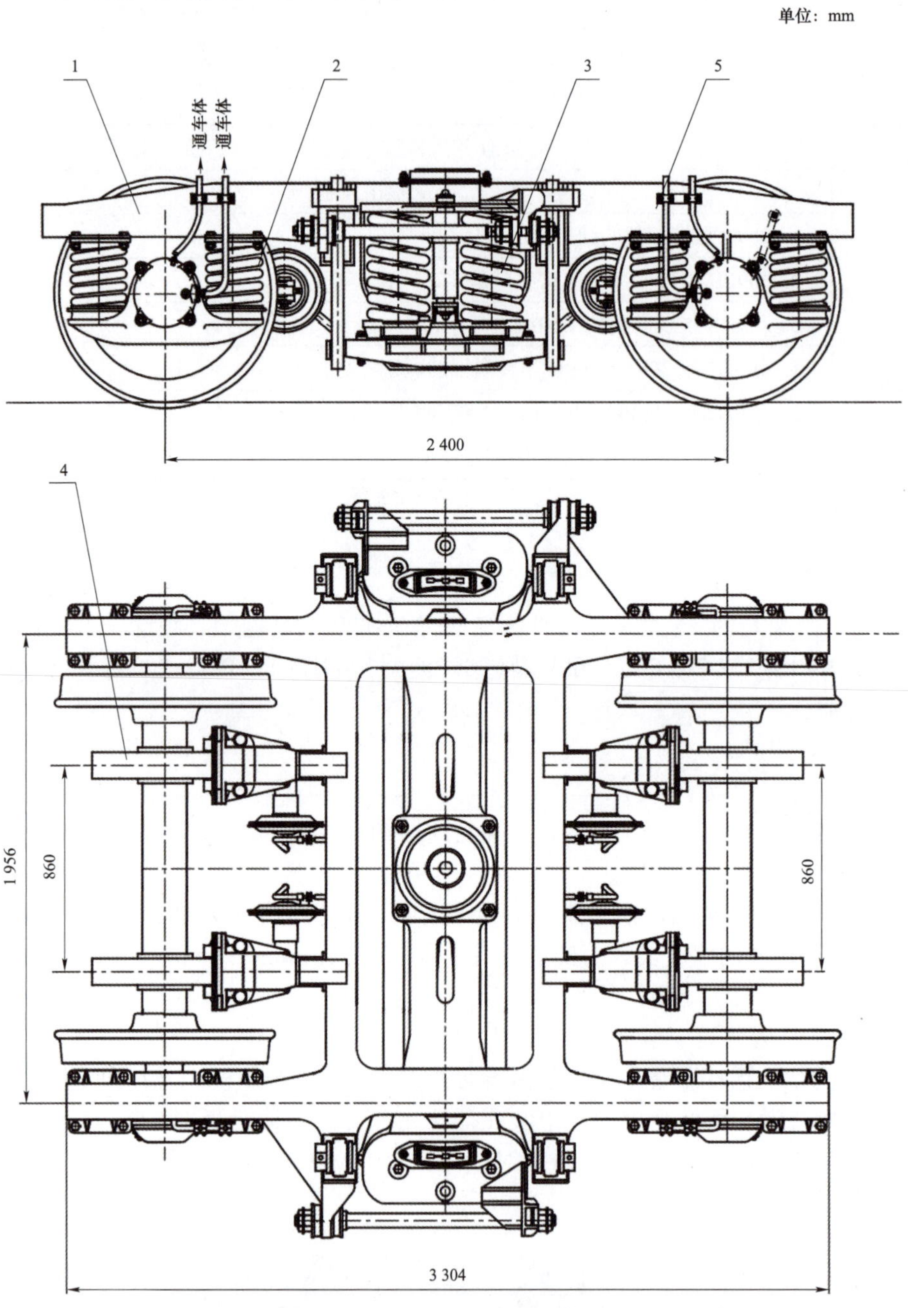

单位：mm

1—构架组成；2—导柱式轮对定位装置；3—摇枕弹簧装置；4—基础制动装置

图 5-4 209P 型客车转向架

1. 构架

209P 型转向架的构架主要由构架定位挡圈、制动吊座、摇枕吊销支承板座、安全吊安装座板、牵引拉杆座、制动缸吊座、闸瓦托吊座等零件焊接而成。

构架有铸钢构架和焊接构架两种。焊接构架由侧梁、横梁、摇枕吊座及发电机吊架等零部件组成。

2. 轮对轴箱定位装置

209P 型转向架的轮对采用 RD 车轴，在车轴轴身上设有 2 个宽 180 mm、粗 198 mm 的制动盘座，采用辗钢整体车轮。轮位差不大于 2 mm，同一轮对两车轮的滚动圆直径之差不大于 1 mm。

轴箱装置采用整体金属迷宫式密封轴箱，内装 NJ326X1/NJP3261 型轴承及密封元件。

轴箱定位采用干摩擦导柱式弹性定位结构。采用整体硫化一次成型的弹性定位套，通过 3 个 M12 的螺栓将弹性定位套固定在导柱上，以提高运用可靠性；定位座组成中装有内表面涂有聚四氟乙烯的钢背摩擦套或奥贝球铁摩擦套，这两种摩擦套均具有自润滑性能，适于在干摩擦的环境中使用，无需加油润滑。组装后定位座与弹性定位套之间的间隙为 0.5～0.8 mm。

在轴箱两侧弹簧托盘上依次安放有定位座、缓冲胶垫、支持环轴箱弹簧，以提高缓冲吸振能力。轴箱弹簧采用综合性能良好的 60SiZMn 弹簧钢制造。

3. 摇枕弹簧悬挂装置

209P 型转向架摇枕弹簧悬挂装置与 209T 型转向架基本相同。摇枕弹簧采用双圈螺旋钢弹簧，内外圈的旋向相反。209P 型转向架采用国产或进口的新型油压减振器。这类减振器具有密封防尘、防锈性能好、阻力稳定、调整拆卸容易、重量轻等特点。

针对 209T 型转向架摇枕与牵引拉杆座连接的筋板处强度相对薄弱的缺点，209P 型转向架的摇枕将该处筋板加强，提高了运用可靠性。

4. 基础制动装置

209P 型转向架基础制动装置采用盘型制动单元和踏面清扫单元。每个制动单元由单元制动缸、手制动杠杆、内外侧杠杆、杠杆吊座、闸片托、闸片、闸片托吊、闸片吊销等零部件组成，以三点悬挂式悬挂在构架制动吊座上。根据车重不同，将杠杆比分为 4 个档次。每个车轮有一个踏面清扫单元，由踏面清扫器、闸瓦托吊及其横向连接杆等零部件组成。

5. 5 kW 发电机轴端传动装置

转向架的 3 位轴端安装有 SLW 感应子交流发电机，采用 1－B 型联组带传动，传动比为 3:5。

【知识点 3】209PK 型转向架

209PK 型转向架是在 209T 型的基础上，采用了空气弹簧盘型制动单元和抗侧滚扭杆等改进设计的客车转向架，如图 5－5 所示。209PK 型转向架主要用于双层客车上。

图 5－5 209PK 型转向架

1. 构架

209PK 型转向架的构架与 209T 型构架相似。不同之处主要表现为：209PK 型转向架割去了侧梁端部的小端梁，在端部用厚 12 mm 钢板焊接封闭，使构架的长度由 3 700 mm 缩短为 3 294 mm；将摇枕吊座端部切割和焊接处理，使摇枕吊座中心距由 2 410 mm 缩短为 2 280 mm，形状保持不变；原来采用踏面制动时在构架上焊接的各种制动吊座均取消，改为两根横梁上焊接 4 个盘型制动缸吊座及 4 个踏面清扫器吊座；在构架侧梁的中部内侧焊有横向油压减振器安装座。

2. 摇枕弹簧悬挂装置

与 209T 不同，209PK 型的弹簧托梁采用两端托盘型铸钢弹簧座与中间 3 根无缝钢管连接组成，其中外侧一根为活动连接，在管子上焊有转臂和加强套，作为抗扭侧滚装置的扭杆。为了减少车体的侧滚，在摇枕和托梁之间加装了扭杆式横向稳定器。扭杆式横向稳定器采用连杆装置，将上端与摇枕用螺栓连接，下端与抗扭侧滚装置的扭杆销接。

空气弹簧装置为新设计，内部加设了一组辅助弹簧装置。每个空气弹簧都有一个高度调整阀，标准状态时的高度为 192 mm。高度调整阀采用 LV - 3 型，安装在摇枕端部的侧面，主要用来维持车体在不同载荷下都能与轨面保持一定的高度。当载荷发生变化时，高度调整阀根据载荷的增减，自动增减空气弹簧中的空气量，从而使空气弹簧的高度保持最佳状态，保证前后车之间的可靠连接。空气弹簧和附加空气室之间设有节流孔，利用节流孔的阻尼作用可有效地代替垂直减振器。

摇枕为钢板焊接结构，分成左、右两个各自独立的空气弹簧附加空气室，每个附加空气室容积为 59 L，在左右附加空气室之间加装了一个差压阀。差压阀是保证一台转向架两侧空气弹簧的内压之差不超过行车安全规定的某一定值的装置。

3. 轮对轴箱弹簧装置

209PK 型除轴箱弹簧规格按车体重量选用不同外，其余均和 209T 型相同。

4. 基础制动装置

209PK 型采用盘型制动单元，每根轴上装有两个直径为 640 mm 的制动盘，中心距为 860 mm。每一个制动盘有一个盘型制动单元，悬挂在构架横梁上的制动缸吊座上。制动缸段修期内无需分解检查。

【知识点 4】209HS 型客车转向架

209HS 型客车转向架在 209PK 型的基础上改进而来，主要采用了以下几项新技术：全旁承支重、无磨耗的橡胶堆轴箱定位、弹性吊杆、电子防滑器。

1. 构架

209HS 型转向架的构架采用 16Mn 低合金钢，各梁断面为箱形结构，无端梁；总长 3 286 mm，摇枕吊座中心距 2 280 mm，两侧梁中心距 1 956 mm；侧梁内侧面焊有横向减振器座，外侧面焊有垂直减振器座。

2. 中央悬挂装置

209HS 型转向架的中央悬挂装置由摇枕装置、旁承支重装置、弹性摇枕吊装置、牵引装置、弹簧托梁装置、空气弹簧装置和横向缓冲器、油压减振器等组成。

（1）摇枕装置。摇枕装置采用 16Mn 低合金钢板焊接，左右两独立的空气弹簧附加空气室的容积为 57 L。摇枕上焊有牵引拉杆座、下旁承座、横向油压减振器座等，并装有高度阀、差压阀等。

（2）旁承支重装置。209HS 型客车转向架采用全旁承支重，由下旁承、旁承板、调整垫组成。旁承板表面涂聚四氟乙烯材料，与上旁承形成一对平面摩擦副。

（3）弹性摇枕吊装置。在吊杆端部加装橡胶堆，同时增加摇枕吊杆有效长度，降低二系横向刚度。

（4）牵引装置。枕梁上的中心销穿入摇枕中部的橡胶套，实现弹性牵引。弹性橡胶套由天然橡胶钢板硫化而成。

3. 无磨耗橡胶堆轮对定位装置

为实现纵向刚度大于横向刚度，橡胶堆定位器在横向开有缺口（安装时对着车轴方向），并由定位块定位。

4. 基础制动装置

基础制动装置采用盘型制动加电子防滑器。

5. 空气管路系统

空气弹簧系统利用列车总风管的压力空气作为风源，为了减少行车中空气压力的波动影响，在摇枕的两个附加空气室的基础上，还增加了一个空气弹簧储风缸。车体空气管路与转向架空气管路用四根软管连接。一根从空气弹簧储风缸引出，和转向架摇枕一端的进气管连接；一根从摇枕端引出与车体上的空重车阀相连接，作为空重车阀动作的压力信号；还有两根从车体防滑器排风阀引出，分别接到转向架两条轮对的制动缸管路进口处。

209HS 型转向架经过构架改造已有 209HS（A）型和（B）型两种。将踏面清扫器的吊架拆下后，其型号为 209HS（C）型。

任务考核与评价

任务考核				任务评价	
任务	提出问题		学生回答	自我评价	教师评价
子任务 1	1. 209T 型转向架的结构组成是什么？				
	2. 209PK 型转向架的结构组成是什么？				
	3. 209HS 型转向架的结构组成是什么？				
子任务 2	1. 分析比较 209T、209D 型转向架的区别				
	2. 分析比较 209PK、209HS 型转向架的区别				
子任务 3	画 209P 型客车转向架主视图和俯视图				

复习思考题

复习思考题除涉及本任务介绍的知识与技能外，还可能涉及本任务未介绍的知识与技能，需通过阅读参考书、网络搜索等方式进行自主学习后进行解答，在巩固课堂学习成果的同时培养自主学习能力。

1. 209P 型客车转向架的轮对轴箱弹簧定位装置为（　　　）结构。

2. 209 型客车转向架摇枕吊铅垂悬挂在构架侧梁外侧的摇枕吊座上，形成摇枕弹簧装置的（　　　）悬挂。

3. 209HS 型转向架的 HS 指（　　　）。

4. 209PK 型转向架的 K 指（　　　）。

5. 209P 型转向架的 P 指（　　　）式制动。

6. 209T 型转向架的构架采用铸钢一体式 H 形（　　　）。

7. 209T 型转向架的构造速度为（　　　）km/h。

8. 209T 型转向架的轴距为（　　　）mm。

任务 5.3　客车 206 系列转向架的比较

任务分析

教学目标	知识目标	了解 206 系列转向架结构特点
	能力目标	能认识 206 系列不同型号的转向架
	思政目标	培养学生爱岗敬业的精神，踏实肯学的学习态度
教学重难点	教学重点	206 系列转向架结构上的区别
	教学难点	206 系列转向架的新技术
学情分析	知识和技能基础	通过学习，了解不同类型的转向架
	认知和实践能力	认识转向架，能进行转向架的分解并识读各部分名称

任务工单

任务考核	
任务	提出问题
子任务 1	1. 206G 型转向架的结构组成是什么？
	2. 206KP 型转向架的结构组成是什么？
	3. SW-160 型转向架的结构组成是什么？
子任务 2	1. 分析比较 206T、206KP、206HS 型转向架的异同
	2. 206 系列转向架型号及字母含义
子任务 3	画 206G 型转向架的构架及摇枕示意图

任务实施

206 系列转向架是由四方车辆厂生产的，主要型号有 206 型、206G 型、206P 型、206KP 型、206WP 型、SW-160 型、SW-200 型和 SW-220 型。其中 G 表示"改造"，P 表示"盘型制动"，K 表示"空气弹簧"，S 表示"四方"，W 表示"工厂"。

206 系列转向架最大的结构特点是构架的侧梁中部下凹变成 U 形构造，使摇枕从构架侧梁上部安装。这样设计的好处是摇枕安装方便，同时也为取消摇动台、简化结构提供方便。

【知识点 1】206 型转向架

206 系列客车转向架

206 型转向架如图 5-6 所示。其采用侧梁中部下凹的 U 形构架、干摩擦导柱式轴箱定位装置、带横向拉杆的小摇动台式摇枕弹簧悬挂装置、双片吊环式单节长摇枕吊杆外侧悬挂，以及吊挂式闸瓦基础制动装置等，结构可靠、运行平稳、磨损少、检修方便。从 1993 年开始在中央悬挂部分加装横向油压减振器，加装两端具有弹性节点的纵向牵引拉杆，形成 206G 型转向架，后加装盘型制动装置，形成 206P 型转向架。

1—构架；2—轮对轴箱弹簧装置；3—摇枕弹簧悬挂装置；4—发电机轴端皮带传动装置；5—基础制动装置

图 5-6 206 型转向架

1. 构架

206G 型转向架的构架如图 5-7 所示。该构架分为铸钢结构和钢板焊接结构两种形式。其

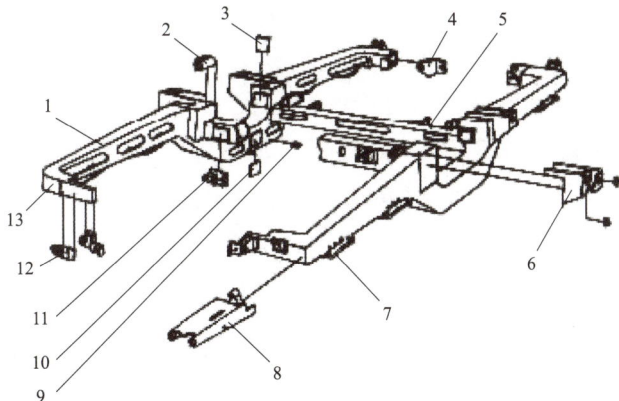

1—侧梁；2—牵引拉杆座；3—摇枕挡磨耗板；4—固定杠杆支点座；5—横梁；6—摇枕吊座；7—弹簧支柱座；
8—发电机吊架；9—安全吊座；10—横向缓冲器磨耗板；11—制动拉杆吊座；12—闸瓦托吊座；13—悬臂小端梁

图 5-7 206G 型转向架的构架

侧梁中部下凹成 U 形，也称 U 形构架。和 206 型不同的是，206G 型转向架取消了纵向摇枕挡座和磨耗板，在每侧的左边一个摇枕吊座附近焊有牵引拉杆座；在侧梁中部内侧增设了油压减振器等。

2. 中央悬挂装置

206G 型转向架的中央悬挂装置如图 5-8 所示。它属于小摇动台结构，使用无磨耗的牵引拉杆，加设横向油压减振器、垂向油压减振器。

3. 轮对轴箱装置

206G 型转向架采用导柱式弹性定位装置，如图 5-9 所示。定位套材质采用粉末冶金（铸钢型式）、氟塑料金属材质。

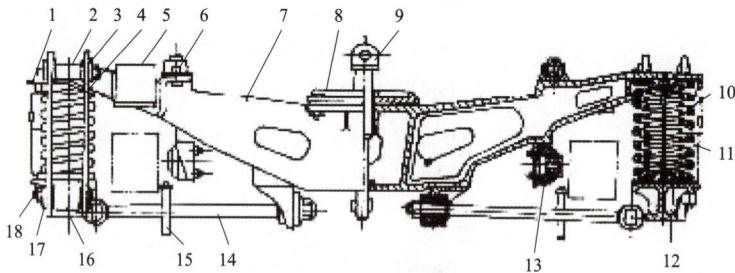

1—摇枕吊环托架；2—摇枕吊销；3—摇枕吊销座；4—摇枕吊；5—摇枕挡；6—下旁承；7—摇枕；8—下心盘；9—中心销；10—摇枕弹簧；11—油压减振器；12—橡胶垫；13—横向缓冲器；14—横向拉杆；15—横向拉杆安全吊；16—弹簧托梁；17—销座；18—销

图 5-8　206G 型转向架的中央悬挂装置

单位：mm

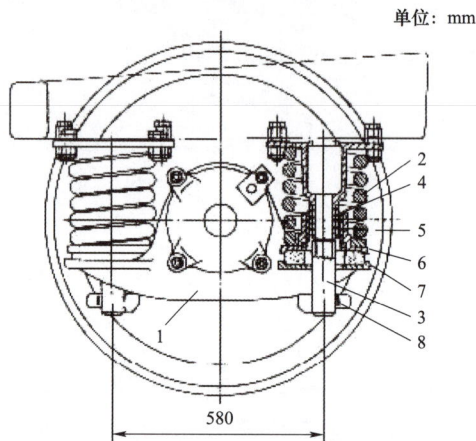

1—轴箱体；2—轴箱弹簧；3—弹簧支柱；4—内定位套；5—外定位套；6—支持环；7—橡胶缓冲垫；8—扁销

图 5-9　206G 型转向架的轮对轴箱装置

4. 基础制动装置

206 型转向架采用双侧闸瓦踏面制动。

5. 206 型转向架的优缺点

206 型转向架的优点如下。

（1）构架为 U 形铸钢一体结构，强度大、重心低，有利于提高运行平稳性。侧梁中部下凹部分还能起到摇枕安全吊作用，提高了安全性。

（2）摇枕两端上翘在构架侧梁上部，不但分解组装方便，而且为选用较大自由高和静挠度的摇枕弹簧创造了条件。

（3）采用自由高和静挠度较大的摇枕弹簧并和垂直安装的油压减振器并用，有利于改善垂直振动性能。

（4）摇枕吊环为外侧垂直悬挂，使枕簧中心距加大，有利于提高车辆运行的横向平稳性。

（5）装有横向缓冲器，可限制并缓和车体过大的横向振动。

（6）装有横向拉杆及弹性元件，使摇动台的横向振动受约束，提高横向平稳性。

（7）下旁承横向中心距加大，可减小车体侧滚振动，提高车辆运行平稳性。

（8）采用干摩擦导柱式轴箱定位装置，与 202 型转向架具有相同的结构，部分配件可通用，检修方便。

206 型转向架的缺点如下。

（1）构架侧梁中部下凹，铸造较困难。

（2）横向拉杆及弹性元件和横向缓冲器安装在摇枕下面及构架侧梁内侧面之间，检修时不够方便。

（3）纵向摇枕挡采用尼龙制品，在高速运行中失效较多，造成车体横向晃动和纵向冲动较大。

6. 206G 型转向架的特点

（1）采用轴箱定位结构，以便加大定位刚度，改善运行平稳性。

（2）以纵向牵引拉杆代替摇枕纵向挡结构，消除磨耗，使其性能稳定。

（3）二系悬挂增设了横向油压减振器，改善了横向动力学性能。

（4）制动装置的销套全部改为 I 级精度的耐磨销套。

（5）制动梁缓冲弹簧改为安全托，避免了制动梁的磨耗。

（6）闸瓦托吊和吊座之间加装橡胶垫，以减缓制动悬挂部分的振动，并加装闸瓦托吊销安全挡销，以防闸瓦托吊的意外脱落。

（7）改进了部分结构欠合理的制作件，加强了端部闸瓦托吊座等的强度。

【知识点 2】206P 型转向架

206P 型转向架是在 206G 型转向架基础上，加装盘型制动装置设计而成的，它可用于 25、25C 型的各式客车。

1. 构架
构架为钢板压型后组焊而成的 U 形结构，保留了其安全可靠及组装分解方便的特点。

2. 中央悬挂装置
中央悬挂装置与 206G 型转向架基本相同，垂向和横向油压减振器采用进口件。

3. 轮对轴箱装置
轮对轴箱装置与 206P 型转向架基本相同，其弹性定位套和定位座可与 209P 型转向架互换，采用 RD_3 型车轴。

【知识点 3】206KP 型转向架

206KP 型转向架为无摇动台结构的转向架，是四方厂为广深线准高速客车配套设计的，目前主要用于快速空调客车上。

1. 构架

206KP 型转向架的构架由焊接结构的构架、制动梁吊座、减振器座、拉杆座、扭杆座及轴箱定位转臂等组焊而成。构架组焊后，经退火处理。其侧梁由 2 块厚 14 mm 的钢板热压成槽形的梁体对焊而成，中部上面焊有空气弹簧承载座。侧梁内腔为封闭式，作为空气弹簧的附加空气室，容积约为 2×65 L。横梁由壁厚为 12 mm 的圆钢管制成。

2. 中央悬挂装置

206KP 型转向架采用结构简单的无摇动台空气弹簧悬挂形式，全旁承支重，装在车体枕梁上的牵引销只起传递牵引力、制动力及横向力的作用。空气弹簧装置系统与 209PK 型的作用原理基本相同，在结构尺寸方面有所不同。

考虑到空气弹簧垂向刚度低、横向跨距小及抗侧滚能力差的特点，其安装了抗侧滚扭杆装置。该装置由扭杆、扭臂、连杆（或称吊杆）、支承座、纤维轴承及球关节轴承组成。

旁承由旁承体、摩擦块（超高分子聚乙烯材质）、橡胶缓冲垫及调整垫等组成。当摩擦块磨耗后，可通过改变调整垫的厚度使旁承面保持在一定高度。

空气弹簧装置系统与 209PK 型在作用原理方面基本相同，在结构尺寸方面有所不同。空气弹簧充气状态下的标准高度为 200 mm。摇枕与构架之间设有 2 个横向油压减振器。

3. 轮对轴箱装置

206KP 型转向架的轴箱定位采用单转臂无磨耗弹性定位装置，轴箱顶部为单组双圈螺旋弹簧加橡胶垫及垂向油压减振器。定位转臂与轴箱体承载座之间加一层薄的石棉橡胶垫起防滑作用，通过 4 个 M20 螺栓固定，定位转臂与夹紧箍通过 4 个 M16 螺栓夹紧弹性定位套外圈。为适应 160 km/h 运行速度要求，轴承选用 $BC_1B322880$、$BC_1B322881$ 型轴承。在 2、4、6、8 位轴箱端上安装有防滑器用齿轮盘，相应处轴箱前盖留有防滑器传感器安装座。

4. 基础制动装置

206KP 型转向架基础制动装置作用原理与 209PK 型转向架的相同。

206KP、206WP 型转向架是四方厂为广深线准高速客车和发电车设计的转向架，二者除中央悬挂部分和构架侧梁局部不同外（206WP 中央悬挂为无摇动台高圆簧外侧悬挂，206KP 则为空气弹簧，并加装抗侧滚扭杆），其他部分完全相同。其构架、摇枕均为焊接结构，侧梁为 U 形侧梁，采用单转臂式轴箱定位，采用盘型制动和踏面复合制动。

206WP 表示无摇动台盘型制动转向架，用于发电车。

206KP 表示无摇动台空气弹簧盘型制动转向架，用于座车、餐车、行李车等。

206KP、206WP 型转向架构造速度均为 160 km/h，轴重均为 16.5 t，转向架固定轴距均为 2 400 mm。

206KP、206WP 型转向架均为旁承支重，中央弹性销轴牵引，在摇枕与构架间设有牵引拉杆和横向缓冲器。

206KP、206WP 型转向架的减振阻尼都采用轴箱一系，采用垂向单向油压减振器，206WP 型中央二系采用垂向和横向油压减振器，206KP 型中央二系采用空气弹簧可调节流阀的减振阻尼和横向油压减振器，同时加装了抗侧滚扭杆装置。

206KP、206WP 型转向架均为 U 形焊接构架。

206KP 轮对轴箱装置采用单转臂式无磨耗轴箱定位，以实现不同的纵向和横向刚度组合。

基础制动采用盘型制动（每轴 2 个）和单侧踏面复合制动，盘型制动和踏面制动采用统一形式的单元制动缸。

【知识点 4】SW－160 型转向架

SW－160 型转向架是在 206KP 型转向架的基础上开发研制的，如图 5－10 所示，是构造速度为 160 km/h 的快速客车转向架。

在 206WP 型、206KP 型转向架的基础上，于 1997 年开发出的适用于 160～200 km/h 的 SW－160 型客车转向架，与 206KP 型转向架相比有以下改进。

（1）钢板拼焊 U 形构架，侧梁外侧焊有空气弹簧支座，使侧梁强度余量更大。

图 5－10 SW－160 型转向架

（2）转向架轴距从 2 400 mm 增加到 2 560 mm，不但提高了运行稳定性，也为空气弹簧和制动系统提供了较大的空间。

（3）根据不同车型，分别采用带有弹性底座及可调节流孔的新型空气弹簧。

（4）空气弹簧横向间距从 1 956 mm 增加至 2 300 mm，有利于提高抗侧滚稳定性。

（5）采用 RD_{3A} 车轴、KKD 型整体辗钢车轮，$SKFBC_1B$ 322880/322881 进口轴承。

1. 构架

SW－160 型转向架构架采用焊接结构。其侧梁由 4 块钢板拼焊而成；空气弹簧设置在侧梁外侧，以增大空气弹簧支点横向距离；在侧梁之外的两横梁间设箱形空气弹簧支承梁，支承梁和横梁相连通作为附加空气室；横梁仍采用圆管型材，贯通并延伸出两侧梁之外；加设两根纵向辅助梁；将构架上的定位臂根部与侧梁焊接处改为圆弧过渡结构，定位臂的定位面改为梯形槽结构。

2. 中央悬挂装置

SW－160 型转向架中央悬挂装置采用无摇动台结构。

中央悬挂装置采用新研制的 SYS640 型自密封式空气弹簧，并将空气弹簧横向间距增大至 2 300 mm 构成外侧悬挂，增大了转向架的抗侧滚刚度，取消抗侧滚扭杆装置。

摇枕采用封闭式箱形结构，增强了承载部位的强度和刚度，并将空气弹簧的供风改为上进式。

中央悬挂装置采用全旁承支重，选用具有自润滑特性的氟塑料金属摩擦块，采用圆柱截面牵引销、套（内、外钢套中间为硫化橡胶）配合的新型结构，使其只传递水平载荷。

3. 轮对轴箱装置

SW－160 型转向架轮对轴箱装置采用和 206KP 型相同的单转臂无磨耗弹性轴箱定位和轴箱顶部单组双圈螺旋弹簧加橡胶垫及垂向油压减振器的结构。

该轮对轴箱装置将原 206KP 型的圆形销轴改为梯形槽结构，在轴箱底部两侧均设轴温传感器安装位，大大增加了轴箱弹簧间的间隙，尤其是纵向方向，将原圆形断面改为长圆孔形断面。轴箱弹簧两端设有弹簧夹板，在组装分解定位转臂时，可以避免弹性定位套产生过大的扭转角。

4. 基础制动装置

SW-160 型转向架基础制动装置基本结构与 206KP 型的相同。盘型制动缸为浮动式吊挂，两种单元制动缸均设有单向自动闸瓦间隙调整器。

任务考核与评价

任务	提出问题	学生回答	自我评价	老师评价
		任务考核	任务评价	
子任务 1	1. 206G 型转向架的结构组成是什么？			
	2. 206KP 型转向架的结构组成是什么？			
	3. SW-160 型转向架的结构组成是什么？			
子任务 2	1. 分析比较 206T、206KP、206HS 型转向架的异同			
	2. 206 系列转向架型号及字母含义			
子任务 3	画 206G 型转向架的构架及摇枕示意图			

复习思考题

复习思考题除涉及本任务介绍的知识与技能外，还可能涉及本任务未介绍的知识与技能，需通过阅读参考书、网络搜索等方式进行自主学习后进行解答，在巩固课堂学习成果的同时培养自主学习能力。

1. 206G 型转向架的构架采用铸钢一体式（　　）构架。
2. 206G 型转向架的构架采用铸钢一体式 U 形（　　）。
3. 206KP 型转向架中，P 代表盘型制动，K 代表（　　）。

任务 5.4　CW 系列客车转向架

任务分析

教学目标	知识目标	了解 CW 系列转向架结构特点
	能力目标	能认识 CW 系列不同型号的转向架
	思政目标	培养学生爱岗敬业的精神，踏实肯学的学习态度
教学重难点	教学重点	CW 系列转向架结构上的区别
	教学难点	CW 系列转向架的新技术
学情分析	知识和技能基础	通过学习，了解不同类型的转向架
	认知和实践能力	认识转向架，能进行转向架的分解并识读各部分名称

任务工单

任务考核	
任务	提出问题
子任务 1	1. CW-2C 型转向架结构组成包括什么？
	2. CW-2C 型转向架的结构特点是什么？
子任务 2	1. CW-200 型字母代表含义是什么？
	2. CW-200 型转向架的结构组成包括什么？
子任务 3	CW-200K 型转向架的结构组成包括什么？

任务实施

CW 系列转向架有 CW-1 型、CW-2 型、CW-200 型、CW-200K 型转向架等。字母 C 代表长春，字母 W 代表客车工厂。CW-1 型转向架摇枕弹簧采用钢弹簧，CW-2 型转向架则采用空气弹簧。快速客车上使用 CW-C 型转向架和 CW-1B 型转向架。CW-2 型转向架经过对构架的改进和加强，目前已有 CW-2B 型、CW-2C 型和 CW-2E 型三种转向架安装在客车上。CW-200 型和 CW-200K 型转向架为高速客车转向架。

【知识点 1】CW-2C 型转向架

1. 构架

CW-2C 型转向架采用 16MnR 或 16Mn 低合金结构钢焊接的 H 形构架。构架由 2 个直侧梁和 2 个直横梁组成，两侧梁端部斜对称焊接 2 个横向控制杆安装座，两侧梁中部 4 个 116 mm×116 mm 方孔是为安装摇枕吊杆而设。4 个轴箱节点定位座和 2 个牵引拉杆座用螺栓固定在侧梁上。横梁外侧焊有盘型制动吊座，侧梁下部焊有踏面清扫器座。

2. 中央悬挂装置

CW-2C 型转向架的中央悬挂装置采用带有空气弹簧的摇动台结构，由摇枕、空气弹簧、弹簧托梁、摇枕吊杆、下旁承、横向油压减振器、抗侧滚扭杆装置、牵引拉杆、横向拉杆和横向挡等零部件组成。

摇枕为箱形焊接结构，其内分为左、右两个部分，分别作为左、右两个空气弹簧的附加空气室，每个附加空气室容积为 60 L。

CW-2C 型转向架的中央悬挂装置采用全旁承支重，旁承磨耗板为钢板，其上涂覆聚四氟乙烯复合层。为防止灰沙侵入磨耗板摩擦表面，旁承座板上开有沟槽，内装密封毡条。

摇枕两端与构架间装有弹性横向挡，以限制摇枕的横向位移。摇枕与构架间装有牵引拉杆起牵引作用，牵引拉杆端部均为橡胶套连接。摇枕与构架间还装设 1 个横向油压减振器以控制横向振动。

空气弹簧有效直径为 600 mm，在充气状态下，空气弹簧标准高为 150 mm，利用节流阀有效地控制垂直振动而代替了垂直液压减振器。

弹簧托梁由 16 MnR 钢板焊接而成，弹簧托梁通过 4 根摇枕吊杆悬挂于侧梁上，组成摇动台结构。摇枕吊杆上、下两端通过一对球面接触的凹凸垫橡胶垫及开口螺母与构架侧梁和弹簧托梁相连接，该弹性悬挂结构既可保证摇动台摇动自由，又不产生磨耗。

弹簧托梁与摇枕间设有横向拉杆，以防止摇枕相对弹簧托梁发生位移。弹簧托梁与构架之间装有 4 根不锈钢的钢丝绳作为摇动台的安全吊。

抗侧滚扭杆装置安装在摇枕与弹簧托梁之间。扭杆与扭臂之间的连接为圆锥花键，扭杆两端支承在装有关节轴承的支承座内。吊杆两端装有橡胶密封圈和防尘盖，支承座与扭杆连接处也装有橡胶油封。

安装在车体枕梁上的铸钢中心销穿过装于摇枕中央的橡胶套作为回转轴。

3. 轮对轴箱装置

CW-2C 型转向架采用转臂式轴箱定位装置及与其匹配的横向控制杆。

轴承采用进口 SKF 或 NSK 滚动轴承。转向架的 1、3、5、7 位轴头装有防滑器的传感器和测速齿轮。

4. 基础制动装置

CW-2C 型转向架基础制动装置采用单元式盘型制动系统和轴端式电子防滑器。

【知识点 2】CW-200 型转向架

CW-200 型转向架是长春客车厂对 CW-2 型转向架的改进型，采用无摇动台无摇枕结构，数字 200 代表车辆最高运行速度。1998 年 6 月该转向架在郑武线做了速度为 200 km/h 以上正线试验，此后，根据各方面的试验数据，长春客车厂对该转向架在结构和工艺方面进行了进一步改进和完善。CW-200 型无摇枕转向架现已成功应用于北京双层内燃动车组和广深 200 km/h 交流电动车组。

1. 构架

CW-200 型转向架构架为 H 形焊接结构，由 2 根侧梁和 2 根横梁组成。侧梁为中间下凹的鱼腹形，由 4 块钢板组焊成箱形封闭结构。侧梁内部有密封隔板使侧梁内腔成为空气弹簧的附加空气室。横梁采用日本进口无缝钢管，外径为 165.2 mm，壁厚 14.3 mm。在侧梁上焊有定位座、横向减振器座、高度阀座和防过充装置座等，在横梁上焊有盘型制动吊座、抗侧滚扭杆座等。构架质量约为 1 089 kg，重量较轻。

2. 轮对轴箱装置

CW－200 型转向架采用无磨耗转臂式定位装置。定位装置的纵向、横向刚度主要由橡胶节点来提供。根据动力学计算和试验研究，CW－200 型转向架橡胶节点纵横向刚度比取为 2:1，以保证车辆在直线上运行时具有较高的临界速度，而在曲线运行时具有良好的导向性能，从而减少轮轨间的侧向力，减轻轮缘磨耗。一系悬挂的垂向刚度主要取决于轴箱顶部的双圈圆簧，设计时尽量增大其静挠度，以提高转向架的垂向动力性能。在轴箱弹簧外侧设有垂向减振器，该减振器可有效地控制转向架点头振动。

轮对采用四方车辆研究所设计研制的 200 km/h 高速轻型轮对，其车轮采用 HLM 型磨耗踏面，车轴为 RD_3 型，轴颈中心距为 2 000 mm，轴重为 15.5 t。

CW－200 型转向架选用 SKF 公司生产的 C2－0103 轻型双列圆柱滚子轴承，其基本尺寸为 130 mm×220 mm×163 mm，该轴承为整体自密封式，正常运行条件下，在 80 万 km 里程或 2～5 年内不需要重新加润滑油。旋修车轮时只需将转臂和箍相连的 4 个螺栓打开，即可将轮对推出，其结构简单，操作方便。此结构轴装置和轴承大大降低了轴温。

3. 中央悬挂装置

CW－200 型转向架的最大优点就是中央悬挂装置结构简单，取消了传统的摇枕和旁承等零部件，这样既减小了转向架的质量，同时也大大简化了转向架的结构，便于车体通过 4 个空气弹簧直接支承在转向架侧梁上。车体和转向架间对称地装有 2 个横向减振器和横向缓冲器以改善车辆横向振动性能。横向缓冲器和止挡单边的自由间隙为（40±2）mm。空气弹簧采用日本进口的高柔性空气弹簧，横向变位可达 10 mm 以上，垂向最大可伸长 40 mm、压缩 30 mm，当量静挠度 304 mm，内部带有节流阀，替代垂向油压减振器起减振作用。每个空气弹簧设一个高度控制阀，用于维持车体在不同静载荷下都与轨面保持一定的高度，在直线上运行时，车辆正常振动下不发生进、排气作用。在侧梁上两个附加空气室间装有日本产 P 型差压阀，起安全作用。在车体与构架间设有空气弹簧防过充用的钢丝绳，在车体与构架间还装有抗侧滚扭杆，防止车体通过曲线时发生过大侧滚。

车体与转向架间纵向力的传递，主要由安装在车体枕梁和构架横梁上的单牵引拉杆来完成，单牵引拉杆两端是由球形钢套和橡胶硫化为一体的弹性节点，牵引拉杆垂向、横向、纵向刚度对转向架临界速度及车辆的纵向振动性能有很大影响，该转向架对这些参数都进行了优化设计并降低了牵引点的高度。

4. 基础制动装置

CW－200 型转向架基础制动采用盘型制动加电子防滑器，每轴设有 3 个制动盘。制动缸、闸片和钳夹均采用 KNORR 或 SA 公司的进口件。

目前用于速度 200 km/h 以下的 CW－200 型转向架，每轴设有 2 个制动盘，转向架上设有 4 个盘型制动吊架。

【知识点 3】CW－200K 型转向架

CW－200K 型转向架 二维码

CW－200K 型转向架如图 5－11 所示。它是在 CW－200 型转向架的基础上改进并借鉴和吸收国外高速转向架结构，自主研制开发的、适用于运行速度为 160 km/h 等级的客车。

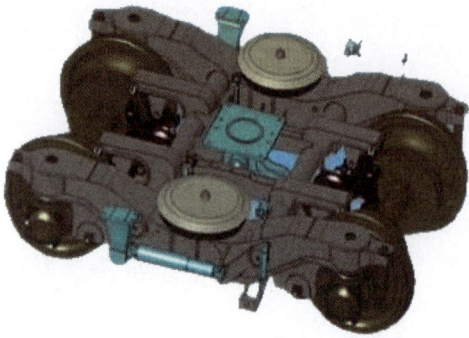

图 5-11 CW-200K 型转向架

CW-200K 型转向架为无摇枕、无摇动台、无旁承的"三无"结构。轴箱定位采用可分离式轴箱转臂定位方式。中央悬挂装置采用空气弹簧及减振器。牵引方式为单牵拉杆。基础制动为每轴 2 个制动盘的单元制动方式。转向架主要由构架、轮对轴箱装置、轴箱定位装置、中央悬挂装置、盘型制动装置组成。

1. 构架

构架为 H 形钢板焊接结构，由两根侧梁和两根横梁组成。侧梁为中间下凹的鱼腹形，由 4 块钢板组焊成箱形封闭结构。侧梁内有密封隔板，使内腔成为空气弹簧的附加气室。横梁采用日本进口无缝钢管。在侧梁上焊有定位座、横向减振器座、高度阀座和防过充装置等。在横梁上焊有盘型单元制动吊座、抗侧滚扭杆座、牵引拉杆座等。构架质量约为 1 435 kg。

2. 轮对轴箱装置

车轴为 RD_{3A1} 型，轴颈中心距为 2 000 mm，轴重（负荷）为 16.5 t。

车轮为 KKD 型，LM 磨耗型踏面。轮对组装后动平衡值不大于 0.75 N•m。轴承采用 SKF 短圆柱滚子轴承，外形尺寸为 130 mm×250 mm×（2×80）mm。轴承脂为国产 M 型滚动轴承润滑脂。

轴箱体上装有轴温传感器，每个车轴的一端装有用于防滑器的测速齿轮以及防止轴承发生电蚀用的接地装置。

3. 轴箱定位装置

轴箱定位采用分体式轴箱结构的无磨耗转臂式结构。轴箱转臂一端与轴箱体连接，另一端压装于定位节点并通过定位座与构架相连。

轴箱定位节点由轴箱、定位转轴、定位套组成，是轮对轴箱与构架之间的纽带，它决定轮对轴箱对于构架定位的刚度并承受两者交变的纵向和横向力。

轴箱弹簧由内外圈弹簧、上下夹板及预压紧螺栓组成为一体，螺母上有一销孔，弹簧组装后用销子穿入螺母销孔内，整套轴箱弹簧装在轴箱顶部。

在轴箱转臂和构架间还设有垂向油压减振器，采用进口产品，阻尼系数为 15 kN•s/m。

4. 中央悬挂装置

中央悬挂装置如图 5-12 所示，包括空气弹簧及其附属的高度阀、差压阀、横向挡、横向减振器、抗蛇行减振器、抗侧滚扭杆、牵引装置等主要部件。

空气弹簧由上盖板、空气胶囊、底座橡胶垫和可变节流阀组成。横向挡设在中央牵引座上，与纵向梁间隙为 40 mm。横向减振器共设两个，分别连在中央牵引座和构架上的减振器座上。

抗蛇行减振器为两个，分别设在转向架的两侧，一端与构架上的减振器座连接，另一端与本体下的减振器座连接。

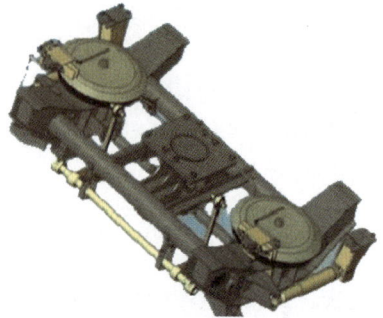

图 5-12 中央悬挂装置

牵引装置采用单拉杆结构，杆身为整体锻件，两端装有相同的球形橡胶关节，一端与构架连接，另一端与车辆牵引座连接。

抗侧滚扭杆主要由扭杆、扭臂、连杆和支承座等组成。扭臂一端与构架上的扭杆座连接，另一端与车体枕梁下的扭杆座连接。扭杆与扭臂间采用圆锥形渐开线花键连接，能传递较大扭矩。连杆与扭臂及车体之间采用带防尘密闭装置的自润滑关节轴承连接。

转向架中还设有附加空气室高度阀和差压阀的管路设施，和两根防止空气弹簧过充用的安全钢绳。

5. 基础制动装置

基础制动装置包括每根车轴安装的两个制动盘和两个带有闸片间隙自动调整的盘型制动单元。闸片为粉末冶金制品。

CW−200K 型转向架是在 CW−200 型基础上改制而成的，其中每个车轴安装两个制动盘，动力学参数按 160 km/h 的要求重新进行了优化设计。该型转向架为无摇枕结构，取消了传统结构的悬吊件，由大变位空气弹簧直接支撑车体，尽可能采用了无磨耗结构，因此转向架结构简单易维修。

CW−200K 型转向架主要技术参数如表 5−1 所示。

表 5−1 CW−200K 型转向架主要技术参数

项目	参数
轨距/mm	1 435
限界	符合《标准轨距铁路限界　第 1 部分：机车车辆限界》（GB 146.1—2020）
运行速度/（km/h）	160
试验速度/（km/h）	200
轴距/mm	2 500
轴重/t	16.5
通过最小曲线半径/m	车辆连挂时：145
单车调车时最小曲线半径/m	100
轮对	KK　车轮 ϕ915
轴承：SKF 公司滚动轴承	CI 322880A CI 322881A
轴箱弹簧横向跨距/mm	2 000
空气簧中心跨距/mm	2 000
空气簧上平面自重高/mm	937
一系垂向刚度（每轴箱）/（MN/m）	0.792
转臂节点纵向刚度/（MN/m）	12±0.5
转臂节点横向刚度/（MN/m）	6±0.3
二系每空簧垂向刚度/（MN/m）	0.32
二系每空簧横向刚度/（MN/m）	0.20

续表

项目	参数
二系每空簧纵向刚度/（MN/m）	0.20
一系每垂向减振器阻尼/（kN·s/m）	15
二系每空簧垂向阻尼（节流孔）/（kN·s/m）	80
二系横向阻尼（每减振器）/（kN·s/m）	25
二系抗蛇行阻尼（每减振器）/（kN·s/m）（卸荷速度 0.04 m/s 时最大 10 kN）	250
抗侧滚扭转刚度/（kN·m/rad）	2.9

任务考核与评价

任务考核			任务评价	
任务	提出问题	学生回答	自我评价	教师评价
子任务 1	1. CW-2C 型转向架结构组成包括什么？			
	2. CW-2C 型转向架的结构特点是什么？			
子任务 2	1. CW-200 型字母代表含义是什么？			
	2. CW-200 型转向架的结构组成包括什么？			
子任务 3	CW-200K 型转向架的结构组成包括什么？			

复习思考题

复习思考题除涉及本任务介绍的知识与技能外，还可能涉及本任务未介绍的知识与技能，需通过阅读参考书、网络搜索等方式进行自主学习后进行解答，在巩固课堂学习成果的同时培养自主学习能力。

1. CW-200K 型转向架采用无（　　）、无（　　）、无（　　）的"三无"结构，结构简单，维修方便。

2. CW-200K 型转向架轴箱定位采用（　　）方式。

3. CW-200K 型转向架中央悬挂采用（　　）。

4. CW-200K 型转向架基础制动为每轴两个（　　）的单元制动方式。

5. CW-200K 型转向架由构架、轮对轴箱装置、轴箱定位装置、（　　）、盘型制动装置组成。

任务 5.5 SW－220K 型转向架

任务分析

教学目标	知识目标	了解 SW－220K 型转向架结构的特点
	能力目标	能认识 SW－220K 型转向架各组成部分名称
	思政目标	培养学生爱岗敬业的精神，踏实肯学的学习态度
教学 重难点	教学重点	SW－220K 型转向架结构上的优势
	教学难点	SW－220K 型转向架新技术
学情分析	知识和技能基础	学习了解不同类型的转向架
	认知和实践能力	认识转向架，能进行转向架的分解并识读各部分名称

任务工单

任务考核	
任务	提出问题
子任务 1	1. SW－220K 型转向架的主要特点是什么？
	2. SW－220K 型转向架的结构组成是什么？
子任务 2	1. 写出 SW－220K 型转向架的技术参数（至少 10 个）
	2. SW－220K 型转向架轮对轴箱装置的特点是什么？
子任务 3	画出 SW－220K 型转向架的构架

任务实施

SW－220K 型转向架

SW－220K 型转向架（如图 5－13 所示）是在 SW－220 型高速转向架基础上，根据 160 km/h 速度客车的要求，经局部改造而成的，全面继承了 SW－220 型转向架的优良品质，可适应各种 160 km/h 速度等级的客车。

图 5－13 SW－220K 型转向架

【知识点1】SW-220K 型转向架主要特点

SW-220K 型转向架在高速运行时具有高运行稳定性（即高临界速度），具有良好的曲线通过性能，轮轨间作用力小。

SW-220K 型转向架的主要特点如下。

（1）运动部件无磨耗或少磨耗，维修量少。

（2）结构简单、尽可能采用统型的结构组件，组装、维修方便。

（3）安全性：该转向架引用了国外成熟的设计，通过优选轴箱定位刚度和车体支撑刚度，以及加设抗蛇行减振器，使转向架具有高运行稳定性。

（4）舒适性：车辆舒适性主要与转向架本身的性能、线路状况有关，该转向架所采用的空气弹簧、各种阻尼及它们的组合，都是在充分验证的基础上决定的，在正常的轨道条件下可以达到优良的舒适性。

（5）可靠性：无摇枕转向架结构简单，零部件少，通过提高各零部件的可靠性，使转向架整体的可靠性得到提高，主要承载件构架不仅经过了严格的强度计算，而且进行了严格的静、动强度试验。

（6）维修保养：该转向架除车轮和盘型制动装置外，在轴箱支撑装置、中央悬挂装置等传力的结构中，均采用无滑动摩擦的弹性结构，加之转向架整体部件数量少，转向架保养维修性能大幅提高，并可在最小限度的保养维修条件下保持长期稳定的运行性能。

时速 160 km 动力集中动车组转向架在 25T 型客车用 SW-220K 型转向架的基础上，对基础制动装置、排障装置等进行适应性设计变更，构架、轮轴、悬挂等主体结构保持不变，SW-220K 型号也保持不变，如图 5-14 所示。SW-220K 型转向架按持续运行速度 160 km/h、最高试验速度 250 km/h 设计，整体采用无摇枕转向架、H 形焊接构架、转臂式轴箱定位、四点支撑空簧装置，配置温度、振动等安全监测系统，具有结构简洁、技术可靠、检修维护方便的特点。

图 5-14　SW-220K 型转向架

动车组拖车转向架分为普通车转向架和控制车转向架。SW-220K 型转向架的技术参数如表 5-2 所示。

表 5-2　SW-220K 型转向架技术参数

项　　目	参数
连续运行速度/（km/h）	160
最高试验速度/（km/h）	250
轴距/mm	2 500
适用轨距/mm	1 435
车轮直径/mm	915（新轮），845（旧轮）
最大轴重/t	16.5
通过最小曲线半径/m	联挂 145，单车调车 100
弹簧型式	一系为钢弹簧，二系为空气弹簧
车轮车轴型式	KKD 车轮、RD_{3A1} 轴
轴箱轴承	进口 SKF　C1 322880A/C1 322881A 或 NSK 42726TT/152726TT、FAG 804468/804469
制动型式	轴装盘型制动
制动盘型式	轴装铸钢盘 $\phi 640$
制动缸型式	8"单元制动缸（每车 2 位制动缸带手制动）
轮对定位方式	单转臂无磨耗弹性轴箱定位
转向架质量/kg	普通车约 6 100，控制车约 6 200
限界	GB 146.1—2020

拖车转向架是以 SW-220K 型转向架为平台升级了基础制动装置。控制车转向架是以 SW-220K 型转向架为平台升级了基础制动装置，设扫石器装置、信号轴端。

【知识点 2】SW-220K 型转向架结构组成

SW-220K 型转向架结构组成包括构架、轮对轴箱定位装置、中央悬挂装置、基础制动装置。

构架是整个转向架的骨架，如图 5-15 所示，是最重要的受力部件之一，它给转向架其他部件的安装提供基础，并为整个转向架的落成后的各部尺寸提供保障，构架采用成熟的 H 形焊

图 5-15　SW-220K 型转向架构架

接结构。侧梁、纵向辅助梁为箱形焊接结构，横梁采用无缝钢管，两侧设空气弹簧支撑梁。横梁与部分空气弹簧支撑梁作为附加气室，构架所用板材和型材为 Q345C 焊接结构用轧制钢板，与弹性节点连接的定位臂为铸钢件（ZG25MnNi），其与侧梁连接部为圆滑过渡，力求应力缓和。

SW-220K 型转向架轮对轴箱定位装置如图 5-16 所示，是该型转向架的关键部件，它对车辆运行的安全性、稳定性及舒适性起到重要的作用。其定位节点的纵、横向定位刚度对蛇行运动的临界速度起决定性的作用，其轴箱弹簧的垂向刚度及垂向油压减振器的阻尼对车辆的垂直平稳性有着明显的影响。

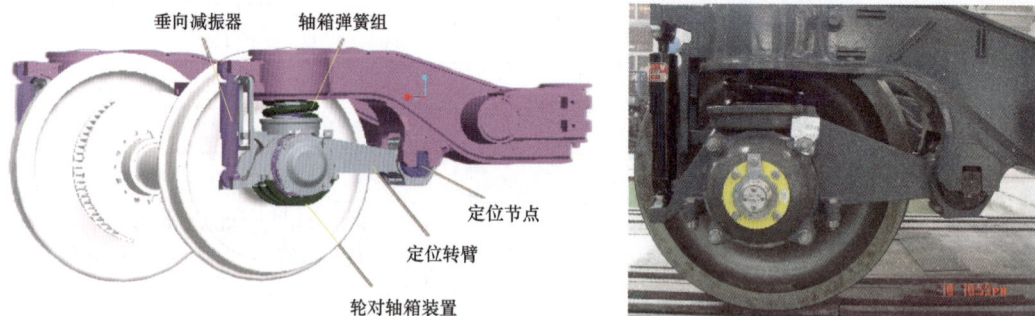

图 5-16　SW-220K 型转向架轮对轴箱定位装置

轮对轴箱定位装置由轮对轴箱、油压减振器、定位转臂、定位节点、轴箱弹簧、KKD 车轮、RD_{3A1} 车轴、进口轴承、轴端接地装置、防滑器测速齿轮等组成。

轮对轴箱定位装置为单转臂无磨耗弹性定位，轴箱弹簧为顶置式，可与 PW-220K 型转向架的轮对轴箱互换。本定位装置有以下特点。

（1）可利用弹性节点自由地选择纵向和横向的刚度。

（2）垂向采用轴箱顶置钢弹簧，弹簧刚度选择范围大，并且与纵向、横向刚度几乎无关，可以单独设计。

图 5-17　SW-220K 型转向架接地装置

（3）没有滑动和摩擦部分，橡胶件几乎不外露，延缓老化，可以长期运用免维修。

（4）与其他定位方式相比，零部件少，不必进行轴距控制，因此，组装、分解均不需要特殊工装。

接地装置如图 5-17 所示，它为铁道客车轴承提供简单、有效、经济的保护和防护，防止工作电流或系统故障电流以及雷电电流通过轴承造成的轴承损伤。

控制车一、七位轴端设置 ATP 和 LKJ 信号传感器，如图 5-18 所示。每轴箱盖装 2 套速度传感器，共用测速齿轮。设电缆支架，信号电缆从转向架端部上车体。

SW-220K 型转向架中央悬挂装置如图 5-19 所示。它是转向架的重要部分，转向架的垂向、横向运行平稳性主要是由其垂向、横向刚度及空气弹簧提供的垂向阻尼和横向减振器提供的横向阻尼所决定的。

SW-220K 型转向架基础制动装置如图 5-20 所示。它采用紧凑型制动夹钳单元，其带有间隙调整器，可自动调整闸片间隙。每辆车设置一台带手制动的制动夹钳单元，采用轴装制动盘，制动盘应具有良好的通风散热性能，盘体应采用铸钢材料，使用寿命不小于 240 万 km。转向架应适应 160 km/h 的运行速度，铸钢盘采用粉末冶金闸片，型号有 160YT30 型、C70 型等。

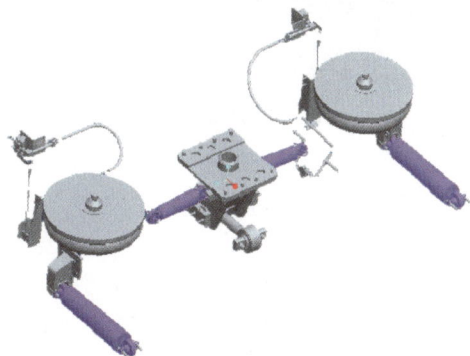

图 5-18　ATP 和 LKJ 信号传感器

图 5-19　SW-220K 型转向架中央悬挂装置

图 5-20　SW-220K 型转向架基础制动装置

任务考核与评价

	任务考核		任务评价		
	提出问题	学生回答	自我评价	教师评价	
子任务 1	1. SW-220K 型转向架的主要特点是什么？				
	2. SW-220K 型转向架的结构组成是什么？				
子任务 2	1. 写出 SW-220K 型转向架的技术参数（至少 10 个）				
	2. SW-220K 型转向架轮对轴箱装置的特点是什么？				
子任务 3	画出 SW-220K 型转向架的构架				

◆ 复习思考题

复习思考题除涉及本任务介绍的知识与技能外，还可能涉及本任务未介绍的知识与技能，需通过阅读参考书、网络搜索等方式进行自主学习后进行解答，在巩固课堂学习成果的同时培养自主学习能力。

1. SW－220K 型转向架中的"SW"代表（　　），"220"代表（　　）。

2. 1997 年，四方厂在 206KP、206WP 型转向架基础上，为 25K 型快速客车及高档快速客车研制开发了（　　）型转向架。

3. SW－220K 型转向架可利用弹性节点自由地选择（　　）的刚度。

4. SW－220K 型转向架垂向采用轴箱顶置（　　），弹簧刚度选择范围大，并且与纵向、横向刚度几乎无关，可以单独设计。

5. SW－220K 型转向架没有滑动和摩擦部分，（　　）几乎不外露，延缓老化，可以长期运用免维修。

6. SW－220K 型转向架与其他定位方式相比，零部件少，不必进行（　　）控制，因此，组装、分解中均不需特殊工装。

任务 5.6　时速 160 km 动力集中（鼓形）动车组 PW－220K 型转向架

✎ 任务分析

教学目标	知识目标	了解 PW－220K 型转向架结构特点
	能力目标	能认识 PW－220K 型转向架各组成部分名称
	思政目标	培养学生爱岗敬业的精神，踏实肯学的学习态度
教学重难点	教学重点	PW－220K 型转向架结构上的优势
	教学难点	PW－220K 型转向架新技术
学情分析	知识和技能基础	通过学习，了解不同类型的转向架
	认知和实践能力	认识转向架、能进行转向架的分解并识读各部分名称

▤ 任务工单

任务考核	
任务	提出问题
子任务 1	1. 写出 PW－220K 型转向架的技术参数（至少 5 个）
	2. PW－220K 型转向架的结构组成是什么？

任务考核	
任务	提出问题
子任务 2	1. PW－220K 型转向架的优点是什么？
	2. PW－220K 型转向架的轮对轴箱系统的轴端安装情况是什么？
子任务 3	PW－220K 型转向架的一系悬挂定位系统由什么组成？

任务实施

【知识点 1】PW－220K 型转向架概况

1. PW－220K 型转向架装车运用情况

PW－220K 型转向架如图 5－21 所示。它主要装用于国内 25T 型铁路客车及时速 160 km 动力集中动车组，截至 2019 年年底，已装车近 3 000 辆份，PW－220K 型转向架装车运用情况如表 5－3 所示。

图 5－21　PW－220K 型转向架

表 5－3　PW－220K 型转向架装车运用情况

出厂年份	应用车型	数量（辆）	配属单位
2008	"京八"线动车组	28	中国铁路北京局集团有限公司
2008	25T 型客车	6	中国铁路北京局集团有限公司
2008	25T 国际联运车	4	中国铁路北京局集团有限公司
2012	25T 型客车	150	中国铁路北京、广州、兰州局集团有限公司
2013	25T 型客车	417	中国铁路哈尔滨、呼和浩特、南宁、成都、广州局集团有限公司
2014	25T 型客车	788	中国铁路上海、乌鲁木齐、兰州、成都、北京、郑州、哈尔滨、南宁局集团有限公司

出厂年份	应用车型	数量（辆）	配属单位
2015	25T 型客车	441	中国铁路上海、兰州、成都、哈尔滨、南宁、广州、昆明局集团有限公司
2016	25T 型客车	95	中国铁路昆明局集团有限公司、内蒙古集通铁路（集团）有限责任公司
2018	时速 160 km 动力集中动车组	184	中国铁路上海、兰州、昆明局集团有限公司
2019	时速 160 km 动力集中动车组	534	中国铁路上海、兰州、昆明、南昌、沈阳局集团有限公司

2. 转向架主要技术参数

PW－220K 型转向架主要技术参数如表 5－4 所示。

表 5－4　PW－220K 型转向架主要技术参数

项目	参数
限界	GB 146.1—2020
轨距/mm	1 435
持续运行速度/（km/h）	160
最高试验速度/（km/h）	250
正线运行最小曲线半径/m	145
单车调行最小曲线半径/m	100
轴重/t	16.5
车轴型式	RD_{3A1}
车轮型式	KKD
基础制动型式	钢质制动盘、粉末冶金闸片
每台转向架重量/t	6.3
固定轴距/mm	2 600

【知识点 2】PW－220K 型转向架总体结构

PW－220K 型转向架总体结构如图 5－22 所示，PW－220K 型转向架实物图如图 5－23 所示，PW－220K 型转向架布置图如图 5－24 所示。

1—构造系统；2—轮对轴箱系统；3—一系悬挂定位系统；4—二系悬挂系统；5—中心牵引系统；6—基础制动系统

图 5-22　PW-220K 型转向架总体结构

图 5-23　PW-220K 型转向架实物图

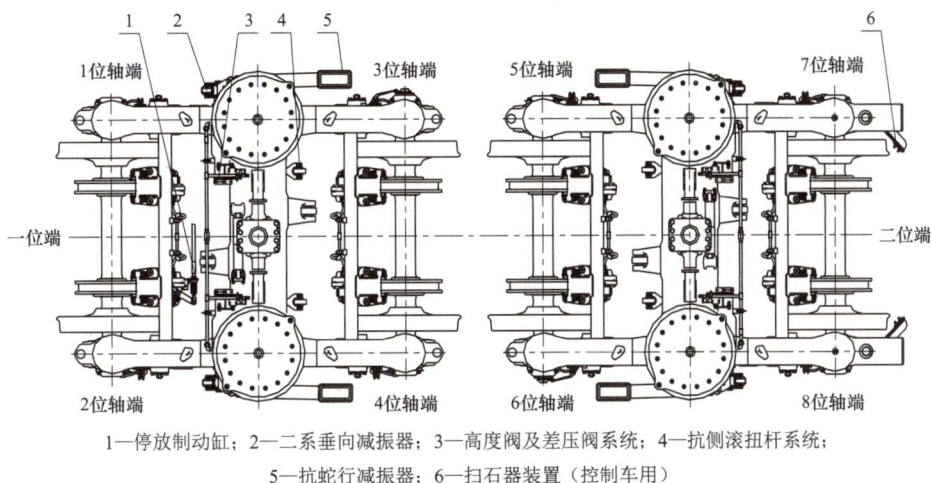

1—停放制动缸；2—二系垂向减振器；3—高度阀及差压阀系统；4—抗侧滚扭杆系统；
5—抗蛇行减振器；6—扫石器装置（控制车用）

图 5-24　PW-220K 型转向架布置图

　　PW-220K 型转向架采用了经典的 U 形焊接构架、转臂式轮对轴箱定位装置，中央悬挂装置采用大挠度的空气弹簧作为主要悬挂部件，基础制动装置为两套盘型制动单元，加装电子防滑器，整车的 2 位角设置停放制动缸。

　　每种车型的 1、2 位转向架及不同车型转向架的主要区别为：1 位转向架的 2 位角安装了停放制动缸及手动缓解闸线；整车的 3、5 位轴端为接地轴端，1、7 位轴端为普通轴端（其中控制车的 1、7 位轴端为信号传感器轴端），2、4、6、8 位轴端为防滑测速轴端；抗蛇行减振器、二系垂向减振器、抗侧滚扭杆、高度阀及差压阀等部件的朝向不一致。控制车的 2 位转向架 3、4 位构架端（整车的 7、8 位端）设置了扫石器装置。

PW-220K 型转向架的主要优点如下。

（1）构架采用制动横梁结构，使构架所承受的各种载荷能有效均匀分布，避免局部应力过大的情况。

（2）该转向架采用了空气弹簧承载，不仅简化了悬挂结构、减轻了重量，还提高了安全性和可靠性，并减少了运用中的检修工作量。

（3）该转向架采用了 Z 形双牵引拉杆结构，能可靠地传递牵引力和制动力，在保证合适的纵向刚度前提下，尽可能地减小了垂向和横向刚度，较好地适应了车体和转向架间的相对运动。

（4）轮对轴箱定位系统为 CR200J 动车组统型结构，沿用 25T 型客车成熟可靠的选型和结构。轴箱弹簧下设置了橡胶垫，可以有效缓解钢簧所受的冲击，弹簧夹板上加了绝缘垫，增加了构架与轮对轴箱绝缘性能。

（5）转向架采用了钢制制动盘匹配粉末冶金闸片，提高了基础制动热容量水平。

（6）在空气弹簧底座、牵引拉杆节点、牵引节点及中心牵引销等部件上均设有工艺螺纹孔，便于拆卸检修，降低后期的维护拆卸难度。

1. 构架系统结构

构架为 U 形焊接结构，侧梁为矩形断面，左右两侧梁与横梁焊接为 H 形框架结构，横梁由一个矩形断面的中间横梁和两根无缝钢管制动横梁组成。两侧侧梁外侧对称布置减振器座（安装二系垂向和抗蛇行减振器），侧梁下部对称地焊接轴箱定位转臂弹性节点座。构架两侧纵横轴线相交处为二系空气弹簧安装座中心，中部横梁焊有横向挡座、抗侧滚扭杆安装座、横向减振器座和牵引拉杆座等，制动吊座焊接在两根制动横梁上（为 CR200J 统型接口，与 25T 型客车用 PW-220K 型转向架相比，制动吊座几何尺寸改变，但材质没有变化）。制动横梁的结构使构架所承受的各种载荷能有效均匀分布，避免出现局部应力过大的情况。

控制车 2 位构架的 3、4 位端弹簧筒在原型基础上加长了一部分箱形结构，用以安装扫石器装置。

构架系统也是整个转向架系统的重要承载件，如图 5-25 所示，阴影部位（其结构对称的相同部位没有重复标识）为应力较大区域，在运用以及段修过程中应该重点关注。

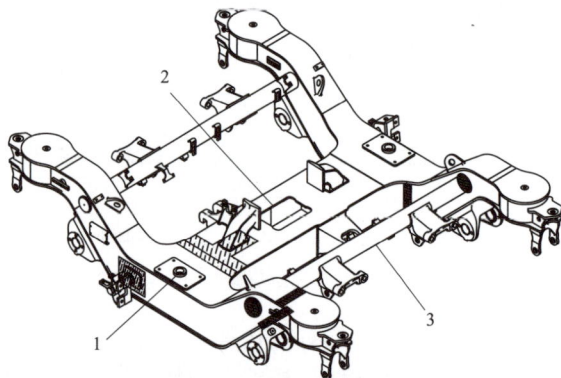

1—侧梁；2—横梁；3—制动横梁

图 5-25　PW-220K 型转向架构架系统结构

2. 轮对轴箱系统结构

轮对轴箱系统主要由轮对轴箱装置组成，轮对轴箱装置由轮对组成、轴箱轴承及轴端配置组成。

（1）轮对轴箱装置。

轮对轴箱装置结构如图 5-26 所示。车轴采用了 RD_{3A1} 型，车轮采用 KKD 型全加工车轮（材质为 CL60 或 CL65K），LM 型踏面，新旧车轮滚动圆直径分别是 915 mm 和 845 mm。

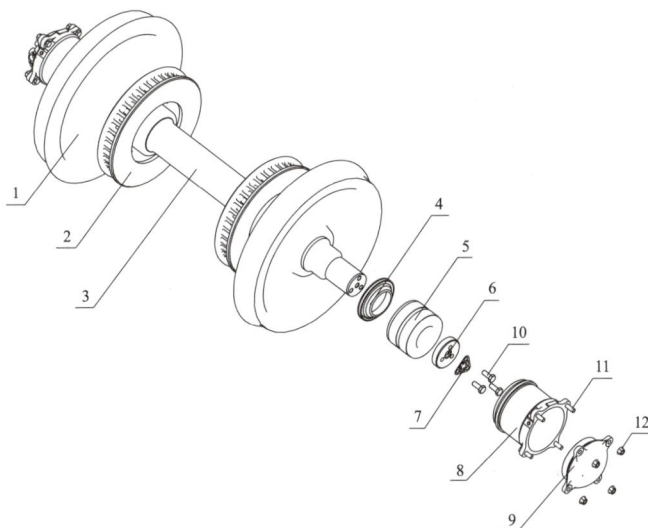

1—车轮；2—制动盘；3—车轴；4—防尘板；5—轴承；6—轴承压板；7—防松片（普通轴端用弹垫）；
8—轴箱体；9—轴箱盖；10—螺栓（轴端 3 孔）；11—螺栓（轴箱盖）；12—防松螺母

图 5-26　PW-220K 型转向架轮对轴箱装置结构

与 25T 型客车转向架不同的是，CR200J 动车组转向架制动盘为钢质摩擦盘，除此之外，摩擦盘的几何尺寸、盘毂材质及接口均没有发生改变。

轴箱由轴承、轴箱体、防尘挡圈、轴箱盖、轴承压板等组成，轴箱盖根据不同轴端布置分为防滑轴箱盖、接地轴箱盖和信号轴箱盖，轴承压板根据不同轴端分为测速齿轮、接地端压板和信号压板。

（2）轴端布置。

轮对轴箱系统的轴端布置有：接地轴端（3、5 位）、普通轴端（除控制车以外 1、7 位）、信号轴端（仅控制车 1、7 位）、防滑测速轴端（2、4、6、8 位），整车的 1、2、4、6、7、8 位轴端转臂处均设有接地电阻线装置。PW-220K 型转向架轴端实物图如图 5-27 所示。

（a）普通轴端　　　（b）防滑测速轴端　　　（c）接地轴端　　　（d）信号轴端

图 5-27　PW-220K 型转向架轴端实物图

3. 一系悬挂定位系统结构

一系悬挂定位系统由一系弹性减振装置、一系定位装置和轮对提吊装置组成。

（1）一系弹性减振装置。

一系悬挂定位系统的垂向刚度由轴箱弹簧组成提供，轴箱弹簧下设有缓冲橡胶垫，能够有效抑制轮轨冲击对钢簧的影响。一系垂向减振器安装在定位转臂和构架弹簧筒之间，有效防止轮对高频振动的传递和减小构架点头振动，如图5-28所示。

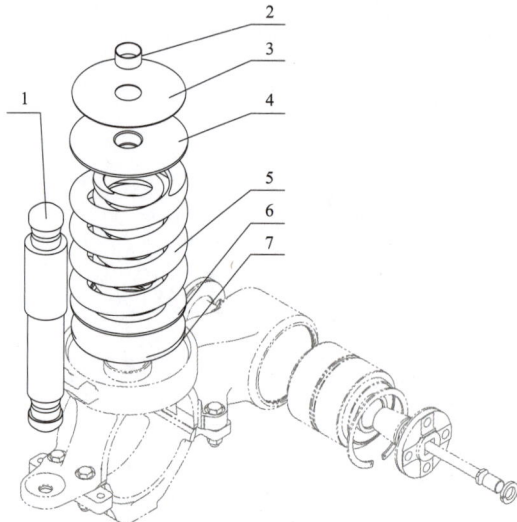

1——一系垂向减振器；2—绝缘套；3—绝缘垫；4—弹簧上夹板；5—轴箱钢弹簧；6—弹簧下夹板；7—缓冲橡胶垫

图5-28 一系弹性减振装置结构

（2）一系定位装置。

一系定位装置采用无磨耗橡胶节点转臂式定位结构，包括定位转臂、夹紧箍、前（后）定位套、橡胶节点、节点连接螺栓等，如图5-29所示。

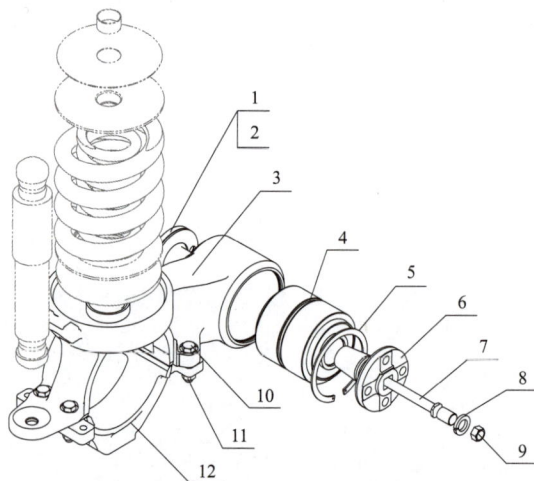

1—定位套（后）；2—橡胶密封垫；3—定位转臂；4—转臂节点组；5—挡圈；6—定位套（前）；
7—节点连接螺栓；8—四叠垫圈；9—防松螺母；10—螺栓；11—防松螺母；12—夹紧箍

图5-29 一系定位装置结构

定位转臂和夹紧箍是轮对轴箱与构架的联系纽带，定位转臂采用整体铸造结构。

转臂橡胶节点结构有效地提供了一系定位所需的纵向和横向的刚度，没有滑动和摩擦部分，橡胶件几乎不外露，有效延缓老化。转臂橡胶节点通过前（后）定位套组成实现定位。

（3）轮对提吊装置。

轮对提吊装置结构如图 5-30 所示，一系弹性减振装置和一系定位装置可通过提吊销结构实现两者与构架的连接，便于整体起吊轮对或单独更换轮对装置。

1—销（轮对提吊）；2—垫圈；3—开口销 8 mm×71 mm

图 5-30　轮对提吊装置结构

4. 二系悬挂系统结构

二系悬挂系统主要由二系弹性减振装置、空气弹簧控制装置和抗侧滚扭杆装置组成。

（1）二系弹性减振装置。

二系弹性减振装置主要由空气弹簧、二系横向减振器、二系垂向减振器、抗蛇行减振器、横向止挡等部分组成，如图 5-31 所示。

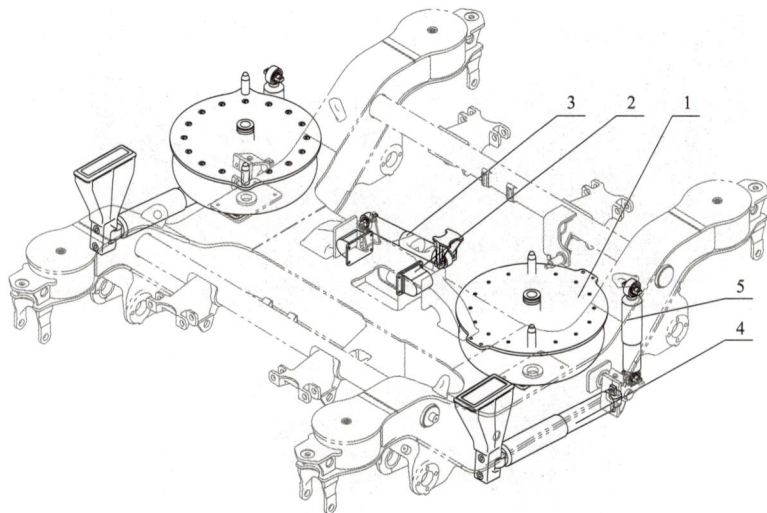

1—空气弹簧；2—二系横向减振器；3—横向止挡；4—抗蛇行减振器；5—二系垂向减振器

图 5-31　二系弹性减振装置结构

采用空气弹簧不仅简化了悬挂结构、减轻了重量，还提高了安全性和可靠性，并减少了运用中的检修工作量。空气弹簧采用欧系大胶囊结构，空气弹簧接口示意图如图 5－32 所示，增加了乘坐舒适性，锥形应急橡胶堆可以保证当空气弹簧胶囊破损时，车辆可以更为安全、舒适地减速运行到达指定地点，空气弹簧上面还设有高分子磨耗板，使得空气弹簧胶囊破损或空气弹簧无气时，上盖板和橡胶堆接触后产生较小的摩擦阻力。

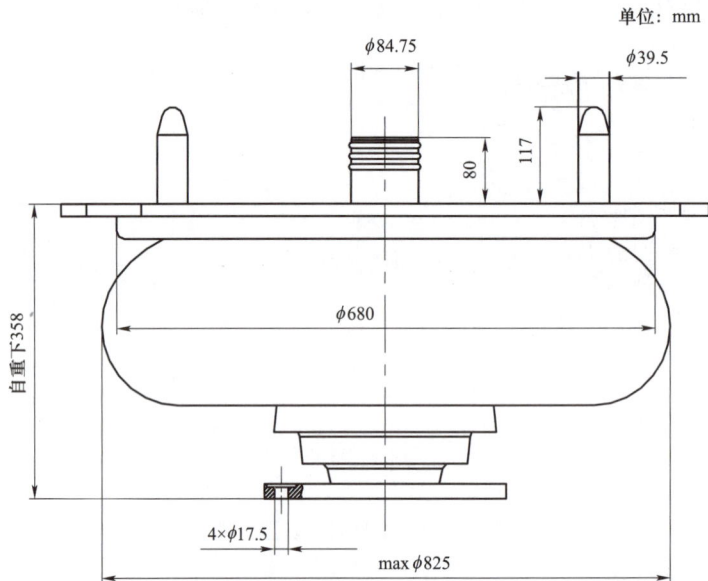

图 5－32　空气弹簧接口示意图

为了改善二系悬挂的垂向、横向以及抗蛇行振动的性能，提高乘坐舒适性，二系悬挂装置采用了两个二系垂向减振器、一个二系横向减振器及两个抗蛇行减振器，减振器布置如图 5－33 所示。

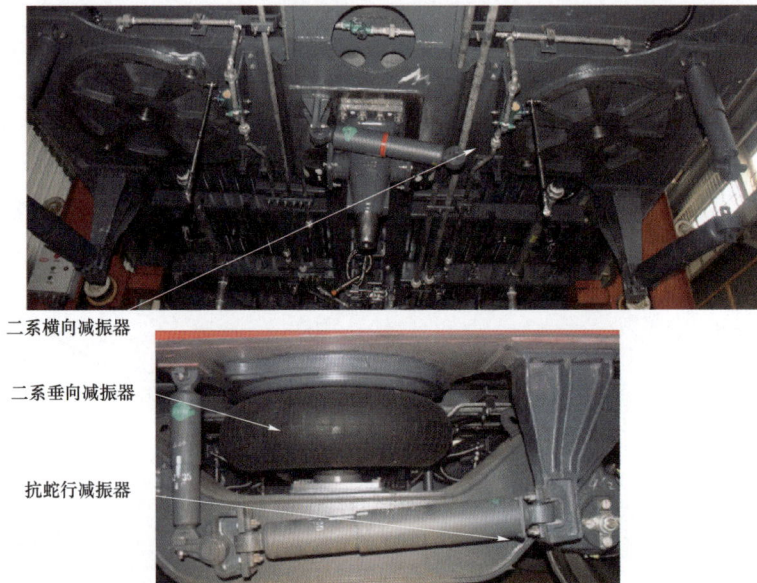

图 5－33　减振器布置

为了抑制车辆横向位移，中部还设有两个橡胶横向止挡，横向止挡结构如图 5-34 所示。为了避免运行中车体频繁碰撞横向止挡座或者接触后出现硬性冲击，二系悬挂系统将横向止挡与止挡座之间的间隙设置为 20 mm，同时将横向止挡设计成非线性，以便它与空气弹簧的横向刚度共同限制车体的横移，且当位移较大时，该设计可提供非线性增长的复原力。

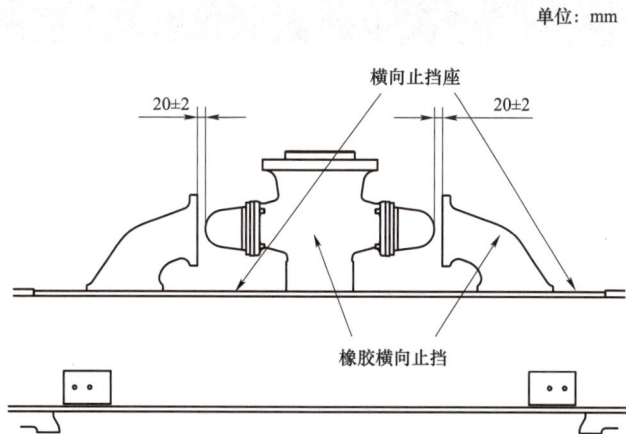

图 5-34　横向止挡结构

（2）空气弹簧控制装置。

空气弹簧控制装置主要由高度阀、高度阀调节杆、差压阀及相关管路组成，如图 5-35 所示。

1—高度阀调节杆；2—高度阀；3—差压阀；4—支管（L195）；5—三通 DN15；6—支管（L400）；7—内接活弯头 DN15

图 5-35　空气弹簧控制装置结构

高度阀及差压阀车下布置图如图 5-36 所示。高度阀是根据载荷的变化自动调整空气弹簧内压使车体保持一定高度的装置，空气弹簧控制装置采用的是法国进口的 FBO 高度阀（型号：89122400101 和 89122400102），高度阀安装在与车体连接的阀座上。差压阀是在左右空气弹簧出现超过规定的压力差时，使空气从压力高的一端流向较低的一端，以防止车体异常倾斜的装置，本阀设定的压力差为（150±20）kPa，空气弹簧控制装置采用的是法国进口 FBO 差压阀（型号：88091400101）。

差压阀   高度阀

图 5-36　高度阀及差压阀车下布置图

（3）抗侧滚扭杆装置。

抗侧滚扭杆装置由扭杆轴、扭杆臂、连杆、摩擦套、弹性节点、扭杆座、退装挡圈等组成，如图 5-37 所示。

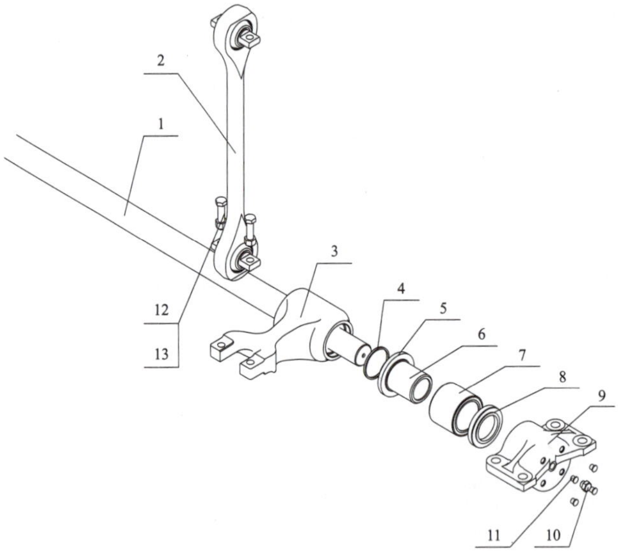

1—扭杆轴；2—连杆；3—扭杆臂；4—密封圈（聚氨酯橡胶）；5—密封圈（发泡橡胶）；6—摩擦套；
7—弹性节点；8—退装挡圈；9—轴承座；10—螺堵 M16；11—堵头；12—螺栓；13—防松螺母

图 5-37　抗侧滚扭杆装置结构

抗侧滚扭杆装置的连杆装置与扭杆臂的联接方式为叉接式，改善了关节轴承的受力状况，方便安装和维护。扭杆与扭杆臂之间取消了花键联接结构而改用过盈压装配合，不仅简化了结构，还提高了扭杆的疲劳强度。

连杆组成上端通过关节轴承安装到车体枕梁上，下端通过关节轴承安装到扭杆臂上。扭杆座安装在转向架构架横梁上，扭杆轴通过摩擦套和弹性节点装于轴承座内，抗侧滚扭杆装置布置图见图 5-38。车辆运行过程中，每 60 万 km 定期通过注油孔向扭杆座里的摩擦套内加注润滑脂（Molykote 33 M）。

5. 中心牵引系统结构

中心牵引系统由牵引中心销、牵引拉杆、牵引拉杆节点、牵引体、牵引节点及紧固板等组成，如图 5-39 所示。牵引力依次通过牵引中心销传递至牵引体及牵引拉杆，制动力传递过程相反。

图 5-38　抗侧滚扭杆装置布置图

连杆

扭杆

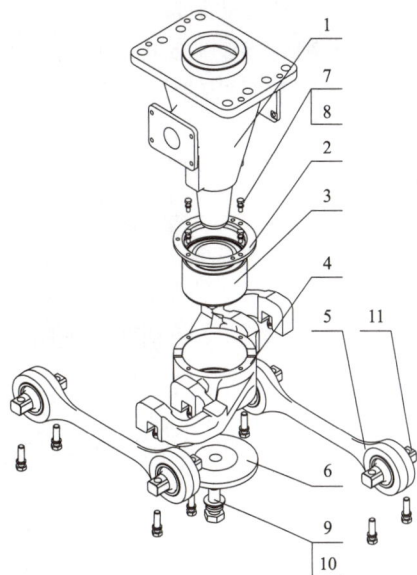

1—牵引中心销；2—节点压盖；3—牵引节点；
4—牵引体；5—牵引拉杆；6—紧固板；7—螺栓 M10；
8—垫圈 10；9—螺栓 M16；10—垫圈 16；
11—牵引拉杆节点

图 5-39　中心牵引系统结构

　　牵引中心销通过螺栓安装于车体底架枕梁中心，另一端与牵引节点采用锥面相配合，落车后由下部的紧固板及紧固螺栓连接。两根牵引拉杆和牵引体组成 Z 形双牵引拉杆结构。在牵引体、牵引拉杆上均压装橡胶节点，因此，在载荷的传递过程中可以很好地吸收并减弱冲击。牵引装置内无相对滑动部分，为无磨耗结构。该牵引装置在提供合适的纵向刚度的同时，具有较小的横向和垂向刚度，能可靠地传递纵向力。牵引拉杆节点、牵引体节点及节点压盖上均设有工艺螺纹，方便牵引体节点、牵引中心销和牵引拉杆的拆卸。

6. 基础制动系统结构

　　基础制动系统包括基础制动装置和制动管路装置，如图 5-40 所示。

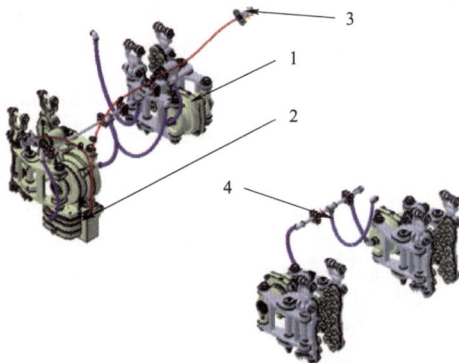

1—制动夹钳；2—停放制动夹钳；3—停放缓解拉绳；4—制动管路

图 5-40　基础制动装置

（1）基础制动装置。

基础制动装置主要由夹钳单元组成，每个车型的 1 位转向架在 2 位角设置停放制动夹钳，设置有手制动闸线的安装接口，为与钢质制动盘匹配，采用了粉末冶金闸片，如图 5–41 和图 5–42 所示。

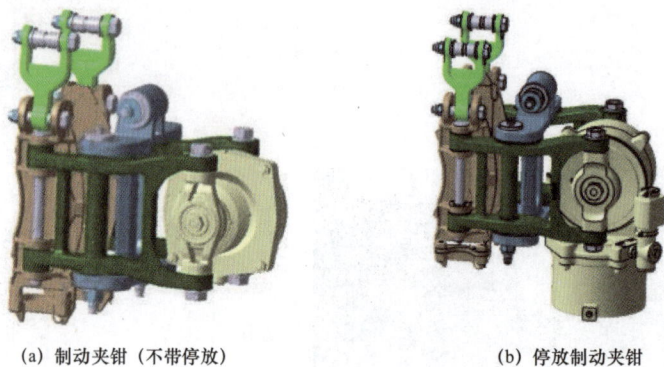

(a) 制动夹钳（不带停放）　　　　　　　　(b) 停放制动夹钳

图 5–41　制动夹钳（皮碗式）

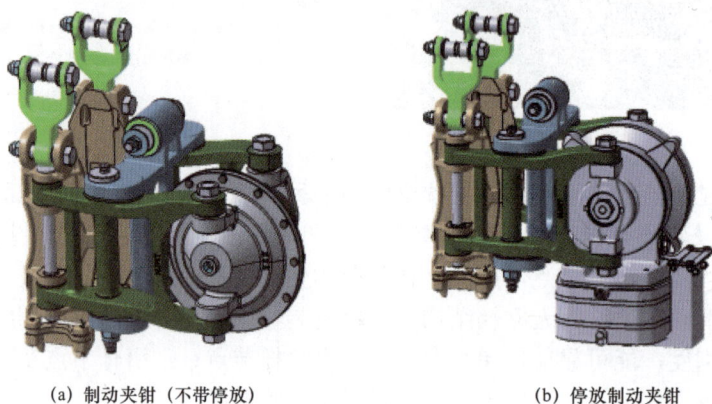

(a) 制动夹钳（不带停放）　　　　　　　　(b) 停放制动夹钳

图 5–42　制动夹钳（膜板式）

（2）制动管路装置。

转向架制动管路装置如图 5–43 所示，主要由弯头、三通、不锈钢管和金属护套橡胶软管组成。车体制动系统通过金属护套橡胶软管给同轴两个单元制动缸供风。

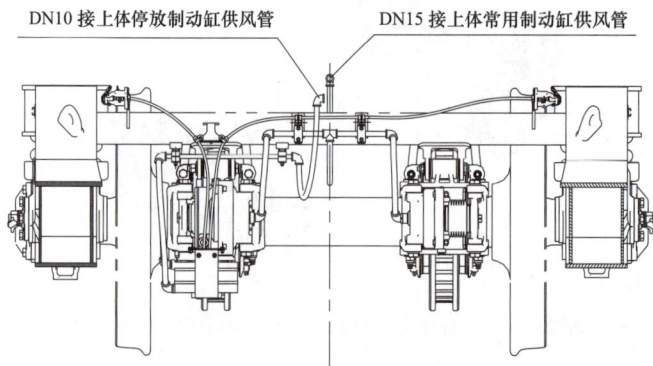

DN10 接上体停放制动缸供风管　　　DN15 接上体常用制动缸供风管

图 5–43　制动管路装置

任务考核与评价

任务考核			任务评价	
	提出问题	学生回答	自我评价	教师评价
子任务 1	1. 写出 PW－220K 型转向架的技术参数（至少 5 个）			
	2. PW－220K 型转向架的结构组成是什么？			
子任务 2	1. PW－220K 型转向架的优点是什么？			
	2. PW－220K 型转向架的轮对轴箱系统的轴端安装情况是什么？			
子任务 3	PW－220K 型转向架的一系悬挂定位系统由什么组成？			

复习思考题

复习思考题除涉及本任务介绍的知识与技能外，还可能涉及本任务未介绍的知识与技能，需通过阅读参考书、网络搜索等方式进行自主学习后进行解答，在巩固课堂学习成果的同时培养自主学习能力。

1. PW－220K 型转向架采用了（   ）型焊接构架。

2. PW－220K 型转向架采用了（   ）轮对轴箱定位装置。

3. PW－220K 型转向架的中央悬挂装置采用（   ）作为主要悬挂部件。

4. PW－220K 型转向架的基础制动装置为每轴安装有两套的（   ）单元，加装电子防滑器，整车的 2 位角设置停放制动缸。

5. 一系悬挂定位系统由三部分组成，分别为：一系（   ）装置、一系（   ）装置和（   ）装置。

知识拓展

CRH5 为 8 节编组列车，如图 5－44 所示。每节车体均由 2 台转向架支撑，这些转向架分为有电机驱动型和无电机驱动型。有电机驱动型称为动力转向架，无电机驱动型则称为非动力转向架。

1. 动力转向架

动力转向架包括 2 根轴，前轴为非动力轴，后轴为动力轴。在一个车组中共有 10 台动力转向架。

根据轴箱上安装的辅助设备和装置的位置可将动力转向架分为 3 类。

（1）整个动力转向架 1，带有轮缘润滑系统，参见图 5－45。

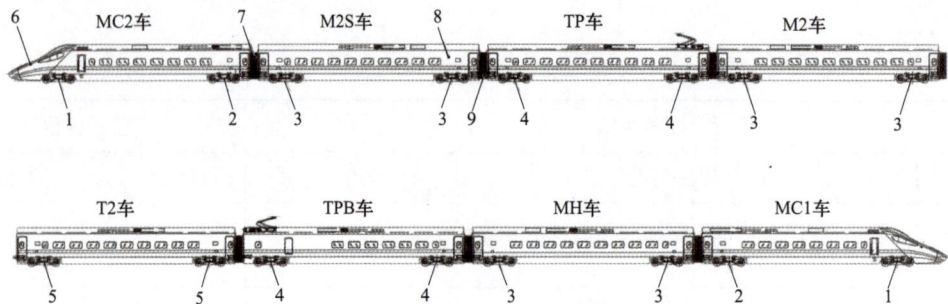

1—整个动力转向架，带有轮缘润滑系统；2—整个动力转向架，驱动轴左侧带有撒砂系统；
3—整个动力转向架，驱动轴右侧带有撒砂系统；4—带有停放制动的整个非动力转向架；
5—没有停放制动的整个非动力转向架；6—空气动力学车头鼻部；7—风挡；8—车体

图 5-44 CRH5 动车组的编组形式

（2）整个动力转向架 2，动力轴左侧带有撒砂系统，参见图 5-46。

（3）整个动力转向架 3，动力轴右侧带有撒砂系统，参见图 5-47。

以下元件通用于这 3 类转向架。

（1）带有托架的动力转向架构架。

（2）驱动装置。

（3）二系弹簧悬挂装置。

（4）制动装置。

以下元件在这 3 类转向架中各有不同。

（1）一系弹簧悬挂装置。

（2）杂项设备。

（3）撒砂系统和轮缘润滑系统的位置。

2. 非动力转向架

非动力转向架包括 2 根轴，前轴和后轴均为非动力轴。在一个车组中有 6 台非动力转向架。根据轴箱上安装的辅助设备和装置的位置可将非动力转向架分为 2 类。

（1）带有停放制动的整个非动力转向架 1，参见图 5-48。

（2）没有停放制动的整个非动力转向架 2，参见图 5-49。

以下元件通用于这 2 类转向架。

（1）带有托架的非动力转向架构架。

（2）车轮配置系统。

（3）除停放制动之外的制动装置。

以下元件在这 2 类转向架中不相同。

（1）一系弹簧悬挂装置。

（2）杂项设备。

（3）停放制动系统。

带有轮缘润滑系统的整个动力转向架 1 参见图 5-45。整个车体结构通过车体转向架摇枕（24）置于转向架上。转向架和车体结构通过在转向架 4 个角上提供的车体转向架支撑（18）进行固定。车体转向架摇枕（24）有一个箱状结构，用以放置 2 个辅助风缸。这些风缸用于二系弹簧悬挂空气弹簧的气动系统。

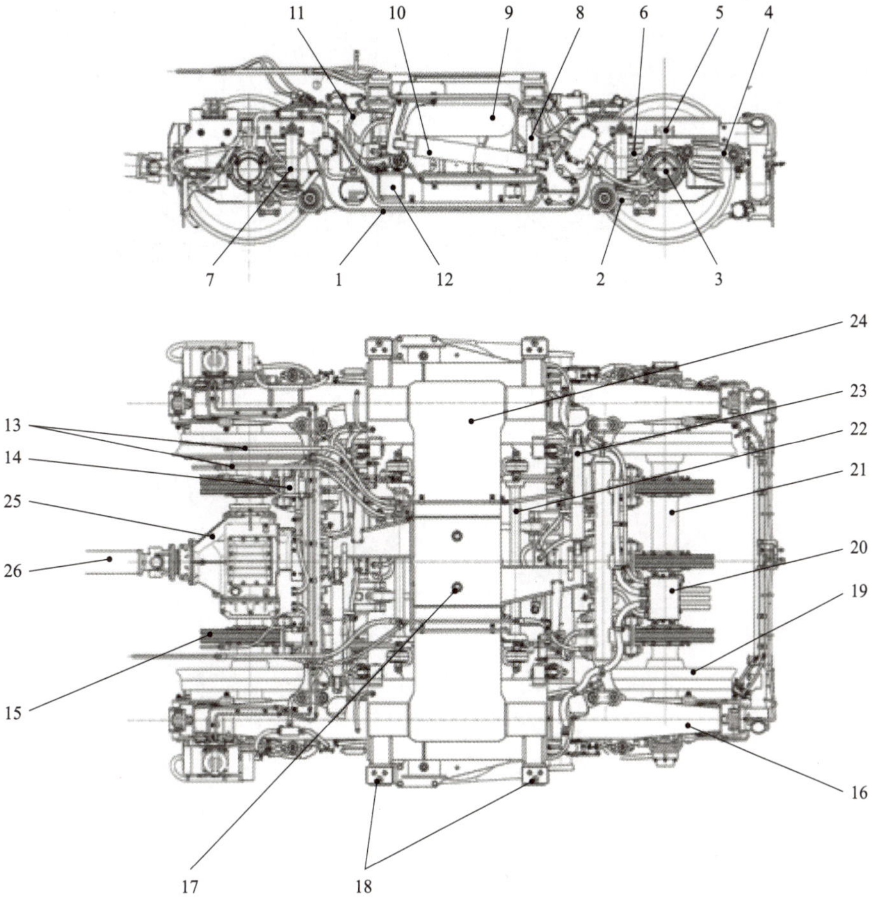

1—带轮缘润滑系统的整个动力转向架 1；2—下部杆组件；3—轴箱；4—整个推杆；5—垂向止挡杆；6—螺旋弹簧；
7——系垂向减振器；8—二系垂向减振器；9—空气弹簧；10—抗蛇行减振器；11—二系垂向止挡；12—制动指示器；13—气动连接；
14—制动钳；15—制动盘；16—转向架构架；17—摇枕挡；18—车体转向架支撑；19—整体车轮；20—电气增箱；21—轴；
22—抗侧滚扭力杆装置；23—横向减振器；24—车体转向架摇枕；25—齿轮箱；26—万向轴

图 5-45　带轮缘润滑系统的整个动力转向架 1

Z 形牵引系统将牵引力和制动力由转向架传递至车体。H 形转向架构架（16）由非合金钢制成，适于高速运行。转向架构架（16）由下部杆组件（2）和整个推杆（4）连接至 4 个轴箱（3）。

轮对包括 2 个整体车轮（19）和 1 个轴（21）。整体车轮（19）与轴（21）采用过盈方式配合。

轴箱（3）的本体由球墨铸铁制成。轴箱（3）采用带预装配筒和聚酰胺保持架的圆锥滚子轴承。轴箱可以吸收由于钢轨与车轮间相互作用而增大的轴向推力。轴箱上带有集成式传感器，用以检测轴承温度、速度、防滑度等参数。在轴箱上还装有一个接地及牵引回流设备，用以构成电流回流通路。

转向架各轴之间的悬挂称为一系弹簧悬挂。在转向架中，2 组螺旋弹簧（6）被牢固地置于弹簧支座上，而弹簧支座是整个轴箱（3）的一部分。一系垂向减振器（7）平行于螺旋弹簧（6），用于在运行中抑制转向架的跳动效应。不同高度的下部杆组件（2）和整个推杆（4）将轴箱固定在转向架构架（16）上。这些杆两端均有弹性联轴节。

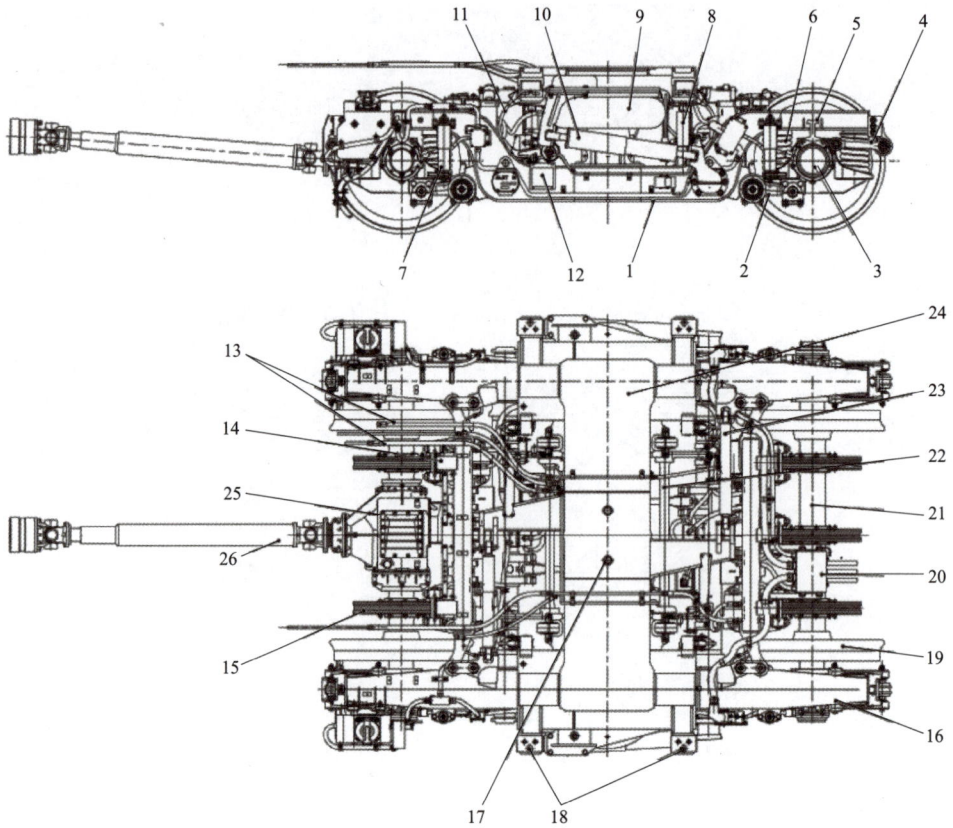

1—带轮缘系统的整个动力转向架 2（动力轴左侧带有撒砂系统）；2—下部杆组件；3—轴箱；4—整个推杆；5—垂向止挡杆；6—螺旋弹簧；7——系垂向减振器；8—二系垂向减振器；9—空气弹簧；10—抗蛇行减振器；11—二系垂向止挡；12—制动指示器；13—气动连接；14—制动钳；15—制动盘；16—转向架构架；17—摇枕挡；18—车体转向架支撑；19—整体车轮；20—电气增箱；21—轴；22—抗侧滚扭力杆装置；23—横向减振器；24—车体转向架摇枕；25—齿轮箱；26—万向轴

图 5-46　动力轴左侧带有撒砂系统的整个动力转向架 2

　　转向架构架与车体之间的悬挂称为二系弹簧悬挂。二系弹簧悬挂的空气弹簧（9）可以提高乘车舒适度。二系弹簧悬挂中的空气弹簧系统可以吸收车体与转向架之间的垂向和横向载荷。高度调整阀（载荷检测装置）用以控制空气弹簧的操作。如果空气弹簧被放气，则一个与空气弹簧串联的专用橡胶垫（辅助应急弹簧）可以承担此载荷，使车辆能够不限速运行。除二系弹簧悬挂系统中的空气弹簧（9）组件以外，还有如下减振器。

　　（1）每台转向架上平行于空气弹簧组件对角安装 2 个二系垂向减振器（8），以便在运行时抑制跳动效应。

　　（2）每台转向架上对角安装 2 个横向减振器（23），以吸收横向及纵向振动，有助于通过曲线。

　　每台转向架上有 2 个抗蛇行减振器（10）安装在转向架构架与车体转向架摇枕（24）之间。这些抗蛇行减振器可以在车体高速通过曲线时控制转向架的小幅度转动，由此消除轨道上横向力对车轮造成的过度磨损。仅在第一列车组上配有一个蛇行检测传感器，用于测量在转向架构架水平上的蛇行运动。

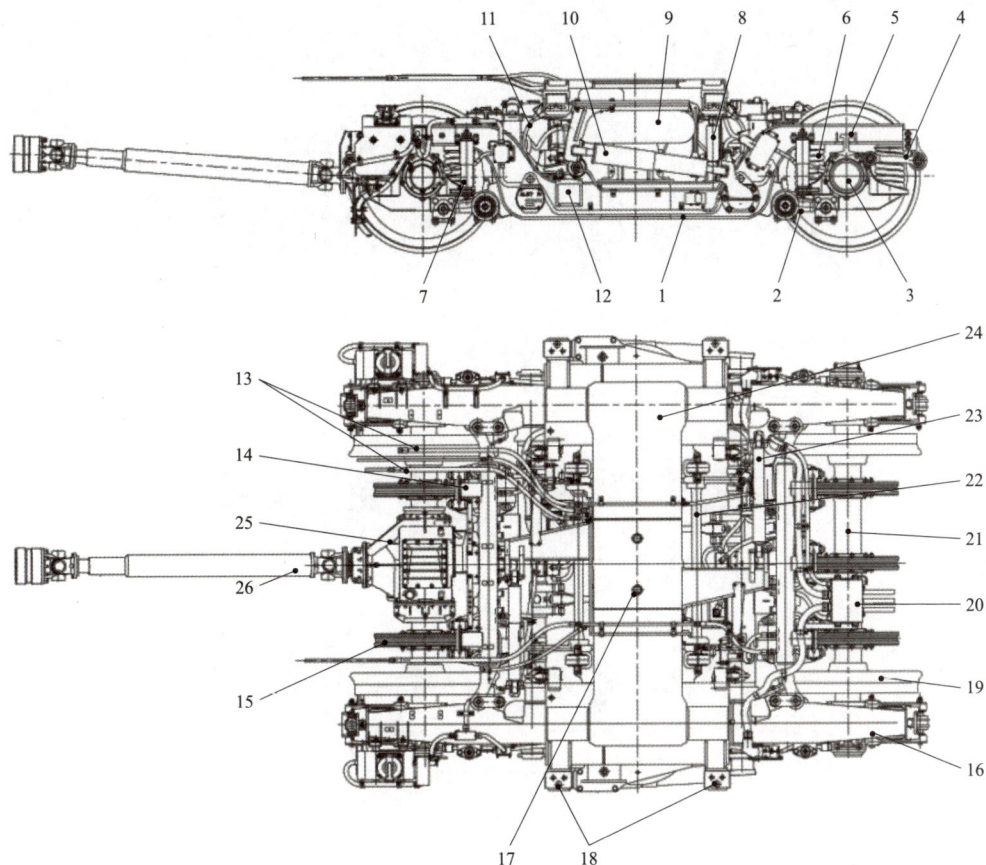

1—带轮缘系统的整个动力转向架 3（动力轴右侧带有撒砂系统）；2—下部杆组件；3—轴箱；4—整个推杆；5—垂向止挡杆；6—螺旋弹簧；7—一系转向减振器；8—二系垂向减振器；9—空气弹簧；10—抗蛇行减振器；11—二系垂向止挡；12—制动指示器；13—气动连接；14—制动钳；15—制动盘；16—转向架构架；17—摇枕挡；18—车体转向架支撑；19—整体车轮；20—电气增箱；21—轴；22—抗侧滚扭力杆装置；23—横向减振器；24—车体转向架摇枕；25—齿轮箱；26—万向轴

图 5-47 动力轴右侧带有撒砂系统动力转向架的整个动力转向架 3

牵引电机经一端连接至转矩限制联轴节（安全联轴节）的万向轴（26），转矩限制联轴节（安全联轴节）与牵引电机轴（在动力转向架底架上沿长度方向布置）过盈配合。万向轴的另一端连接至安装在动力转向架内轴上的减速齿轮箱（25）。

齿轮箱（25）安装在电机轴的中心，在齿轮箱箱体内装配有减速齿轮装置，并通过法兰联轴器与万向轴相连。减速齿轮配有一个油位表和若干电气传感器，用以确定油位。相应信号在足够长的停站时间内被传输至 TCMS（列车控制和管理系统）。安全联轴节是一个连接装置，其一端连接牵引电机轴，另一端连接万向轴。此联轴节具有转矩设置系统，通过调整液压压力，可以将释放转矩设置为所需的水平。当预设转矩超过规定限值时，剪切环将开启，释放联轴节中的油压，之后安全联轴节发生滑动。该过程将在数毫秒内完成。在压力释放之后，联轴节可在轴上自由运转。

转向架构架与车体转向架摇枕（24）之间连接有 2 个抗侧滚扭力杆装置（22）。该抗侧滚扭力杆装置包括一个抗侧滚扭力杆，该杆由 2 个吊架以弹性铰链支撑。抗侧滚扭力杆系统可以防止车体在转向架上摇晃。

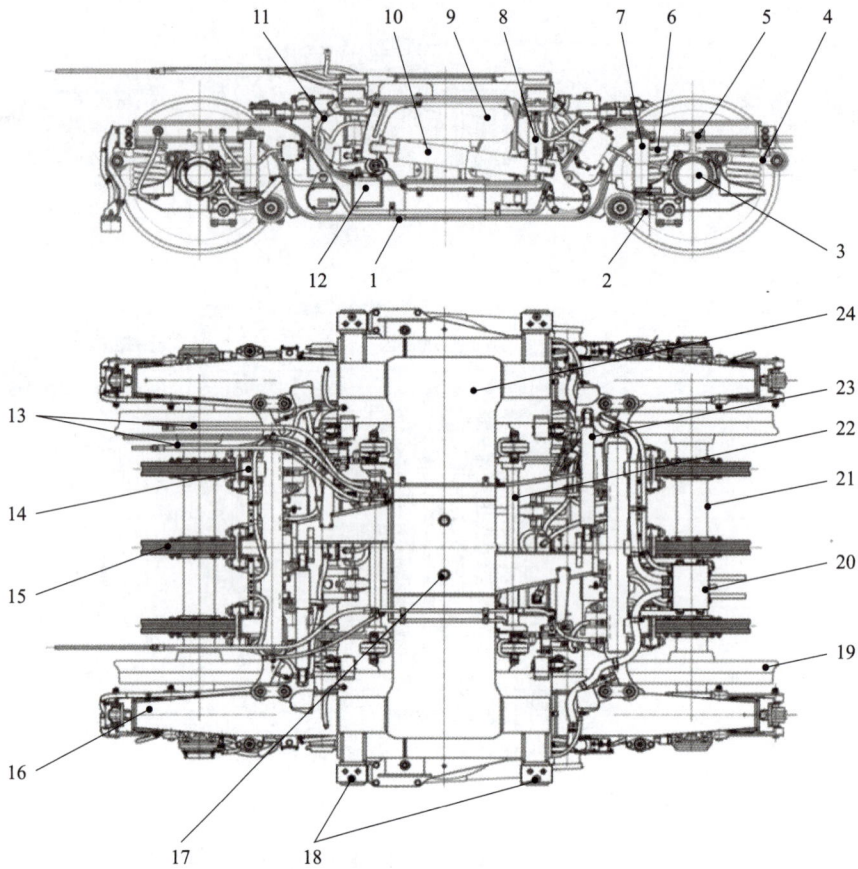

1—带停放制动的整个非动力转向架 1；2—下部杆组件；3—轴箱；4—整个推杆；5—垂向止挡杆；6—螺旋弹簧；7——系垂向减振器；8—二系垂向减振器；9—空气弹簧；10—抗蛇行减振器；11—二系垂向止挡；12—制动指示器；13—气动连接；14—制动钳；15—制动盘；16—转向架构架；17—摇枕挡；18—车体转向架支撑；19—整体车轮；20—电气增箱；21—轴；22—抗侧滚杆装置；23—横向减振器；24—车体转向架摇枕

图 5-48 带停放制动的整个非动力转向架 1

3. CRH5 型转向架构架

转向架构架是一个 H 形结构的非合金钢构架，包括 2 根实心纵梁，由管状横梁连接。纵梁由焊接金属板制成，管状横梁由压钢制成。

转向架构架包括预制和机加工托架，用以容纳转向架的部件。带有预制托架的转向架构架已进行应力缓解，以释放焊接过程中形成的应力。构架在焊接和应力释放工序之后被机加工至精确的尺寸。

转向架构架置于一系弹簧悬挂螺旋弹簧上，其上安装有车体。

转向架构架分为 2 类。

（1）动力转向架构架（如图 5-50 所示）。

（2）非动力转向架构架（如图 5-51 所示）。

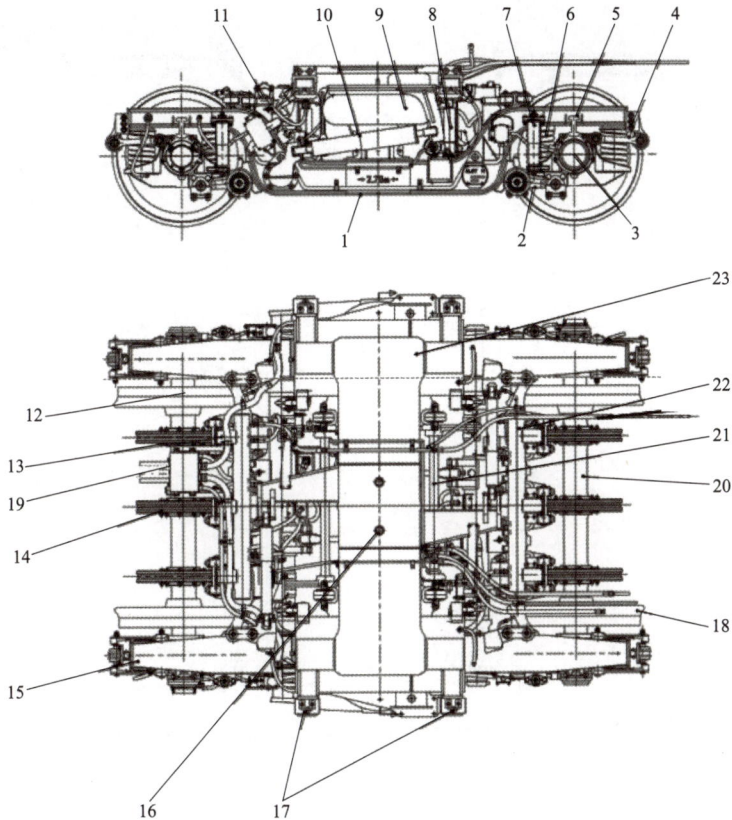

1—不带停放制动的整个非动力转向架 2；2—下部杆组件；3—轴箱；4—整个推杆；5—垂向止挡杆；6—螺旋弹簧；7—一系垂向减振器；8—二系垂向减振器；9—空气弹簧；10—抗蛇行减振器；11—接地连接电缆；12—气动连接；13—制动钳；14—制动盘；15—转向架构架；16—摇枕挡；17—车体转向架支撑；18—整体车轮；19—电气增箱；20—轴；21—抗侧滚扭力杆装置；22—制动横梁支撑；23—车体转向架摇枕

图 5-49　不带停放制动的整个非动力转向架 2

（1）动力转向架构架。

动力转向架构架如图 5-50 所示，车组包括 10 个动力转向架构架。动力转向架构架装配在 MC2、M2S、M2、MH 和 MC1 车中。它通过一系弹簧悬挂螺旋弹簧置于带有轴箱的动力轮对和带有轴箱的非动力轮对上。动力转向架构架包括 2 根纵梁（1、2）和 2 根管梁（3、4）。纵梁包括二系弹簧悬挂支架（5）、横向减振器支架（7）、制动器管梁支架（6）和轴箱紧固支架（12）。管梁组件包括制动器横梁支架（8）、牵引杆支架（11）、抗侧滚扭力杆支架（10）和齿轮箱吊杆支架（9）。

（2）非动力转向架构架。

非动力转向架构架如图 5-51 所示，车组包括 6 个非动力转向架构架。非动力转向架构架装配在 TP、T2 和 TP 车中。它通过一系弹簧悬挂螺旋弹簧置于带有轴箱的非动力轮对上。

非动力转向架构架包括 2 根纵梁（1、2）和 2 根管梁（3、4）。纵梁包括二系弹簧悬挂支架（5）、横向减振器支架（7）、制动器管梁支架（6）和轴箱紧固支架（11）。管梁组件包括制动器横梁支架（8）、牵引杆支架（10）和抗侧滚扭力杆支架（9）。非动力转向架没有齿轮箱吊杆支架。

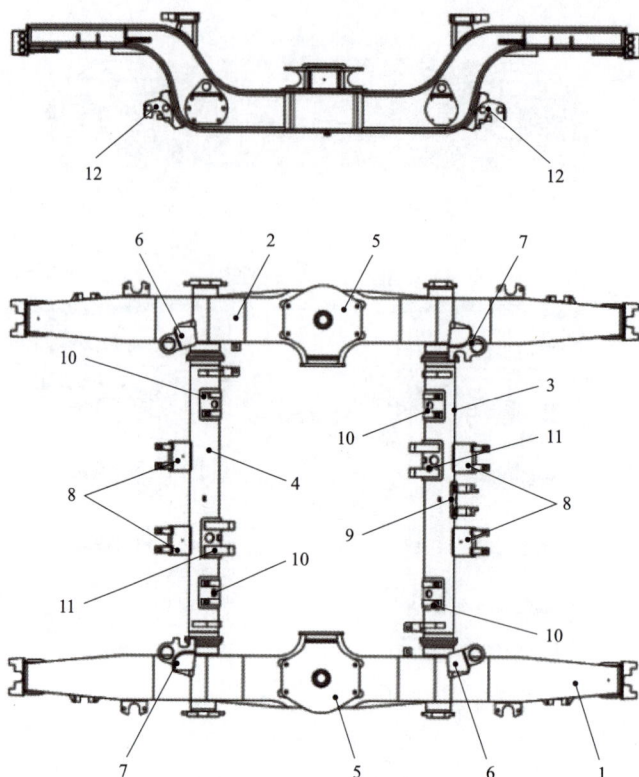

1—整个左侧纵梁；2—整个右侧纵梁；3—后部管梁组件；4—前部管梁组件；5—二系弹簧悬挂支架；6—制动器管梁支架；
7—横向减振器支架；8—制动器横梁支架；9—齿轮箱吊杆支架；10—抗侧滚扭力杆支架；
11—牵引杆支架；12—轴箱紧固支架

图 5−50 动力转向架构架

4. 带有轴箱的动力轮对

带有轴箱的动力轮对如图 5−52 所示，带有轴箱的动力轮对包括 1 根动力轴（3）、2 个车轮（2）、2 个制动盘（5）、2 个轴箱（4）和 1 个位于轴上的减速齿轮箱（6）。车轮、制动盘、齿轮箱输出轴承和轴箱轴承压装在轴上。齿轮箱输出齿轮用螺栓装配到轴上。

齿轮箱经万向轴连接至牵引电机。

动力轮对驱动转向架和非动力轮对。

带有轴箱的动力轮对尺寸见表 5−5。

表 5−5 带有轴箱的动力轮对尺寸

轮对内侧距/mm	1 353～1 354.2
制动盘中心尺寸/mm	940
轴箱轴颈中心尺寸/mm	2 000

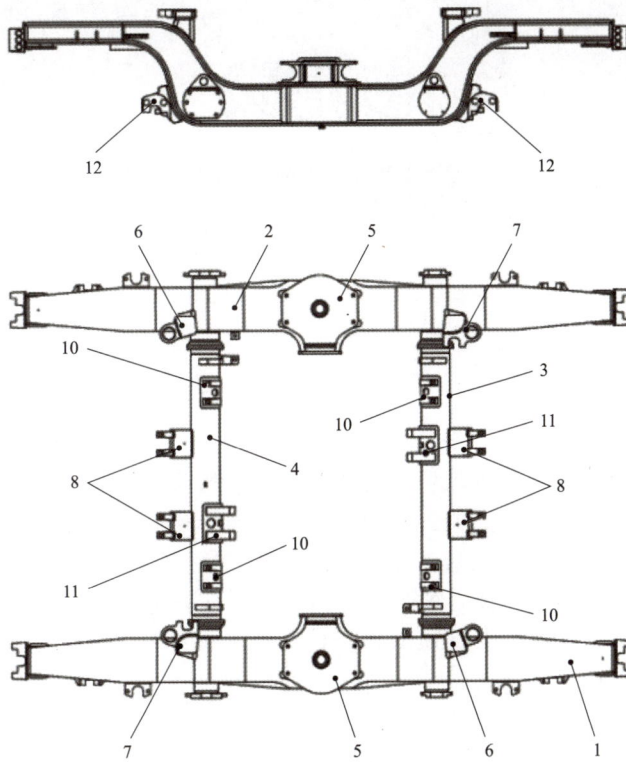

1—整个左侧纵梁；2—整个右侧纵梁；3—后部管梁组件；4—前部管梁组件；5—二系弹簧悬挂支架；6—制动器管梁支架；
7—横向减振器支架；8—制动器横梁支架；9—抗侧滚扭力杆支架；10—牵引杆支架；11—轴箱紧固支架

图 5-51 非动力转向架构架

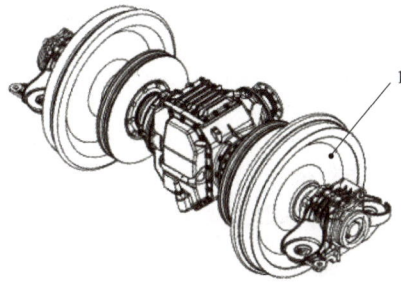

1—带有轴箱的动力轮对；2—车轮；3—动力轴；4—轴箱；5—制动盘；6—减速齿轮箱

图 5-52 带有轴箱的动力轮对

项目 6

车钩缓冲装置

项目描述

车钩缓冲装置是车辆的重要组成部分之一，要满足铁道车辆成列运行的特点，就必须借助车钩缓冲装置。车钩缓冲装置能实现机车和车辆、车辆和车辆间的连挂并使它们保持一定的距离，传递列车纵向运行的牵引力、制动力、冲击力。

由于客货车的特性不同，安装在客货车两端的车钩型号也就不同。按照牵引连挂装置的连接方式，车钩可分为自动车钩和非自动车钩。自动车钩不需要人工参与就能实现连接，非自动车钩则要由人工完成车辆之间的连接。我国铁道车辆均采用自动车钩。自动车钩又可分为两种基本类型：刚性车钩和非刚性车钩，如图 6-1 所示。

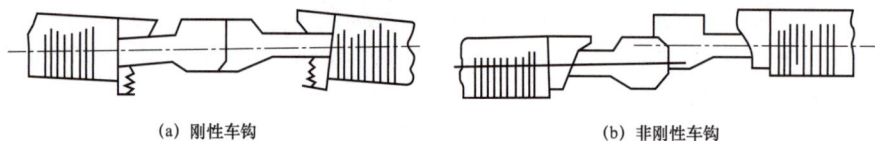

(a) 刚性车钩   (b) 非刚性车钩

图 6-1　自动车钩

刚性车钩减少了两个连接车钩之间的间隙，从而大大降低了列车运行中的纵向冲力，提高了列车运行的平稳性，同时也降低了车钩零件的磨耗和噪声。另外，刚性车钩有可能同时实现车辆间的气路和电路的自动连接。非刚性车钩结构较简单，强度高，质量小，与车体的连接较为简单。我国铁道货车采用非刚性自动车钩，快速客车、动力集中型车辆采用的是刚性自动车钩。

客车上的车钩型号有 15 号、密接式车钩等。货车上的车钩型号有 13 号、16 号、17 号车钩等。其中 16 号车钩是能够自动翻转的。

本项目包括以下 7 个任务。

任务 6.1　车钩缓冲装置简述

任务 6.2　13 号、13A 型车钩

任务 6.3　16 号、17 号车钩

任务 6.4　15 号车钩

任务 6.5　密接式车钩

任务 6.6　缓冲器

任务 6.7　时速 160 km 动力集中（鼓形）动车组车钩缓冲装置

任务 6.1 车钩缓冲装置简述

任务分析

教学目标	知识目标	掌握车钩缓冲装置的组成、作用、分类，理解车钩的三态作用
	能力目标	会判断车钩缓冲装置的受力
	思政目标	培养工匠精神，树立铁路职业意识
教学重难点	教学重点	车钩缓冲装置的组成和三态作用
	教学难点	车钩缓冲装置的受力传递顺序
学情分析	知识和技能基础	学习转向架的受力传递顺序，熟悉铁道车辆的总体构造
	认知和实践能力	具备识读和绘制装配图的能力，具备一定的计算机办公软件应用能力

任务工单

任务考核	
任务	提出问题
子任务 1	1. 车钩缓冲装置的组成部分包括什么？
	2. 车钩缓冲装置的作用是什么？
子任务 2	1. 会判断车钩缓冲装置牵引力和冲击力的传递顺序
	2. 上作用式车钩装置的结构组成包括什么？
子任务 3	写出车钩连挂前、连挂后、摘解时的状态

任务实施

车钩缓冲装置

【知识点1】车钩缓冲装置的安装位置和组成

车钩缓冲装置安装在车体底架中梁两端的牵引梁里，车钩缓冲装置的安装位置如图 6-2 所示。

车钩缓冲装置由车钩和缓冲器两大部分组成，如图 6-3 所示。它主要由车钩、缓冲器、钩尾框、从板等零部件组成，通过钩尾框与钩尾销连接在一起，安装在车辆底部的牵引梁上。

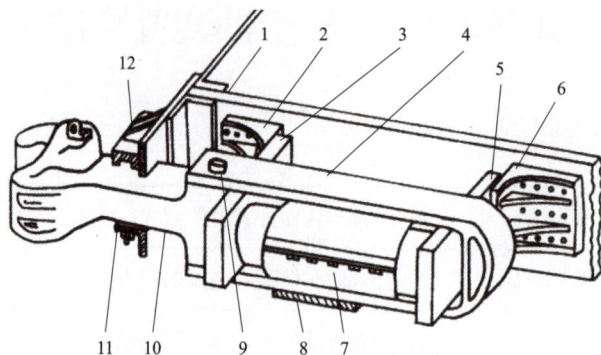

1—牵引梁；2—前从板座；3—前从板；4—钩尾框；5—后从板；6—后从板座；7—缓冲器；8—钩尾框托板；
9—钩尾销；10—车钩；11—钩身托梁；12—冲击座

图6-2　车钩缓冲装置的安装位置

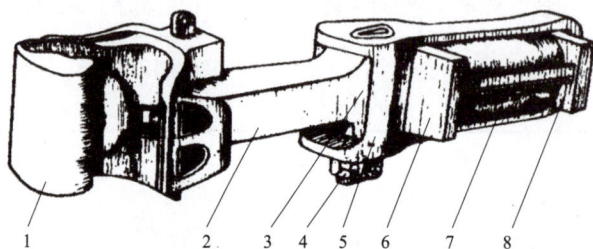

1—钩头；2—钩身；3—钩尾；4—钩尾销；5—钩尾框；6—前从板；7—缓冲器；8—后从板

图6-3　车钩缓冲装置

【知识点2】车钩缓冲装置的作用

机车和车辆或车辆和车辆之间通过车钩缓冲装置连挂一起，并且传递牵引力和制动力，缓和列车运行或调车作业时所产生的冲击力，简称为"连挂、牵引、缓冲"三个作用状态。

【知识点3】车钩缓冲装置受力分析

当车辆受牵引力时，车钩缓冲装置受力分析为车钩—钩尾框—后从板—缓冲器—前从板—前从板座—牵引梁，如图6-4所示。

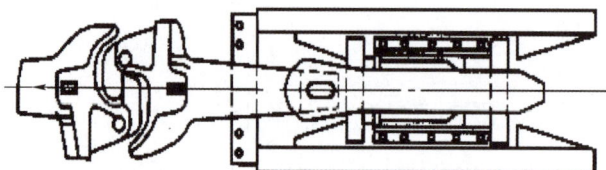

图6-4　车钩缓冲装置受牵引力拉时的牵状态

当车辆受冲击力时，车钩缓冲装置受力分析为车钩—钩尾框—前从板—缓冲器—后从板—后从板座—牵引梁，如图6-5所示。

图 6-5　车钩缓冲装置受冲击力时的压缩状态

【知识点 4】车钩的开启方式

车钩的开启方式分为上作用式（上作用式车钩装置如图 6-6 所示）及下作用式（下作用式车钩装置如图 6-7 所示）两种。

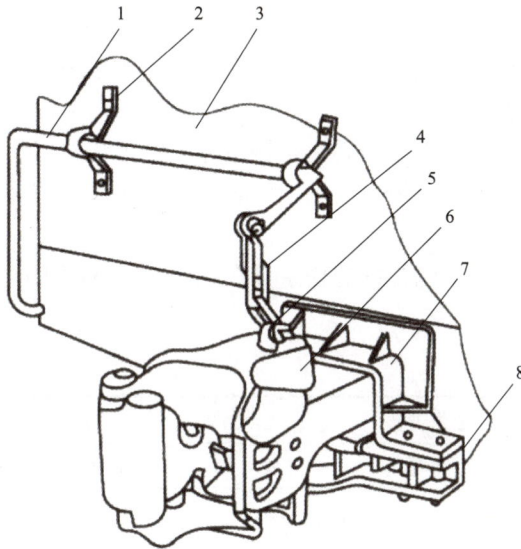

1—车钩提杆；2—车钩提杆座；3—车体端墙；4—提钩链；5—锁提销；6—钩头；7—冲击座；8—钩身托梁

图 6-6　上作用式车钩装置

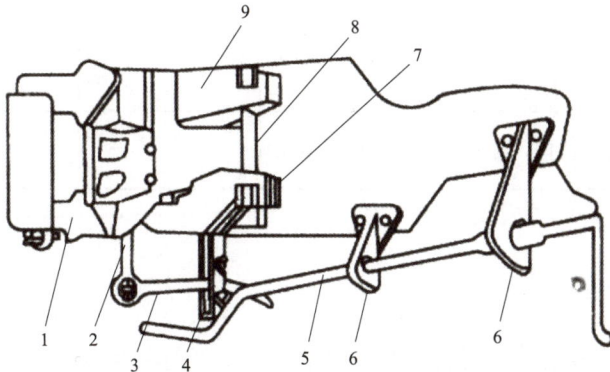

1—钩头；2—下锁销；3—下锁销杆；4—下锁销托吊；5—车钩提杆；
6—车钩提杆座；7—车钩托梁；8—吊杆；9—冲击座

图 6-7　下作用式车钩装置

【知识点 5】车钩的三态作用

为了实现挂钩或摘钩，使车辆连接或分离，车钩应具有三种作用位置。

（1）车辆连挂后：车钩应具有闭锁作用，以保证列车运行时各车钩不能任意分离。

（2）摘解车辆时：车钩应具有开锁作用，以便使两连挂的车钩脱开。

（3）连挂车辆时：车钩应具有全开作用，使其中一个车钩钩舌完全张开，才能使另一车钩的钩舌进入其钩腕内，以便两钩连挂。

车钩的这三种作用位置是通过转换钩头内钩锁、钩舌推铁、上（或下）锁销的位置，分别使它们处在闭锁、开锁、全开位置（或称闭锁、开锁、全开状态）而实现的。

【知识点 6】《铁路货车运用维修规程》中关于车钩缓冲装置的一些规定

（1）互钩差是相邻两车车钩的高度差，最大不得超过 75 mm，这个高度差是相邻两车辆车钩中心线分别至轨面高度之差。

（2）车钩高度是车钩钩舌的水平中心线距钢轨面在空车状态下的高度，客货车标准高度为 880 mm，客车最大高度 890 mm，货车最大高度 890 mm，货车重车最小高度 815 mm，货车空车最小高度 835 mm。

（3）车钩提杆的松余量：车钩提杆的松余量在 40～55 mm 之间。

任务考核与评价

任务考核				任务评价	
任务	提出问题		学生回答	自我评价	教师评价
子任务 1	1. 车钩缓冲装置的组成部分包括什么？				
	2. 车钩缓冲装置的作用是什么？				
子任务 2	1. 会判断车钩缓冲装置牵引力和冲击力的传递顺序				
	2. 上作用式车钩装置的结构组成包括什么？				
子任务 3	写出车钩连挂前，连挂后、摘解时的状态				

复习思考题

复习思考题除涉及本任务介绍的知识与技能外，还可能涉及本任务未介绍的知识与技能，需通过阅读参考书、网络搜索等方式进行自主学习后进行解答，在巩固课堂学习成果的同时培养自主学习能力。

1. 车钩缓冲装置安装在车体底架上的（　　）内，由车钩、缓冲器及其附属配件组成。

2. 车钩缓冲装置具有（　　）、传递和缓冲三种功能。

3. 车辆受（　　）力时，车钩缓冲装置受力分析为车钩—钩尾框—后从板—缓冲器—前从板—前从板座—牵引梁。

4. 为了实现挂钩或摘钩，使车辆连接或分离，车钩具有（　　）、（　　）、（　　）三种作用位置。

5. 车辆连挂后：车钩应具有（　　）作用，以保证列车运行时各车钩不能任意分离。

6. 摘解车辆时：车钩应具有（　　）作用，以便使两连挂的车钩脱开。

7. 连挂车辆时：车钩应具有（　　）作用，使其中一个车钩钩舌完全张开，才能使另一车钩的钩舌进入其钩腕内，以便两钩连挂。

8. 相邻两车车钩的高度差最大不得超过（　　）mm，这个高度差是相邻两车车钩中心线分别至轨面高度之差。

9. 车钩高度是车钩钩舌的水平中心线距钢轨面在（　　）状态下的高度。

10. 车钩提杆的松余量一般在（　　）mm 之间。

任务 6.2　13 号、13A 型车钩

任务分析

教学目标	知识目标	掌握 13 号、13A 型车钩的组成和优缺点 理解车钩的三态作用
	能力目标	能识读 13 号、13A 型车钩的结构
	思政目标	培养工匠精神，树立铁路职业意识
教学重难点	教学重点	13 号、13A 型车钩的组成和三态作用
	教学难点	13 号、13A 型车钩的防跳作用的原理
学情分析	知识和技能基础	学习常见机械机构工作原理，熟悉铁路车辆的总体构造
	认知和实践能力	具备识读和绘制装配图的能力，具备一定的计算机办公软件应用能力

任务工单

任务考核	
任务	提出问题
子任务 1	1. 13 号车钩的组成是什么？
	2. 13 号车钩的三态作用是什么？
子任务 2	1. 13A 型车钩的组成是什么？
	2. 13A 型车钩的三态作用是什么？
子任务 3	13 号与 13A 型车钩在结构上的区别是什么？

【知识点1】13号车钩

车钩是车辆机械部分中车钩缓冲装置的主要部件之一，车钩的型号很多，但其作用原理基本相同，结构上也大同小异。我国铁道部门规定的标准车钩有2号、13号、15号、16号、17号、23号等多种。下面对13号车钩进行介绍。13号车钩由钩体、钩舌及钩头配件等组成，其中钩体分为钩头、钩身、钩尾三部分。钩舌销将钩头与钩舌连接在一起，钩舌是可以绕着钩舌销转动的，钩头内部由钩锁铁、钩舌推铁、钩提销（下作用式车钩为钩推销）等零件组成。这些部件在不同的位置会使车钩具备不同的作用，即闭锁、开锁、全开，这三种状态称之为三态作用。

1. 钩体

钩体由铸钢铸成，是车钩的主体件，按部位可分为钩头、钩身、钩尾三部分。整个钩体像一个半张开的拳头，如图6-8所示。

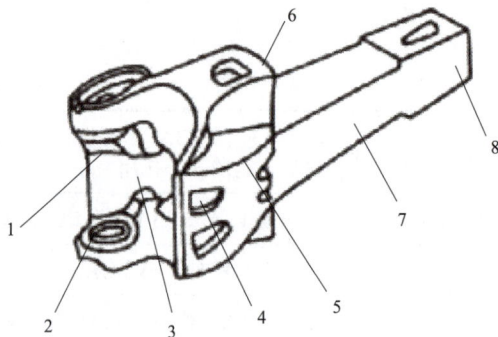

1—钩腕；2—钩锁腔；3—下钩耳；4—上钩耳；5—上锁销孔；6—钩肩；7—钩身；8—钩尾

图6-8　13号车钩钩体

（1）钩头：车钩相互连接的部分，钩头前部空腔，用来安装其他车钩零件。

（2）钩腕：可容纳对方钩舌。

（3）钩耳：分上、下钩耳，用于安装钩舌。

（4）钩锁腔：钩头中空部，容纳并安装钩锁、钩舌推铁等零件。

（5）钩身：传递牵引力和冲击力的部分，钩身铸成中空断面结构。

（6）钩尾：钩尾分叉并设销孔，用来连接钩尾框，钩尾框内设有缓冲器。

2. 钩舌及钩舌销

钩舌［见图6-9（a）］是一个形状复杂的铸钢件，按部位可分为钩舌和钩舌尾部。钩舌是挽钩部分，钩舌尾部是锁钩、开钩的控制部分，并且是车钩承受拉压载荷的部分。

钩舌转轴处设有一垂向销孔，通过钩舌销把钩舌装在钩头上，并可以适当转动，使钩舌呈张开或闭拢状态。

（a）钩舌　　　　　（b）钩舌销

图6-9　钩舌及钩舌销

张开时可以进行挂钩，闭拢并锁住后即为连挂好后的状态。

钩舌销〔见图 6-9 (b)〕是锻钢制成的圆形长销。它穿在钩头及钩舌的销孔内，把钩舌装在钩头上，并保证钩舌可以绕其适当转动。钩舌销顶部有凸边，可以防止其掉落，下部有开口销孔，以穿入开口销，避免脱落。

3. 钩锁

钩锁也是一个形状复杂的铸钢件。它有相当大的自重，安放在钩头空腔内，处于钩舌尾部适当位置。当钩舌转到闭拢位置时，钩舌尾部和钩头空腔内壁之间，转出一个空间，钩锁因自重落下，卡住钩舌尾部，使钩舌不能张开，即成锁钩状态。在钩锁的下端尾部，有一销孔，用来连接下锁销，在钩锁的上部，还设有一个短梁，这是为上作用式车钩连接提锁零件用的。

4. 钩舌推铁

钩舌推铁是一个弯曲形状的铸钢件，平置于钩头空腔内，处于钩舌尾部的后面，下部有一短圆销作为转轴。当钩锁被提起时，钩锁推动钩舌推铁的一端使它绕轴转动一定角度，其另一端则拨动钩舌尾部，使钩舌张开成为全开状态。在挂钩后，钩舌尾部又将它转回原位。

5. 上锁销装配

上锁销装配为上作用式车钩提起钩锁之用。上锁销顶部有个凸檐，控制上锁销下落位置，并可防止杂物掉入钩锁腔内。上锁销下部有防脱止端，在闭锁位置时起防脱作用。上锁销和上锁销杆采用沉头铆钉活动连接，不但便于检修时取下钩舌，更重要的是在闭锁位置时，使上锁销和上锁销杆呈弓形，有利于锁销起防跳作用。

6. 车钩三态作用

车钩的各种零件，组装为完整的车钩。各零件处于不同的位置时，起着不同的作用，从而使车钩具有闭锁、开锁、全开三种作用，俗称为车钩的三态作用。所谓自动车钩，就是具有自动连挂性能、具有三态作用的车钩。

闭锁位置是车钩连挂好以后的状态，如图 6-10 所示，这时钩舌尾部转入钩锁腔内，钩锁以自重落下，其后锁面和侧坐锁面分别坐在钩舌上。推铁的锁座和钩舌尾部侧面的钩锁承台，卡在钩舌尾部侧面及钩锁腔侧壁面之间，挡住钩舌使其不能张开。当钩锁以自重落下后，下锁销沿钩锁腿部的下锁销轴孔下滑，使下锁销的防跳台处于下锁销孔中防跳台下方，起防跳作用。同时，二次防跳尖端卡在下锁销孔的前沿二次防跳台下，再次限制钩锁的跳动。

开锁位置是一种闭而不锁的状态，如图 6-11 所示。此时钩舌虽未张开，但钩锁已在人为操纵下顶起一定高度，解除了对钩舌的锁闭。操作时，适当用力扳动钩提杆，推动下锁销轴沿钩锁腿部的下锁销轴孔斜向上滑动，脱离防跳位置；另外，下锁销从下锁销孔顶起钩锁，使之上移，并使钩锁腿部向后转动，开锁坐锁面坐在钩舌推铁的锁座上，使钩锁不能落下，形成开锁位置。

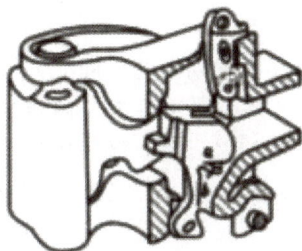

图 6-10　闭锁位置

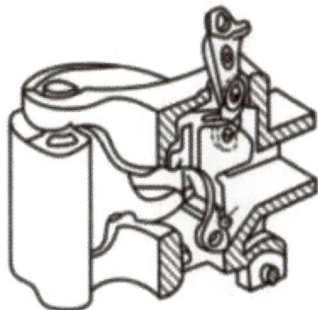

图 6-11　开锁位置

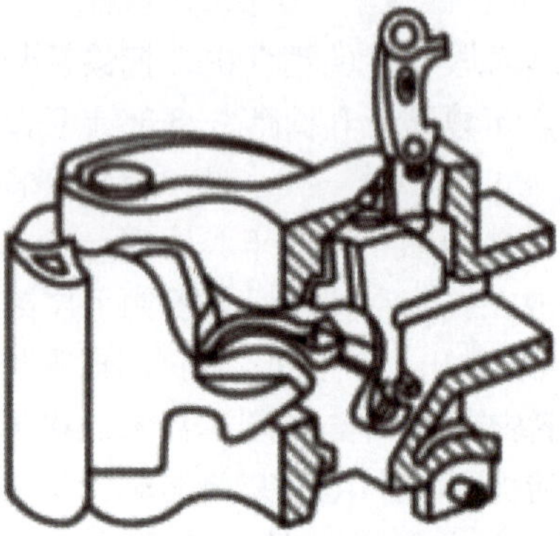

图 6-12　全开位置

全开位置是车钩钩舌完全张开的状态，为车钩再次连挂的准备位置，如图 6-12 所示，由闭锁或开锁位用力提起车钩提杆（若在闭锁位置先脱离防跳），下锁销推动钩锁使其充分上升，钩锁全开回转以钩锁腔前壁全开作用点为支点，钩锁的腿部向后转动，后踢足踢动钩舌推铁的踢足推动面，使钩舌推铁以其轴转动，推铁踢足踢动钩舌尾部侧面，使钩舌以钩舌销为轴张开，形成全开位置。在全开位置时，钩锁坐落在钩舌尾部上方，不能落下。

在挂钩时，相互连挂的两个车钩，必须有一个处于全开位，另一个则处于什么位置都可以。也就是说，挂钩的必要充分条件是其中一个车钩处于全开位。

由此可知，全开位置是连挂车钩的准备位置。

【知识点 2】13 号、13A、13B 型车钩的区别

1. 13A 型车钩

13A 型车钩又被称为小间隙车钩，是在 13 号车钩的基础上改造而成的。13 号车钩自投入运用以来，先后进行过多次改造，但前期的改造主要集中在材料方面，先后使用过的材料有 ZG25、ZC24SiMnUTi、ZG25MnCrNiMo 及 TB/T2942-C 级钢。材料的改进有效地提高了抗拉强度（由最初的 2 400 kN 提高到 3 000 kN 以上），但随着几次列车大提速后，13 号车钩又暴露出一些问题：① 列车起动、加速、制动时纵向冲击力过大，影响列车的运行平稳性；② 车钩的纵向移动量过大，加剧了车钩零部件的磨耗，缩短了零部件的使用寿命；③ 钩尾框的结构强度不能满足提速要求，容易产生裂纹、折损等。针对上述的不足，四方车辆研究所（现青岛四方车辆研究所有限公司）对 13 号车钩在结构上进行了部分改进，并且取得了良好的效果。铁道部也将改进后的 13 号车钩正式定型为 13A 型车钩。13A 型车钩现已大批量投入运用，以替换 13 号车钩。

2. 13B 型车钩

13B 型车钩、钩尾框是齐齐哈尔轨道交通装备有限责任公司为满足我国铁路运输进一步发展需要、解决因钩尾销螺栓折断引起列车分离事故的问题，在 13A 型车钩、钩尾框基础上改进设计的新型车钩、钩尾框。2007 年，铁道部运输局装备部批准 13B 型车钩、钩尾框通过部级技术审查，并开始在新造 60t 级货车和货车修理中全面推广使用。

3. 13A 型车钩与 13 号车钩的区别

13A 型车钩是为了适应我国铁路运输提速、重载的需要而研制的新型货车车钩。它增加了钩舌、钩体的强度，提高了钩舌的耐磨性。在 13 号车钩基础上，车钩减小了车钩连接轮廓面的间隙，采用小间隙钩舌后车钩的连挂间隙由原来 13 号车钩的 19.5 mm 减少到 11.5 mm，比原来的连挂间隙减小了 41%，有效降低了列车的纵向冲动，改善了列车的纵向动力学性能，延长了车辆及其零部件的使用寿命。13A 型车钩还在钩体的下方焊装了磨耗板，以减少钩体的磨耗，仿真计算表明车钩力幅值减少 10%以上，加速度幅值减少 15%以上。磨耗板的使用延长了钩体的使用寿命，适应了厂修、段修的需要，方便了运用和检修。13A 型车钩可与现有的 13 号车钩互换，并且能够与 13 号、16 号、17 号车钩连挂。

13A 型车钩钩体、钩舌、钩尾框均采用规定牌号的 C 级钢制造，钩锁铁采用 E 级钢制造，

钩舌销采用 40Cr、40Mn、Mn2、42CrMo 锻钢（经调质热处理）制造；其他零件用 ZG230 – 450 钢制造。

13A 型车钩钩体和钩舌设计参考了 13 号车钩，设有牵引突缘和护销突缘，钩耳孔采用与 13 号车钩相同的椭圆孔。

13A 型车钩钩舌静拉破坏最小载荷由原 13 号车钩的 2 500 kN 提高到 2 877 kN；13A 型车钩钩体静拉破坏最小载荷由原 13 号车钩的 3 000 kN 增大到 3 214 kN。

【知识点 3】13A 型车钩的组成及三态作用

1. 13A 型车钩的组成

（1）13A 型车钩的钩舌。

钩舌改进的目的是减少车钩连挂后的纵向间隙。钩舌的改进点主要在钩舌内侧立面上，重新设计钩舌内侧面外形轮廓弧度，使得钩舌更加饱满。改进后钩舌的有效厚度由 72 mm 增至 73 mm，钩舌内侧面的顶点与钩舌销孔的中心线处于同一水平线上，钩舌连挂基线与钩舌销孔中心线之间的垂直距离由 10.5 mm 减至 6.5 mm。

13A 型车钩钩舌经过上述改进后，连挂后的纵向间隙从 19.5 mm 减少到 11.5 mm，可明显降低车辆间的纵向冲击力，提高运行品质。

（2）13A 型车钩的钩身。

钩身钩颈处下平面与沟门托梁长期接触［13 号车钩钩身见图 6 – 13（a）］，当车钩承受牵引力或冲击时，两者之间发生位移而产生磨耗，列车提速后由于纵向冲击力的加剧，该处磨耗更为严重。13 号车钩原来采用磨耗后堆焊复原的方法进行修复，后因堆焊修复容易造成应力集中使钩颈产生裂纹，而改为加焊磨耗板（200 mm×80 mm×4 mm）的办法来防止钩颈处的磨耗，

单位：mm

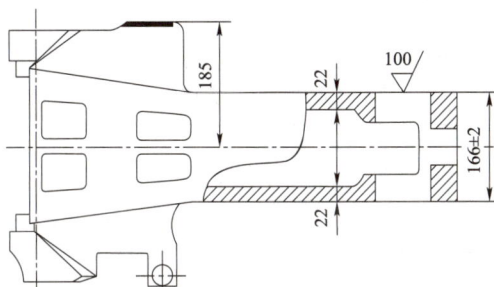

(a) 13号车钩钩身

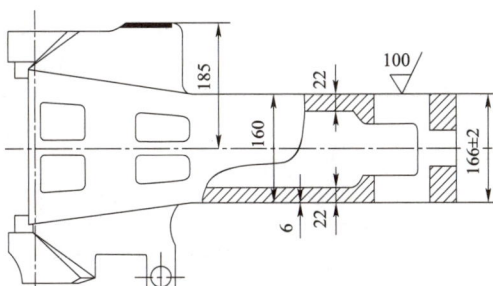

(b) 13A型车钩钩身

图 6 – 13　13 号车钩钩身与 13A 型车钩钩身

可是磨耗板的厚度又往往不足以保证下一个段修期的使用（1～5 年的），另外磨耗板厚度的增减直接影响到车钩高度的变化。因此 13 号车钩一直没有很好地解决磨耗问题。13A 型车钩针对这个缺陷进行了改造，13A 型车钩的钩颈下平面由钩肩后壁向内 35～256 mm 处铸造了一道深 6 mm 的横向凹槽，专门用来焊接磨耗板（200 mm×120 mm×6 mm），磨耗板焊接后的下平面刚好与钩颈的小平面平齐，这样既增加了磨耗板的厚度，又不影响车钩的中心高度。

（3）13A 型车钩的钩尾框。

钩尾框是车钩缓冲装置的重要组成部件，其性能的好坏直接影响到行车安全。13A 型车钩的钩尾框针对原 13 号车钩因提速后强度不足易产生裂损的缺陷进行全面改进：① 框身加宽加厚：厚度由 125 mm 加至 140 mm，厚度由 25 mm 加至 28 mm；② 框尾加宽减短：尾宽由 125 mm 加至 160 mm，尾长由 120 mm 减至 95 mm（在保证强度足够的情况下适当减轻自重）；③ 框头外形加高内距减小：外形高度由 286 mm 增至 295 mm，内口距由 172 mm 减至 168 mm。

13 型车钩与 13A 型车钩的其他零部件、作用方式完全相同。

（4）13A 型车钩缓冲装置的组成及功能。

车钩缓冲装置是车辆最重要的部件之一，它使机车和车辆或车辆和车辆之间实现连挂，并且传递和缓和列车在运行或在调车作业时所产生的牵引力和冲击力。

车钩缓冲装置由车钩、缓冲器、钩尾框、从板等零部件组成。在钩尾框内依次装有前从板、缓冲器和后从板（有时不需要后从板），借助钩尾销把车钩和钩尾框连成一个整体，使车辆具有连挂、牵引和缓冲三种功能。

在车钩缓冲装置中，车钩的作用是用来实现机车和车辆或车辆和车辆之间的连挂，以及传递牵引力及冲击力，并使车辆之间保持一定的距离。缓冲器是用来缓和列车运行及调车作业时车辆之间的冲撞，吸收冲击动能，减小车辆相互冲击时所产生的动力作用。从板和钩尾框则起着传递纵向力（牵引力或冲击力）的作用。

2. 13A 型车钩的三态作用

13A 型车钩具有闭锁、开锁、全开三种作用位置，即三态作用。在结构上，钩头零件中的钩舌推铁不是竖立地放置在钩头腔内，它带有突出的转轴呈水平位置插在钩头腔内相应的孔中。在装配位置方面，钩锁铁坐在钩舌推铁的一端。

13A 型车钩上作用式车钩闭锁位置如图 6－14 所示。钩锁铁的中部台阶 a 坐落在钩舌推铁的一端 b 上，此时钩锁铁处于最低位置，钩舌尾部 c 受钩锁铁 d 处阻挡，钩锁铁的另一侧受钩腔内壁阻挡，钩舌被锁住不得转动，呈闭锁位置。

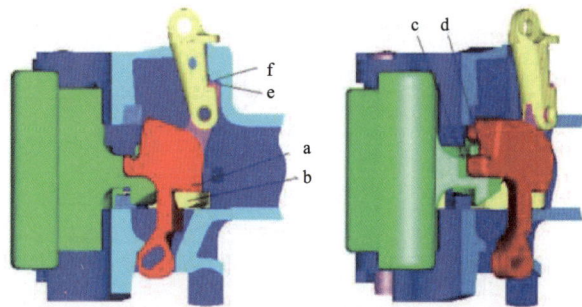

图 6－14　13 号车钩上作用式车钩闭锁位置

为了防止列车在运行中由于振动而引起钩锁铁跳动，造成自动脱钩的危险，车钩设有防跳装置。对于上作用式车钩，上锁销的下部锁销沿着上锁销杆的弯孔滑下，致使上锁销下部弯钩及上锁销杆顶部 e 处倒入钩头内腔相应位置的挡棱 f 下方。这样，钩锁铁虽受振动，但因上锁销杆顶部被钩头内的挡棱所顶挡，还是起到了一定的防跳作用。

扳动钩提杆，提起上锁销，此时上锁销的下部圆销沿上部的弯孔上滑，使上锁销杆绕钩锁铁的小提梁转动，从而摆脱了挡棱 f 的阻挡，继而提起钩锁铁，使钩锁铁中部前面的下端与钩舌尾部几乎处于同一平面。钩锁铁的 g 处高于钩舌尾部，这时放下钩提杆，则钩锁铁因头重前仰使下部的缺口 h 处坐在钩舌推铁的一端上，此时钩舌受牵引力做自由转动，呈开锁位置，如图 6-15 所示。

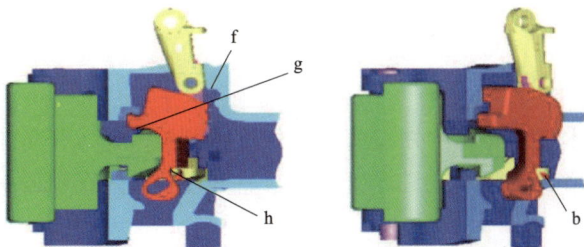

图 6-15　13 号车钩上作用式车钩开锁位置

如果继续扳动钩提杆至极限位置，使钩锁铁上升至其前端上部的 i 处与钩头内腔的 j 处接触，并以此点为支点，钩锁铁下面的 k 部踢拨钩舌推铁的相应端，则钩舌推铁绕其转轴水平转动，其另一端踢拨钩舌尾部，使钩舌转开至全开状态，此即为全开位置，如图 6-16 所示。

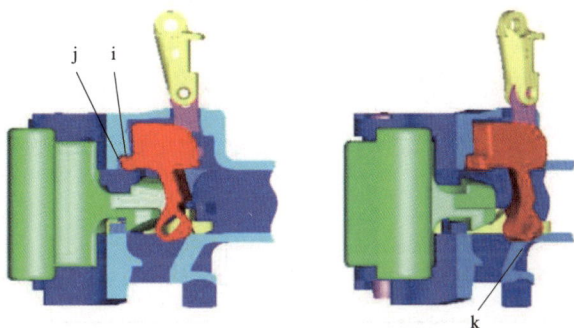

图 6-16　13 号车钩上作用式车钩全开位置

在车辆连挂之前，必须有一个车钩处于全开位置，才能实现自动连挂。

任务考核与评价

任务考核			任务评价	
任务	提出问题	学生回答	自我评价	教师评价
子任务 1	1. 13 号车钩的组成是什么？			
	2. 13 号车钩的三态作用是什么？			

任务考核			任务评价	
任务	提出问题	学生回答	自我评价	教师评价
子任务 2	1. 13A 型车钩的组成是什么？			
	2. 13A 型车钩的三态作用是什么？			
子任务 3	13 号与 13A 型车钩在结构上的区别是什么？			

复习思考题

复习思考题除涉及本任务介绍的知识与技能外，还可能涉及本任务未介绍的知识与技能，需通过阅读参考书、网络搜索等方式进行自主学习后进行解答，在巩固课堂学习成果的同时培养自主学习能力。

1. 13A 型车钩的钩舌为小间隙钩舌，连挂间隙为（　　）mm。
2. 13 号上作用式车钩设有（　　）级防跳装置，具有更好的防跳性能。
3. 13A 型货车车钩钩舌与钩腕内侧距离闭锁位不大于（　　）mm。
4. 13B 型货车车钩钩舌与钩腕内侧距离开锁位不大于（　　）mm。
5. 在车辆连挂之前，必须有一个车钩处于（　　）位置，才能实现自动连挂。
6. 车钩相互连接的部分，（　　）前部空腔，用来安装其他车钩零件。
7. （　　）是容纳对方钩舌的部位。
8. 13 号车钩的（　　）传递牵引力和冲击力的部分钩身铸成中空断面结构。

任务 6.3　16 号、17 号车钩

任务分析

教学目标	知识目标	掌握 16 号、17 号车钩的组成和作用原理 了解 16 号、17 号车钩的主要特点
	能力目标	能识读车钩的分类
	思政目标	培养工匠精神
教学重难点	教学重点	16 号、17 号车钩的组成
	教学难点	16 号、17 号车钩的翻转原理分析
学情分析	知识和技能基础	学习常见机械机构工作原理，熟悉铁路车辆的总体构造
	认知和实践能力	具备识读和绘制装配图的能力，具备一定的计算机办公软件应用能力

任务考核	
任务	提出问题
子任务 1	1. 16 号车钩的结构组成是什么？
	2. 17 号车钩的结构组成是什么？
子任务 2	1. 16 号车钩的优点是什么？
	2. 17 号车钩的优点是什么？
子任务 3	写出 16 号车钩的翻转作用原理

🖥 任务实施

目前 16 号车钩、17 号车钩及配套钩尾框已经装用在 C_{63} 型、C_{76} 型及 C_{80} 型不摘钩进行翻车机卸货的货车上，在运用中保证了车辆的连续运转，提高卸货效率 25% 以上。鉴于 17 号车钩具有连挂间隙小、结构强度高、联锁性能好及垂向防脱性能高等优点，以及多年来表现出的优良性能，我国 70 t 级货车采用了 17 号车钩及 17 号铸造或锻造钩尾框。

【知识点 1】16 号、17 号车钩简介

16 号、17 号联锁式固定和转动车钩是为我国大秦线运煤万吨列车配置的重要车辆部件，具有连挂间隙小、结构强度高、联锁性能好及垂向防脱性能高等优点。整个列车固定编组，在卸煤场设有自动列车定位机和翻车机，当装有转动车钩的车辆进入翻车机位反转卸煤时，可不摘钩连接作业，从而大大缩短了卸货作业的辅助时间，提高了运输效率。

16 号车钩为转动车钩，一般装在车辆的一位端，如图 6-17 所示。17 号车钩为固定车钩，一般装在车辆的二位端，如图 6-18 所示。整列车上每组相连接的两个车钩，一个为 16 号转动车钩，一个为 17 号固定车钩，彼此相互搭配使用。由于其所具有的优越性能相当突出并且能与 13 号车钩连挂使用，现在 16 号、17 号车钩已经不单在大秦线上使用了，在全国的其他铁路线上也开始推广使用。

图 6-17　16 号车钩

图 6-18　17 号车钩

翻车机带动待翻车辆绕车钩中心线翻转180°，被翻车连同装16号车钩一端的钩尾框翻转，而该端16号车钩受相邻车17号车钩约束静止不动。被翻车另一端17号车钩带动相邻车16号车钩翻转。

【知识点2】16号、17号车钩的结构组成

1. 16号车钩的结构组成

16号车钩钩体结构如图6-19所示，由16号车钩钩体、钩舌、钩舌推铁、钩舌销、锁铁、下锁销转轴和下锁销等零部件组成。

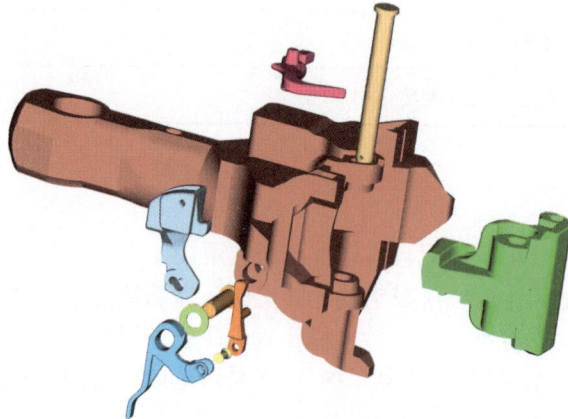

图6-19　16号车钩钩体结构

为了使车钩在进行翻卸作业时转动灵活，16号车钩的钩身为圆柱形，钩身下面的磨耗板为嵌入式磨耗板，减小了车钩转动时的阻力。钩尾与从板接触的部位为半径133.5 mm的球面。

16号车钩缓冲装置系统包括16号车钩、16号车钩钩尾框、16号车钩钩尾销、MT-2型缓冲器、16号车钩从板、转动套、钩尾销托等零部件，如图6-20所示。

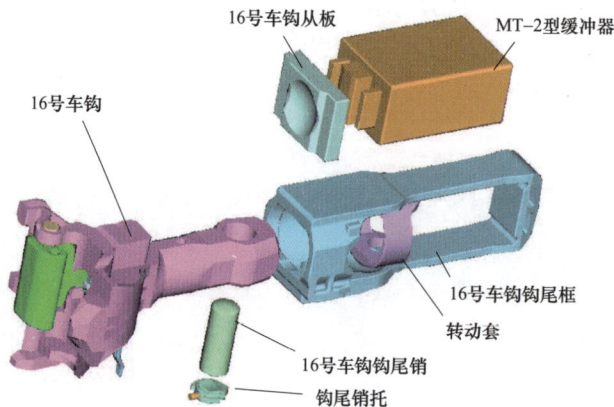

图6-20　16号车钩缓冲装置系统

2. 17号车钩的结构组成

17号车钩钩体结构如图6-21所示，由17号车钩钩体、钩舌、钩舌推铁、钩舌销、锁铁、

下锁销转轴和下锁销等零部件组成。铸件均为 E 级钢制造。其中钩舌、钩舌推铁、下锁销、钩舌销和锁铁均采用 16 号车钩的零件。

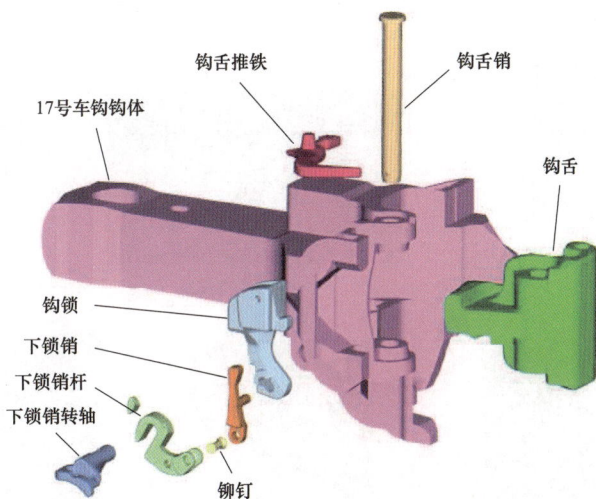

图 6-21　17 号车钩钩体结构

17 号车钩钩体结构特点如下。

（1）17 号车钩钩体的钩头部分有联锁套口、套头、辅助联锁支架及防脱装置。

（2）17 号车钩钩身的形状与其他车钩相似，为箱形截面。

（3）17 号车钩钩尾端面由球形端面和两侧自动对中凸肩组成，球面半径为 133.5 mm，与从板的球面相接触。

17 号车钩缓冲装置系统包括 17 号车钩组成、17 号车钩钩尾框、17 号车钩钩尾销、MT-2 型缓冲器、17 号车钩从板、钩尾销托梁、钩尾框托板、提杆装置和防跳插销等零部件，如图 6-22 所示。车钩缓冲装置系统组装于车体牵引梁内，并由车钩托梁、钩尾销托梁、钩尾框托板和安全托板托起，其中钩尾销托梁可防止钩尾销从钩尾框和车钩的尾销孔中脱出。17 号车钩各零件实物图如图 6-23 所示。

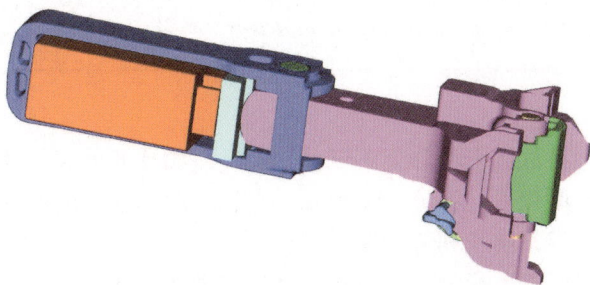

图 6-22　17 号车钩缓冲装置系统

(a) 钩尾销托梁

(b) 钩尾框托板

(c) 安全托板

(d) 止挡铁

(e) 车钩支撑座

(f) 支撑弹簧

(g) 车钩提杆

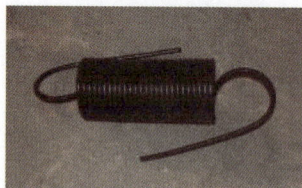
(h) 车钩提杆座

(i) 拉簧

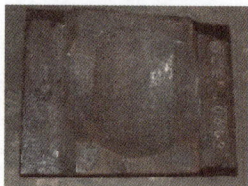
(j) 17 号车钩钩尾框

(k) 17 号车钩从板

(l) 17 号车钩钩尾销

图 6-23　17 号车钩各零件实物图

【知识点 3】16 号、17 号车钩的主要特点

1. 16 号车钩的优点

16 号转动车钩是新型的货车车钩，是为我国大秦线万吨运煤敞车配置的重要车辆部件。16 号车钩一般装在车辆的一位端与 17 号固定车钩搭配使用。当装有 16 号转动车钩的车辆进入翻车机位卸煤时，可以不摘解车钩而进行连接中翻转作业，这样可以极大地缩短卸货时间，提高卸货效率。

（1）自动联锁和对中。

在钩头的钩腕一侧，有联锁套头和上下调准平面，在钩耳的外侧，有联锁套口和上下调准平面，使车钩连挂后实现联锁，如图 6-24 所示。在钩头的下部有联锁安全托，列车发生事故时仍能保持车钩的连挂性能，防止列车颠覆。

车钩尾部后端面制成圆弧半径为 132 mm 的凸球状端面，从板与之接触的部分也制成圆弧半径为 132 mm 的凹球状端面，如图 6-25 所示，可以使运行中的车钩在缓冲器伸张力的作用下自动复位并保持正位，从而实现自动对中。

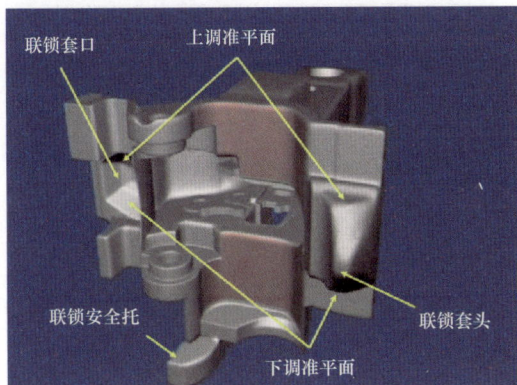

图 6-24　16 号车钩的联锁装置

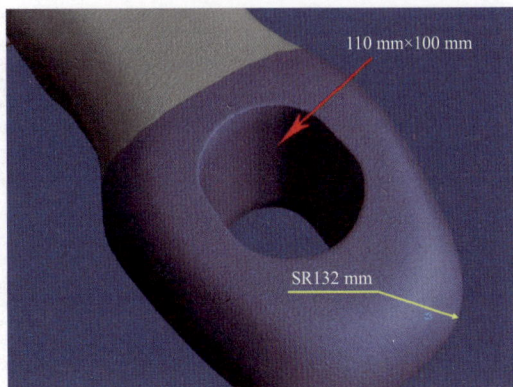

图 6-25　16 号车钩的钩尾

（2）连挂间隙小。

13 号车钩的连挂间隙是 19.5 mm，13A 型车钩为 11.5 mm，而 16 号车钩的连挂间隙仅为 9.5 mm，比 13A 型车钩减少了 2 mm，如图 6-26 所示。连挂间隙减小几乎可以使整个列车连挂成为一个整体，降低了列车在运行中的纵向冲击力，列车的动力学性能得到改善，提高了铁路货运的安全可靠性，减少了车辆零部件的冲击损伤，延长了车辆的使用寿命。

（3）防跳性能好。

16 号车钩设有二级防跳装置。一个是下锁销防跳（见图 6-27），另一个是下锁销杆防跳（见图 6-28）。防跳装置的增强，可以进一步防止列车在运行中因颠簸而引起车钩自动开钩。

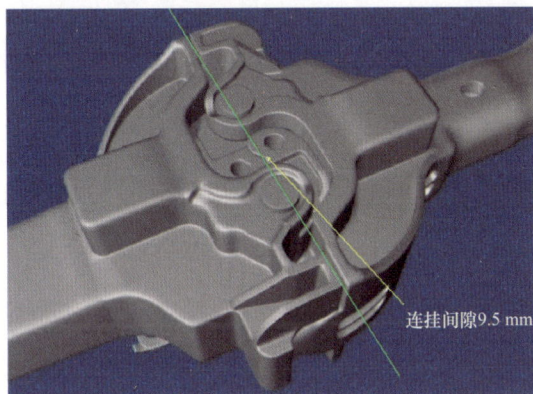

图 6-26　16 号车钩的连挂间隙

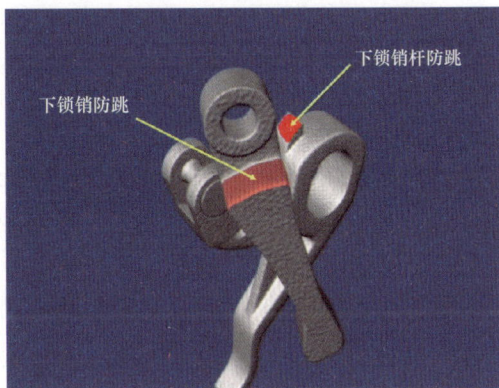

图 6-27　下锁销防跳

（4）转动灵活。

13 号车钩的钩身是矩形中空的，为了使车钩转动灵活，16 号车钩将钩身设计成一近似圆柱体的形状，如图 6-29 所示。该设计使车钩在上翻车机翻转卸货时转动灵活，减少钩身与车钩支承座间的转动阻力。

（5）抗拉强度高。

钩尾销孔制成立式长圆孔，尺寸为 110 mm×100 mm，与直径为 97 mm 的圆柱形钩尾销相配合，增加了钩尾销孔的接触面积，提高了车钩的抗拉强度。

2. 17 号车钩的优点

（1）防分离可靠性高。

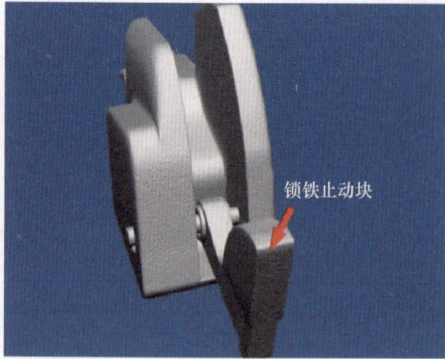

图 6-28　下锁销杆防跳

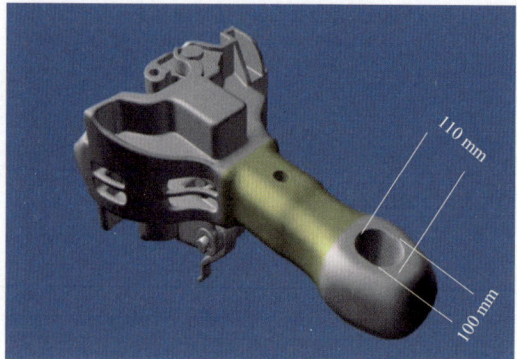

图 6-29　16 号车钩的钩身

17 号车钩具有下锁销防跳和下锁销杆防跳二级防跳功能，与上作用车钩的一次防跳相比，具有更好的防跳性能。同时，17 号车钩的提杆装置加装了复位弹簧，进一步提高了车钩的防分离可靠性。在车钩钩头下面设有防脱装置，使列车发生事故时仍能保持车钩的连挂性能，防止列车颠覆，并防止车钩相互脱离。

（2）车钩强度高。

17 号车钩的结构合理，钩体、钩舌均采用 E 级钢制造，增加了车钩的强度。同时，钩体最小破坏载荷 4 005 kN 与 AAR（美国铁路协会）标准规定相同，钩舌的最小破坏载荷为 3 430 kN，比 AAR 标准规定的 2 950 kN 提高了 16%。钩尾框由 E 级铸钢改为 E 级锻钢，具有更高的强度储备。

（3）耐磨性能好。

17 号车钩采用高强度的 E 级钢材质，提高了钩体、钩舌和钩尾框的硬度和耐磨性，并对钩尾端面及钩尾销孔后圆弧面进行了提高表面硬度的特殊处理，使其具有更高的硬度和更好的耐磨性。钩体下方增设了磨耗板，防止钩体磨耗，降低了检修的工作量和成本。

（4）连挂间隙小。

17 号车钩的连挂间隙为 9.5 mm，比 13 号车钩的 19.5 mm 减少了 52%，可降低列车的纵向冲动，改善列车的纵向动力学性能，延长车辆及其零件的使用寿命。

（5）曲线通过性能好。

17 号车钩尾部设有自动对中凸肩和球形端面，可以使车钩在运行中经常保持正位，同时改善了车辆及列车的曲线通过性能。竖圆销与钩尾框垂直连接，提高了车辆的曲线通过能力。

（6）连挂性能好。

17 号车钩可与我国现有铁路机车车辆使用的 13 号车钩、13A 型车钩及 15 号车钩等正常连挂使用，如图 6-30 所示。

图 6-30　17 号车钩连挂

（7）具有联锁功能。

17 号车钩的钩体头部设有联锁装置，车钩连挂后可自动实现联锁，减少了车钩的相对运动，具有类似牵引杆装置的作用，联锁装置还可以在车钩转动作业中起到附加旋转功能以降低对车钩的损坏。

【知识点 4】16 号、17 号车钩的三态作用

1. 16 号车钩的三态作用

16 号车钩具有闭锁位置、开锁位置和全开位置三种作用状态。

（1）闭锁位置。

闭锁位置为两车钩互相连挂时所处的位置。这时钩舌尾部转入钩锁腔内，钩锁以自重落下，其后坐锁面和侧坐锁面分别坐在钩舌推铁的锁座和钩舌尾部侧面的钩锁承台上，卡在钩舌尾部侧面及钩锁腔侧壁之间，挡住钩舌使之不能张开。当钩锁以自重落下后，下锁销沿钩锁腿部的下锁销轴孔下滑，使下锁销的防跳台处于下锁销孔中防跳台下方，起防跳作用，形成闭锁位置。闭锁检查孔处于下锁销孔的下方。

（2）开锁位置。

开锁位置为摘解车辆时的预备位置。下锁销轴沿钩锁腿部的下锁销轴孔斜向上滑动，脱离防跳位置，另外，下锁销从锁铁孔顶起钩锁，使之上移，并使钩锁腿部向后移动，开锁坐锁面坐在钩舌推铁的锁座上，形成开锁位置。

车钩的三态作用是车钩的内部件处在不同位置时所起的不同作用。内部件在运用中是看不到的，只能看到钩舌的开闭，开锁位置的时候钩锁的整体已经离开钩舌尾部，如果没有外力的作用，钩舌不能转动。要判断车钩处于闭锁位置还是开锁位置，就要通过闭锁位置检查孔。如果闭锁位置检查孔完全处于下锁销孔的下方，我们检查时能看到全部，则此时车钩处于闭锁位置，如果看不到或者只看到一部分，则此时车钩处于开锁位置。

（3）全开位置。

全开位置为车钩再次连挂的准备位置。由闭锁或开锁位扳动下锁销杆，带动钩锁充分上移。钩锁前端有个全开回转支点，钩锁腔的上部有个全开作用台，只有钩锁充分上移了，钩锁的全开回转支点才能接触到全开作用台，钩锁才能以此为支点转动，这时钩锁的腿部向后转动，其后踢足面踢动钩舌推铁的踢足推动面，使钩舌推铁以其轴转动，推铁踢足踢动钩舌尾部侧面，使钩舌以钩舌销为轴张开，形成全开位置。

2. 17 号车钩的三态作用

17 号车钩的主要性能包括三态作用和防跳性能等。17 号车钩的三态作用包括闭锁位置、开锁位置、全开位置。

（1）闭锁位置。

车辆连挂后，车钩必须处于闭锁位置才能传递牵引力。当钩舌转动到闭锁位时，锁铁坐于钩舌尾部的坐锁台上，钩舌不能绕钩舌销转动打开，此为闭锁位置。

（2）开锁位置。

两连挂着的车辆欲分开时，必须有一个车钩处于开锁位置。提起车钩提杆手柄，带动锁铁上升到一定的高度，此时放下钩提杆，锁铁停留在钩舌推铁的坐锁面上，此时钩舌不能自动打开，当钩舌受到牵引力时就能绕钩舌销转动，此为开锁位置。

（3）全开位置。

在车辆彼此连挂之前，必须有一个车钩处于全开位置，才能达到自动连挂的目的。

在下锁位继续扳动钩提杆至极限位置，钩舌绕钩舌销转动打开，此为全开位置。

【知识点 5】16 号车钩的翻转作用原理

16 号车钩转动套安装在钩尾框内，可在钩尾框头部 $\phi270\,mm$ 的内圆筒体内自由转动。转动套的前端由钩尾框的前唇挡住，将车钩尾部装入转动套中，用钩尾销将车钩与转动套连为一体，再将钩尾销托装入钩尾框的钩尾销托的安装槽中，使其托住钩尾销，用钩尾销托上的插销锁住钩尾销托，使其不能在钩尾销托槽中转动，再将开口销装入插销手柄的孔中将插销固定。从板装在钩尾框内，从板的凹入球面与车钩尾部的凸起球面相密贴。当车辆不摘钩上翻车机翻转卸货时，由于转动套在钩尾框内可相对钩尾框做 $360°$ 转动，所以车钩可以保持不动，仅钩尾框随同车辆一起转动，完成不摘钩卸货作业。

16 号车钩的解钩装置如图 6–31 所示。它是一种分离式解钩装置，解钩装置不直接与车钩连接。由于车钩不随车体转动，所以 16 号车钩的解钩装置与其他车钩的解钩装置明显不同。

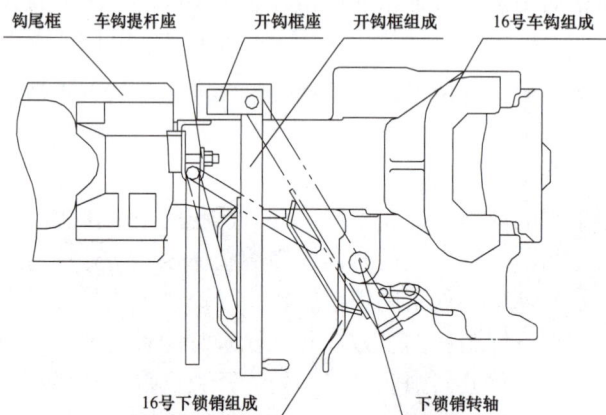

图 6–31　16 号车钩的解钩装置

车钩提杆不与车钩相连接，而是装在解钩框上，车钩提杆靠近手柄的一端装在 U 形的车钩提杆座中，另一端装在解钩框的滑道中。当提起车钩提杆时，解钩框以圆销为轴开始转动，使解钩框的下框与 16 号车钩的下锁销杆接触，当继续向上提起车钩提杆手柄时，解钩框的下框就推动下锁销杆，绕下锁销转轴向上回转而托起钩锁铁到开锁位及全开位，完成车钩开锁及全开动作。

📊 任务考核与评价

任务考核			任务评价	
任务	提出问题	学生回答	自我评价	教师评价
子任务 1	1. 16 号车钩的结构组成是什么？			
	2. 17 号车钩的结构组成是什么？			
子任务 2	1. 16 号车钩的优点是什么？			
	2. 17 号车钩的优点是什么？			
子任务 3	写出 16 号车钩的翻转作用原理			

复习思考题

复习思考题除涉及本任务介绍的知识与技能外，还可能涉及本任务未介绍的知识与技能，需通过阅读参考书、网络搜索等方式进行自主学习后进行解答，在巩固课堂学习成果的同时培养自主学习能力。

1. 16 号车钩具有（　　）位置、（　　）位置和（　　）位置三种作用状态。
2. （　　）号车钩是固定车钩，一般装在车辆的 2 位端。
3. 16 号车钩是（　　）车钩。
4. 16 号翻转车钩用于大秦铁路运煤线上，能保证（　　）就卸货的作业。
5. 16 号和 17 号车钩连挂实现了不摘解车钩就可在翻车机上卸货的目的，提高了（　　）效率。
6. 16 号车钩的钩舌为小间隙钩舌，连挂间隙为（　　）。
7. 被翻转车辆的（　　）车钩随同底架沿车钩中心线旋转并带动相邻车辆与其连挂的（　　）车钩一起旋转。
8. 我国客货车常用的 13 号、13A 型、15 号、16 号、17 号车钩都是（　　）车钩。

任务 6.4　15 号车钩

任务分析

教学目标	知识目标	掌握 15 号车钩的组成和作用原理 了解 15 号车钩的主要特点
	能力目标	能识读 15 号车钩的分类
	思政目标	培养工匠精神
教学重难点	教学重点	15 号车钩的组成
	教学难点	15 号车钩的翻转原理分析
学情分析	知识和技能基础	学习常见机械机构工作原理，熟悉铁路车辆的总体构造
	认知和实践能力	具备识读和绘制装配图的能力，具备一定的计算机办公软件应用能力

任务工单

任务考核	
任务	提出问题
子任务 1	1. 15 号车钩的结构组成是什么？
	2. 15 号车钩的三态作用是什么？

任务考核	
任务	提出问题
子任务 2	1. 会判断 15 号车钩的钩舌销受力
	2. 15 号车钩的特点是什么？
子任务 3	15 号小间隙车钩有什么特点？

任务实施

车钩组成

我国铁路客车速度小于 120 km/h 的普通车辆采用 C 级低合金铸钢的 15 号车钩，速度小于 160 km/h 的普通客车采用 C 级低合金铸钢的 15 号小间隙车钩，速度大于 200 km/h 的高速客车采用密接式车钩。

【知识点 1】15 号车钩的结构组成

15 号车钩由钩体、钩舌及钩头配件等组成，其中钩体分为钩头、钩身、钩尾三部分。钩头与钩舌通过钩舌销相连接，钩舌可绕钩舌销转动，钩头内部装有钩锁铁、钩舌推铁、钩锁销等零件。

1. 钩体

钩体是车钩的基础部分，它与其他零件配合共同完成车钩的作用，可分为钩头、钩身和钩尾三部分。

（1）钩头是车辆摘挂的重要部分。

① 钩腕：在两车钩连挂时，可容纳对方钩舌并控制其横向移动。

② 钩腔：钩头中空部，安装钩头配件。

③ 钩耳：安装钩舌用，分上下钩耳。

④ 钩耳孔：安装钩舌销用。

⑤ 钩肩：车辆发生较大冲击时，钩肩与冲击座接触，使部分冲击力直接传递给底架，避免缓冲器破损。

⑥ 下锁销孔：安装下锁销用，也是锁脚起落的孔。15 号车钩钩体上铸有型号等标志。

（2）钩身部是传递牵引力和冲击力的部位。它为中空方形结构，具有较大的强度和刚度。

（3）钩尾部供安装钩尾框用。其上开有钩尾销孔，钩尾端面为圆弧面。

2. 钩舌及钩舌销

钩舌装在上下钩耳之间，插入钩舌销后以钩舌销为轴而转动，利用钩舌的开闭可进行车辆的互相连挂和摘解。钩舌有牵引突缘，用来传递牵引力。钩舌销穿过钩耳孔及钩舌销孔，将钩舌与钩体联系在一起，钩舌可绕其转动。在正常情况下，钩舌销不受牵引力、冲击力，仅起到转轴作用。

3. 钩头内部零件

钩头内部零件包括钩锁、钩舌推铁、下锁销及下锁销杆。

（1）钩锁：装在钩腔内钩舌尾部侧面，在闭锁位置时挡住钩舌尾部，起锁钩作用，在全开位置时，推动钩舌推铁能使钩舌张开。其背部及两侧均为垂直平面，并有导向面与钩锁腔内的导向壁吻合，借以保持钩锁上下移动时的正位。钩锁下部为锁脚，锁脚下部有开锁坐锁面。在开锁位置时，钩锁由于偏心向前倾斜，锁脚向后翘，开锁坐锁面恰好落在钩头内开锁坐锁面上。钩锁背部有锁销作用槽，内有十字销凹槽，使下锁销的十字销可以在其中上下滑动。

（2）钩舌推铁：悬挂在钩腔内，上部嵌入钩舌推铁槽内，下端靠在钩舌尾部侧面，在全开位置时能踢动钩舌转动。

（3）下锁销及下锁销杆：钩锁销在其端部两侧有圆柱形十字销，置于钩锁背部十字销凹槽内，以便推起钩锁。端部除十字销外，还有防脱（跳）止端，以便在闭锁位置起防脱（跳）作用。下锁销杆是下作用式车钩用以保持下锁销正确作用位置的配件，一端安装在钩舌销下部，另一端与下锁销及下作用式车钩提杆套装在一起。

【知识点 2】15 号车钩的三态作用

车钩的自动连挂和自动摘解是通过它的三态作用完成的，当钩体内钩舌、钩锁铁、钩舌推铁、锁销等零件处于不同位置时，可使车钩具有闭锁、开锁、全开三种作用，俗称"三态"作用。

1. 闭锁位置

车辆连挂后，两个车钩均须处于闭锁位置时才能传递牵引力。

钩舌转入钩腔内，钩锁靠自重落下，坐在钩腔底部，卡在钩舌尾部侧面和钩腔侧壁之间，挡住钩舌的转动。这时，下锁销沿着钩锁背部的锁销槽下滑，下锁销上防跳台卡在钩锁腔后壁防跳台下，下防跳台卡在下锁销孔的后缘下防跳台处，起防跳作用，形成闭锁位置。

2. 开锁位置

两连挂着的车辆想要分开，必须有一个车钩处于开锁位置。由闭锁位置提起车钩提杆，推动下锁销，锁销轴沿着钩锁背部的锁销槽上移使下锁销上下防跳台脱离防跳位置。当下锁销继续上移时，则顶动钩锁上移。由于钩锁的偏重上部向前倾转，而腿部向后转动，当放下车钩提杆时，钩锁的开锁坐锁面就坐在下锁销孔后部的锁座上，使钩锁不能落下，形成开锁位置，将相互连挂的车辆分开。

3. 全开位置

在车辆彼此连挂之前，必须有一个车钩处于全开位置。在全开位置，才能达到自动连挂的目的。

在闭锁位或开锁位用力提起车钩提杆，使钩锁被充分顶起，钩锁的全开作用面顶起钩舌推铁的全开作用端，钩舌推铁以背部全开支点和钩锁腔内壁接触面为支点回转，其下部推铁踢动钩舌尾部侧面，使钩舌以钩舌销为轴转动张开，放下车钩提杆后钩锁靠自重落下，坐在钩舌尾部上形成全开位置。

【知识点 3】15 号车钩的受力分析

15 号车钩在钩舌和钩头的钩锁腔处铸有牵引突缘（或冲击承面），牵引力或冲击力是依靠它们来传递的，而不是通过钩舌销。但在长期使用中，牵引突缘产生磨耗后又未进行维护时会造成钩舌销承受不住牵引力和冲击力，因此钩舌销折损较多。

根据相关规定，在计算车辆强度时，列车在不稳定运行时，由车钩传递的纵向拉伸力为1.0 MN，压缩力为1.2 MN；对于货车还要考虑在车辆编组作业时车辆受到冲击力，计算时取纵向压缩力为 2.0 MN 车钩的弯曲强度按作用于钩肩后 76 mm 处垂直向上或向下 0.3 MN 来校核。根据我国 5 000 t 重载列车纵向动力试验结果，列车不稳定运行时（包括起动匀速常用或紧急制动等工况），沿着列车长度每一车钩的分布是不均匀的，最大的车钩压缩力发生于低速紧急制动时在机车后整个列车长度的 2/3～5/6 处。车钩的最大拉伸力发生于常用制动后即实施缓解的工况，一般在列车的前中部较大，向后逐渐递减。运行中的断钩事故往往发生于这两种情况。

【知识点 4】15 号车钩运用情况

15 号车钩钩头零件的结构简单，三态作用灵活，安全可靠。它采用大钩肩设计，有效地保护了缓冲器，减少了故障，除磨耗和钩舌裂纹外很少有其他故障。不足之处是钩头较重，加上钩身长，容易产生钩头下垂的现象，钩舌上下弯角处易产生裂纹。

目前，我国双层客车使用改进型 15 号车钩，其抗拉强度提高到 2 250 kN 以上。部分 25 型客车的 15 号车钩的钩体、钩舌和钩尾框的材质由原来的 ZG230-450 改为 QG-C3 钢，钩舌销、钩尾销改为 40 Cr 钢制造，其拉伸破坏强度不小于 2 256 kN。

【知识点 5】15 号小间隙车钩

为提高普通客车车钩缓冲装置的强度，对 15 号车钩的改进主要从用高强度低合金铸钢代替普通铸钢的角度着手。

15 号小间隙车钩在结构方面与 15 号车钩基本相同，不同之处是改变了车钩钩头的轮廓形状，缩小了两车钩连挂之间的间隙。

任务考核与评价

任务考核			任务评价	
任务	提出问题	学生回答	自我评价	教师评价
子任务 1	1. 15 号车钩的结构组成是什么？			
	2. 15 号车钩的三态作用是什么？			
子任务 2	1. 会判断 15 号车钩的钩舌销受力			
	2. 15 号车钩的特点是什么？			
子任务 3	15 号小间隙车钩有什么特点？			

复习思考题

复习思考题除涉及本任务介绍的知识与技能外，还可能涉及本任务未介绍的知识与技能，需通过阅读参考书、网络搜索等方式进行自主学习后进行解答，在巩固课堂学习成果的同时培养自主学习能力。

1. 15 号车钩使用在（　　）车上，由钩体、钩舌及钩头配件等组成。

2. 15 号车钩的开启方式是（　　）。

3. 15 号车钩一般用铸钢制成，客车由于设有通过台和风挡装置，所以车钩只能采用（　　）式。

4. 15 号车钩一般由钩体、钩舌、（　　）及钩头内部配件等组成。

5. 15 号车钩用的（　　）与钩尾接触面为圆弧形，以便扩大接触面，避免从板因受力集中而裂损。

任务 6.5　密接式车钩

📏 任务分析

教学目标	知识目标	掌握密接式车钩的结构组成
	能力目标	了解密接式车钩的特点
	思政目标	培养工匠精神
教学重难点	教学重点	密接式车钩的结构组成
	教学难点	液压式缓冲器的原理
学情分析	知识和技能基础	学习常见机械机构工作原理，熟悉铁路车辆的总体构造
	认知和实践能力	具备识读和绘制装配图的能力，具备一定的计算机办公软件应用能力

📋 任务工单

任务考核	
任务	提出问题
子任务 1	1. 密接式车钩的组成
	2. 密接式车钩的三态作用
子任务 2	1. 会判断密接式车钩的受力
	2. 密接式车钩三态作用的适用条件
子任务 3	G1 型缓冲器具有什么性能？

任务实施

高速列车、城市地铁和轻轨车辆的车钩缓冲装置常采用机械、气路、电路均能同时实现自动连接的密接式车钩。这种车钩属于刚性自动车钩，它要求在两钩连接后，其间没有上下和左右的移动，而且纵向间隙也限制在很小的范围之内（1～2 mm）。这对提高列车运行平稳性、降低车钩零件的磨耗和噪声均有重要意义。

密接式车钩的构造和工作原理与一般车钩完全不同，目前国内外常见的有四种结构形式：① MJGH－25T 型密接式车钩；② 日本新干线高速列车上所采用的柴田式密接式车钩，我国北京地铁车辆的车钩即属此列；③ 德国的沙车（Schafenberg）型密接式车钩，常见于欧洲国家所制造的地铁、轻轨及高速车辆上，德国制造的上海地铁车辆亦装用这种车钩；④ 德国的BSI－COMPACT 型密接式车钩。

【知识点1】MJGH－25T 型密接式车钩缓冲装置

为了满足旅客列车提速的要求，25T 型和 19T 型部分客车使用了 MJGH－25T 型密接式车钩缓冲装置。

1. 组成

MJGH－25T 型密接式车钩缓冲装置主要由连挂系统、缓冲系统和安装吊挂系统三大部分组成。

（1）连挂系统的主要作用是实现车钩自动连接和分解，25T 型客车用密接式车钩缓冲装置连挂系统，只完成机械连挂功能。

（2）缓冲系统主要在列车运行过程中起吸收冲击能量、缓和纵向冲击和振动的作用。

（3）安装吊挂系统给整个车钩缓冲装置提供安装定位和支撑，并包含一个回转机构，使车钩缓冲装置在各自由度方向上都能产生足够的动作量，确保动作和复位灵活。

密接式车钩缓冲装置安装在车体底架牵引梁的专用安装板上，以 4 个 M38 螺栓固定，安装和拆卸工作量小。为了保证车钩解钩后自动连挂，密接式车钩缓冲装置具有水平面内自动对中功能，以便解钩后车钩纵向中心线能保持在与列车纵向中心线平行的位置。

2. 性能特点

（1）可实现自动连挂，连挂状态纵向平均间隙不大于 1.5 mm。

（2）在使两车可靠连挂的同时，保证列车能顺利通过现有线路所有平、竖曲线。

（3）缓冲和吸收列车运行过程中车辆之间的纵向冲击能量。

（4）解钩采用人工作业。

（5）密接式车钩不能直接与普通车钩连挂，如特殊情况下要求车组与装配普通车钩的机车车辆连挂时，可采用配备的专用过渡车钩。

3. 主要技术指标

密接式车钩缓冲装置性能参数如表 6-1 所示。

表 6-1　密接式车钩缓冲装置性能参数

项目	数值
整体抗拉伸破坏强度/kN	≥2 000
初压力/kN	≤30

续表

项目	数值
阻抗力/kN	≤800
容量/kJ	≥30
行程/mm	73
车钩平均连挂间隙/mm	≤1.5
水平转角/°	≥17，≤−17
垂直转角/°	≥4，≤−4

4. 使用

密接式车钩缓冲装置可以实现列车自动连挂。连挂时，要求连挂速度不大于 5 km/h。

密接式车钩缓冲装置的解钩由人工完成。具体操作过程如下。

（1）确认手柄定位销位于解钩手柄的销孔中，不能位于钩体的销孔中。

（2）机车向后微退，使待分解车钩处于受压状态。

（3）扳动解钩手柄至解钩位，在钩体销孔内插上手柄定位销之后，操作人员离开操作位置。

（4）机车向前运动，将待分解车钩拉开。

（5）操作人员进入操作位置，拔出手柄定位销，使车钩处于待挂状态，并将定位销插回解钩手柄的销孔中。

5. 密接式车钩与普通自动车钩的连挂

当密接式车钩缓冲装置需要与普通自动车钩连挂时，必须采用过渡车钩。为了方便运用可使用两种不同形式的过渡车钩。

第一种是中间体过渡车钩，使用时安装在密接式车钩缓冲装置钩体与普通自动车钩之间，运用比较方便，但只能用于厂内和站线上单车调行使用。使用方法如下。

（1）使待挂的普通自动手钩如 15 号车钩置于闭锁位，将过渡车钩在竖直面内从上到下套入 15 号车钩钩舌内。

（2）保持 1 km/h 以下速度开动机车，使过渡车钩与密接式车钩缓冲装置连挂到位。

注意：中间体过渡车钩不允许长期直接安装在处于分解状态的密接式车钩缓冲装置钩体上，以免压坏支撑弹簧盒。

第二种是 15 号法盘过渡车钩，这种过渡钩结构简单，抗拉强度达到 1 800 kN。使用时需将密接式车钩缓冲装置的钩体部分拆下，换装 15 号法兰盘过渡车钩。

【知识点 2】北京地铁密接式车钩

我国最早使用的密接式车钩是 20 世纪 60 年代长春客车厂研制的，用于北京地铁车辆的密接式车钩。车辆连挂时，依靠两车钩相邻钩头上的凸锥和凹锥孔相互插入，起到紧密连接作用，同时自动将两车之间的电路空气管路接通，起到缓和连挂中车辆间冲击的作用。在两车分解时，亦可自动解钩，并自动切断车辆间的电路和空气通路。

两钩连挂时，凸锥插进对方相应的凹锥孔中。这时凸锥的内侧面在前进中压迫对方的钩舌转动，使解钩风缸的弹簧受压，钩舌沿逆时针方向旋转 40°。当两钩连接面相接触后，凸锥内侧面不再压迫对方的钩舌，此时由于弹簧的作用，钩舌沿顺时针方向旋转恢复到原来的状态，即处于闭锁位置。

要使两钩分解，需由司机操纵解钩阀，使被压缩的空气由总风管进入前车（或后车）的解钩风缸，同时经解钩风管连接器送入相连挂的后车（或前车）的解钩风缸。如果采用手动解钩，只需要向前推并带动解钩杆，使钩舌沿逆时针方向转动至开锁位置，即可实现两钩的分解。

【知识点 3】上海地铁密接式车钩

上海地铁车辆所采用的全自动密接式车钩缓冲装置由机械连接、电气连接和气路连接三部分组成。机械连接部分设于钩头中央，电气连接箱分设在左右两侧，中心轴下方设气路连接器。车钩相对于车体最大水平摆角为 +40°，最大垂向摆角为 ±5°，以满足车辆过水平曲线和竖曲线的要求。

钩头机械连接部分由钩体、钩舌、中心轴、钩锁连接杆、钩锁弹簧、钩舌定位杆、2 个弹簧、定位杆顶块和解钩风缸等组成。壳体的前部，一半为凸锥体，一半为凹锥孔，两钩连挂时相邻车钩的凸锥体和凹锥孔互相插入，中心轴上固定有钩舌，钩舌绕中心轴转动可带动钩锁连接杆动作。钩舌呈不规则几何形状，设有供连接时定位和供解钩时解钩风缸活塞杆作用的凸舌，以及钩锁连接杆的定位槽、钩嘴等，是车钩实现动作的关键零件。钩锁连接杆在钩锁弹簧拉力作用下使车钩连接可靠。钩舌定位杆上设有两个定位突缘，使钩舌定位在待挂或解钩状态，定位杆顶块可以在连接时顶动钩舌定位杆实现两钩的闭锁。

该自动车钩有待挂、闭锁和解钩三种状态。

（1）待挂状态：为车钩连接前的准备状态。此时钩舌定位杆被固定在待挂位置，钩锁弹簧处于最大拉伸状态，钩锁连接杆退缩至凸锥体内，钩舌上的钩嘴对着钩头正前方。

（2）闭锁状态：相邻两钩的凸锥体伸入对方的凹锥孔并推动定位杆顶块，定位杆顶块摆动迫使钩舌定位杆离开待挂位置，这时钩锁弹簧的回复力使钩舌做逆时针转动并带动钩锁连接杆伸进相邻车钩钩舌的钩嘴，完成两钩的连接闭锁。这时两钩的钩锁连接杆和钩舌形成平行四边形连杆机构，当车钩受牵拉时，拉力由两钩的钩锁连接杆均匀分担，使钩舌始终处于锁紧状态，当车钩受冲击时，压力通过两车钩壳体突缘传递。

（3）解钩状态：司机操纵按钮控制电磁阀使解钩风缸充气，风缸活塞杆推动钩舌顺时针转动，使两钩的钩锁连接杆脱开对方钩舌的钩嘴，同时使钩锁连接杆克服钩锁弹簧的拉力缩入钩头锥体内，这时定位杆顶块控制钩舌定位杆使钩舌处于解钩状态。两钩分离后解钩风缸排气，定位杆顶块由于弹簧作用复位，钩舌回至待挂位，车钩又恢复到待挂状态。即使再加大外力，变形量也不再增加。

【知识点 4】客车常用缓冲器的类型、结构与性能

1. 1 号缓冲器

1 号缓冲器为一种摩擦式缓冲器，它由前后两部分组成。前部为螺旋弹簧，后部为内、外环弹簧，彼此以锥面相配合，两部分之间有弹簧座板分隔。金属弹簧用来缓和冲击作用力，环弹簧两滑动斜面间的摩擦力用来消耗冲击动能，起到吸收能量的作用。

弹簧盒借助螺栓将两个半环状盒体连成一体，前端有一盒盖，其中部有六角形突缘，与盒盖的折缘部分卡住，从而保证盒盖受压后沿盒体方向移动。弹簧盒的后端有底板，构成一封闭的缓冲器盒。盒内前端为双卷螺旋弹簧，后端装环弹簧，共有 6 个外环弹簧、5 个内环弹簧及

两个半环弹簧，内环的外面和外环的内面都做成 V 形锥面，锥度为 15。组装时，要求有 15 kN 的初压缩力，以保证环弹簧锥面间的密贴配合。

当缓冲器受冲击力时，盒盖向内移动，压缩螺旋弹簧，并将力通过弹簧座板传递给环簧。由于内外环为锥面配合，受力后外环扩张，内环缩小，产生轴向弹性变形，起到缓冲作用。与此同时，内、外环锥面间有相对滑动，因摩擦而做功，从而使部分冲击能变为摩擦功而耗散。当外力去除后，各内、外环由于弹力而复原，此时同样也要消耗部分冲击能量。

该型缓冲器由于具有刚度较小的螺旋弹簧，灵敏性好，初始刚度小，在受到较小的冲击力时也能起到缓冲作用，故较适合于客车的要求，但是 1 号缓冲器容量仅为 14 kJ，不能满足扩编旅客列车和双层客车对缓冲器容量的要求。另外，1 号缓冲器维修工作量大，使用寿命短，在新生产的客车上已停止使用。

2. G1 型缓冲器

为提高原 1 号缓冲器的容量，有关科研单位和制造工厂设计生产了改进型缓冲器——G1 型缓冲器，G1 型缓冲器可用于双层旅客列车和扩编旅客列车。

这种缓冲器的力–位移特性曲线呈凸形，与一般摩擦式缓冲器相比，在相同的阻抗力和行程条件下，它的容量要大得多。

最大作用力是缓冲器产生最大变形量时所对应的作用外力。

容量是缓冲器在全压缩过程中，作用力在其行程上所做的功的总和。它是衡量缓冲器能量大小的主要指标，如果容量太小，则当冲击力较大时就会使缓冲器全压缩而导致车辆刚性冲击。

初压力是缓冲器的静预压力。初压力大小将影响列车起动加速度。

能量吸收率是缓冲器在全压缩过程中，有一部分能量被阻尼所消耗，其所消耗部分的能量与缓冲器容量之比。吸收率越大，则表明缓冲器吸收冲击能量的能力越大，反冲作用就越小，否则，缓冲器必须往复工作几次方能将冲击能量消耗尽，这将导致车钩、车底架过早疲劳损伤，并且加剧列车纵向冲动。

所以，弹性胶泥缓冲器具有容量大、阻抗力小、结构简单、性能稳定、体积小、质量小、检修周期长的特点，在同样容量下，可减小质量达 30%～50%，检修周期长达 10 年。它兼有液压和橡胶缓冲器两者的优点，同时克服了液压缓冲器制造比较复杂、密封困难，以及橡胶缓冲器吸收率低等缺点。这种缓冲器由于具有其他传统缓冲器不可比拟的高技术性能，所以迅速得到了推广，现在依然保持着良好的发展势头。

任务考核与评价

任务考核			任务评价	
任务	提出问题	学生回答	自我评价	教师评价
子任务 1	1. 密接式车钩的组成是什么？			
	2. 密接式车钩的三态作用是什么？			
子任务 2	1. 会判断密接式车钩的受力			
	2. 密接式车钩三态作用的适用条件			
子任务 3	G1 型缓冲器具有什么性能？			

复习思考题

复习思考题除涉及本任务介绍的知识与技能外，还可能涉及本任务未介绍的知识与技能，需通过阅读参考书、网络搜索等方式进行自主学习后进行解答，在巩固课堂学习成果的同时培养自主学习能力。

1. 客车密接式车钩标记在车体端墙下角，涂打（　　　）标记。

2.（　　　）车钩的连接紧密，冲击小，噪声低，可实现机械、电气、空气的自动连接。用于提速客车、高速客车和城轨车。

3. 密接式车钩的两钩连挂后，其间没有（　　　）、（　　　）移动，（　　　）间隙亦控制在很小范围内。

4. 密接式车钩缓冲装置的解钩由（　　　）完成。

5. 密接式车钩与缓冲器之间的组装由（　　　）个 M30 的连接螺栓完成。

6. 25T 型密接式车钩的纵向间隙为（　　　）mm。

7. 高铁和地铁上采用的（　　　）车钩为刚性车钩。

任务 6.6　缓　冲　器

任务分析

教学目标	知识目标	掌握缓冲器的主要功能和工作原理 了解缓冲器的主要性能参数
	能力目标	能识读货车车钩缓冲器的分类
	思政目标	培养工匠精神
教学重难点	教学重点	缓冲器的工作原理
	教学难点	缓冲器的能量吸收率
学情分析	知识和技能基础	学习常见机械机构工作原理，熟悉铁路车辆的总体构造
	认知和实践能力	具备识读和绘制装配图的能力，具备一定的计算机办公软件应用能力

任务工单

任务考核	
任务	**提出问题**
子任务 1	1. 缓冲器有哪些类型？
	2. 缓冲器的主要性能参数是什么？

续表

任务考核	
任务	提出问题
子任务 2	1. MT-2、MT-3 型缓冲器属于什么类型的缓冲器？
	2. MX-1、MX-2 型缓冲器属于什么类型的缓冲器？
子任务 3	ST 型缓冲器的组成是什么？

任务实施

【知识点 1】

1. 缓冲器的主要功能

缓和、耗散列车运行中由于牵引力的变化或在起动、制动及调车作业时车辆间相互碰撞而引起的纵向冲击和振动。保护车辆和货物，提高运行平稳性。

2. 缓冲器的工作原理

借助压缩弹性元件缓和冲击力，在弹性元件变形过程中利用摩擦和阻尼吸收冲击能量。

3. 缓冲器的类型

常见的缓冲器类型有弹簧式缓冲器、摩擦式缓冲器、橡胶缓冲器、摩擦橡胶式缓冲器、黏弹性橡胶泥缓冲器、液压缓冲器及空气缓冲器等，应用最广泛的为摩擦式缓冲器和摩擦橡胶式缓冲器。

4. 缓冲器的主要性能参数

（1）行程：缓冲器受力后产生的最大变形量称为行程。

（2）最大作用力：缓冲器产生最大变形量时所对应的作用外力。

（3）容量：缓冲器在全压缩过程中，作用力在其行程上所做的功的总和称为容量。它是衡量缓冲器能量大小的主要指标，如果容量太小，则当冲击力较大时就会使缓冲器全压缩而导致车辆受刚性冲击。

（4）初压力：缓冲器的静预压力。初压力太小将影响列车起动加速度。

（5）能量吸收率：缓冲器在全压缩过程中，有一部分能量被阻尼所消耗，其所消耗部分的能量与缓冲器容量之比称为能量吸收率。吸收率越大，则表明缓冲器吸收冲击能量的能力越大，反冲作用就越小，否则，缓冲器必须往复工作几次方能将冲击能量消耗尽，这将导致车钩、车底架过早疲劳损伤，并且加剧列车纵向冲动。一般要求能量吸收率不低于 70%。

我国规定货车结构允许的最大纵向力为 2.25 MN，而要求货车缓冲器最大阻抗 ≤2 000 kN，容量 ≥45 kJ；客车缓冲器最大阻抗 ≤800 kN，容量 ≥20 kJ。因此，我国货车缓冲器阻抗低、容量大，为此应增大行程，限制最大作用力。

【知识点 2】2 号、G2 型缓冲器

2 号缓冲器（见图 6-32）装设在货车上使用，为了增加缓冲器的容量，其环弹簧（环簧）

断面尺寸较 1 号缓冲器环簧要大些。缓冲器内共有 25 个环簧，其中大环簧 8 个，小环簧 4 个，内环簧 9 个，开有切口的内环簧及半环簧各 2 个。G2 型缓冲器环簧的受力较为合理，其最大的工作应力在内环簧断面，克服了 2 号缓冲器运用中可能出现的环簧永久变形、环簧断裂、卡环及容量不稳等缺陷，提高了缓冲器的使用寿命。

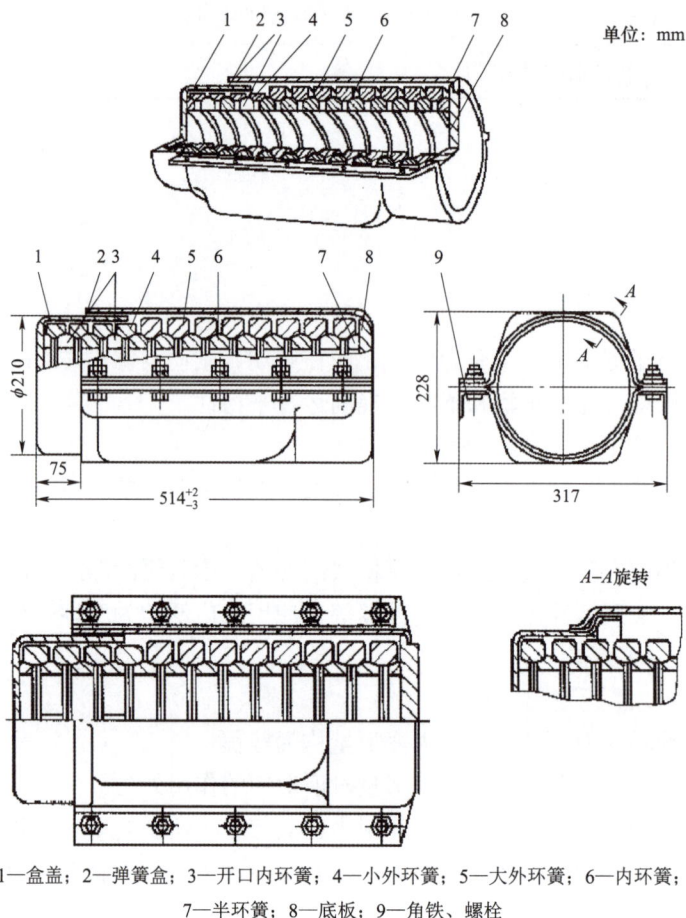

1—盒盖；2—弹簧盒；3—开口内环簧；4—小外环簧；5—大外环簧；6—内环簧；
7—半环簧；8—底板；9—角铁、螺栓

图 6-32 2 号缓冲器

【知识点 3】MT-2、MT-3 型缓冲器

为满足 6 kt 至 10 kt 重载单元列车、干线 5 kt 级重载列车及发展 25 t 轴重大型货车的需求，要求新一代大容量通用货车缓冲器：最大阻抗≤2.0 MN；容量≥45 kJ；冲击速度≤8 km/h；检修周期≥10 年。

MT-2、MT-3 型缓冲器属于弹簧摩擦式缓冲器，二者结构和外形尺寸相同，MT-2 型缓冲器容量 54～65 kJ，用于大秦铁路专用 C63A 型敞车，如图 6-33 所示；MT-3 型缓冲器容量 45 kJ，用于一般通用货车，在较低冲击速度时，缓冲器刚度较小，较高冲击速度时，刚度增加较快，其容量大、性能稳定，是目前较为理想的缓冲器，如图 6-34 所示。

图 6-33 MT-2 型缓冲器

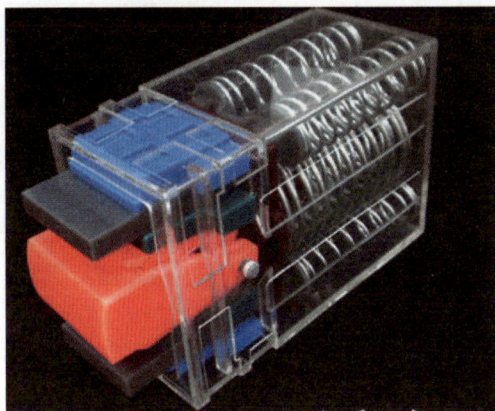

图 6-34 MT-3 型缓冲器

【知识点 4】MX-1、MX-2 型橡胶缓冲器

MX-1、MX-2 型缓冲器橡胶分子内摩擦和弹性变形起到缓和冲击和消耗能量的作用。金属摩擦部分增加容量。

MX-1 型缓冲器（见图 6-35）容量 40～43 kJ，结构简单，能量吸收率为 90%，反冲作用的速度较快。

MX-2 型橡胶缓冲器的箱体改为组合式，橡胶片由 9 片改为 8 片，每片厚度由 35 mm 增大至 40 mm，容量达 45 kJ。

1—橡胶片组成；2—箱体；3—压块；4—楔块；5—预隔板；6—中隔板；7—底隔板；8—底板

图 6-35 MX-1 型缓冲器

【知识点 5】ST 型缓冲器

ST 型缓冲器（见图 6-36）具有结构简单、质量小、成本低等特点，适用于总重为 84 t 的主型通用货车车辆及货运机车。

ST 型缓冲器初始容量≥20 kJ，年磨耗容量≥30 kJ，最大阻抗力≤2 000 kN，行程 68 mm，吸收率≥80%，额定冲击速度 7 km/h。

图 6-36　ST 型缓冲器

【知识点 6】液压缓冲器

采用液体来吸收冲击能量的液压式缓冲器，主要用于客车或装运易碎货物的专用货车。液压缓冲器在受冲击时，阻抗力的大小决定于活塞的运动速度、溢流孔的截面尺寸和所采用的液体的黏度。

【知识点 7】气-液缓冲器

气-液缓冲器在液压缓冲器的基础上，进一步完善了性能。与弹簧或橡胶缓冲器相比，它的阻抗力不与位移成函数关系，而是与冲击速度成函数关系。能量吸收率较上述两种缓冲器有较大提高。

【知识点 8】弹性胶泥式缓冲器

将弹性胶泥材料装进一个能够承受一定压力的缓冲器活塞缸体内，根据实际应用的需要增加一定的预压缩力，当弹性胶泥缓冲器活塞柱受到一定的压力（静压力或冲击力）时，活塞利用活塞缸内节流孔或节流间隙，以及弹性胶泥材料本身体积被压缩后的反作用力产生一定的阻抗力。当弹性胶泥材料受到的预压缩力越大、活塞的运动速度越快，则产生的阻抗力也越大，这有利于提高缓冲器在大冲击力作用下的容量。当作用在活塞柱上的外力撤销后，缓冲器体内处于压缩状态的弹性胶泥的体积则会自行产生膨胀，将活塞推回到原始位置，在这个过程中弹性胶泥材料以较慢的速度通过节流孔或节流间隙流回原位，实现缓冲器的回程动作。

任务考核与评价

任务考核			任务评价	
任务	提出问题	学生回答	自我评价	教师评价
子任务 1	1. 缓冲器有哪些类型？			
	2. 缓冲器的主要性能参数是什么？			
子任务 2	1. MT-2、MT-3 型缓冲器属于什么类型的缓冲器？			
	2. MX-1、MX-2 型缓冲器属于什么类型的缓冲器？			
子任务 3	ST 型缓冲器的组成是什么？			

◆ 复习思考题

复习思考题除涉及本任务介绍的知识与技能外，还可能涉及本任务未介绍的知识与技能，需通过阅读参考书、网络搜索等方式进行自主学习后进行解答，在巩固课堂学习成果的同时培养自主学习能力。

1. 密接式车钩与缓冲器之间的组装由（　　）个 M30 的连接螺栓完成。

2. 在钩尾框内安装有前从板、（　　）及后从板。

3.（　　）型缓冲器有性能稳定、缓冲性能好、使用寿命长、检修方便等特点，可在 ±50℃ 的环境温度范围内正常使用。

4. MT−2 型和 MT−3 型缓冲器属于（　　）摩擦式缓冲器。

5. 车钩缓冲装置安装在车体底架上的中梁内，由车钩、（　　）及其附属配件组成。

6.（　　）由车钩、缓冲器两大部分组成，通过钩尾框和钩尾销组成一个整体，安装在车底架中梁的两端。

7. 缓冲器是车辆（　　）部分的部件之一。

8. 缓冲器的性能参数有（　　）、（　　）、（　　）、（　　）和（　　）五部分。

任务 6.7　时速 160 km 动力集中（鼓形）动车组车钩缓冲装置

✎ 任务分析

教学目标	知识目标	掌握 10 号车钩、15X 托梁式钩缓装置、过渡车钩、双层折棚风挡的结构组成
	能力目标	会操作 10 号车钩、15X 托梁式钩缓装置、过渡车钩的连挂和摘解
	思政目标	培养爱岗敬业，精益求精的工匠精神
教学重难点	教学重点	10 号车钩、15X 托梁式钩缓装置、过渡车钩、双层折棚风挡的结构组成
	教学难点	10 号车钩、15X 托梁式钩缓装置、过渡车钩、双层折棚风挡的作用原理
学情分析	知识和技能基础	具备机械制图的识读和操作计算机办公软件的能力
	认知和实践能力	掌握铁路客货车上的车钩型号和作用原理

▤ 任务工单

任务考核	
任务	提出问题
子任务 1	1. 时速 160 km 动力集中（鼓形）动车组车钩缓冲装置头车全自动钩缓装置的结构组成是什么
	2. 15X 托梁式钩缓装置的结构组成是什么？

任务考核	
任务	提出问题
子任务2	1. 过渡车钩的结构组成是什么？
	2. MJGH－25T 钩缓装置的结构组成是什么？
子任务3	双层折棚风挡的结构组成是什么？

任务实施

【知识点1】头车全自动钩缓装置

1. 概述

全自动车钩缓冲装置（全自动钩缓装置）由缓冲系统、安装吊挂系统、连挂系统、电气车钩总成、连接环等组成，如图6－37所示。

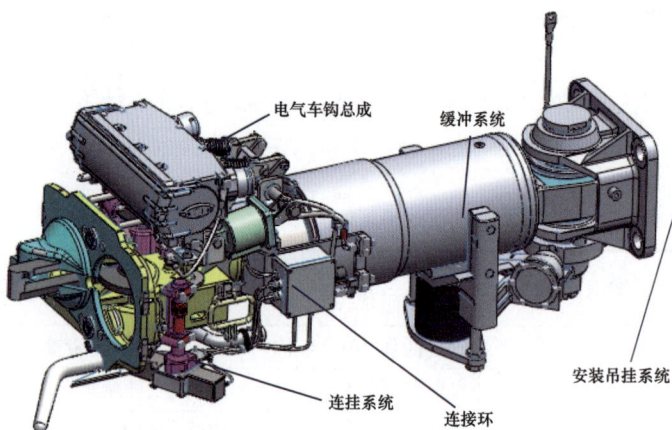

图6－37 全自动钩缓装置

连挂系统包含 10 号车钩、风管连接器等，可以实现机械自动连挂和分解（或手动分解），以及风管连接器连挂和分解（或手动分解），具有连挂到位指示功能。

10 号车钩包括钩舌、连挂杆、主销等。风管连接器包括总风连接器组成、列车管连接器组成和解钩风管连接器组成，三种气路连接随着机械的连挂和分解实现气路的自动导通和断开。

电气车钩总成包括电气车钩、推送机构，其作用为随着机械的连挂和分解实现电气信号的自动连接和断开；推送机构具有推出后活塞自动锁止的功能。

缓冲系统包括胶泥缓冲器、壳体、导向杆组成、端螺母等，主要作用为吸收正常工况下的冲击能量。

安装吊挂系统包括安装座、橡胶支撑、支架、蝶簧、活塞等，其作用为保持或调整车钩的位置，包括车钩水平方向位置和垂直方向位置，并实现车钩与车体的连接。

2. 说明

（1）主要技术参数。

10 号车钩缓冲装置主要技术参数如表 6-2 所示。

表 6-2　10 号车钩缓冲装置主要技术参数

项目	数值
车钩长度/mm	1 360
抗拉强度/kN	≥1 000
抗压强度/kN	≥1 500
缓冲器行程/mm	≤73
缓冲器容量/kJ	≥40
最大水平转角/°	≥25，≤-25
最大垂直转角/°	≥6，≤-6

（2）结构及技术说明。

10 号车钩前端钩缓装置由缓冲系统、安装吊挂系统、连挂系统、电气车钩总成等组成，如图 6-38 所示。

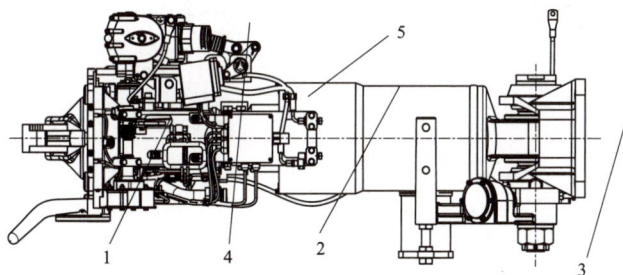

1—连挂系统；2—缓冲系统；3—安装吊挂系统；4—电气车钩总成；5—连接环

图 6-38　10 号车钩前端钩缓装置

10 号车钩连挂系统可以实现机械和风管连接器自动连挂和分解（或手动分解），并作为电气连接器的安装载体，具有连挂到位指示功能，10 号车钩连挂系统如图 6-39 所示。

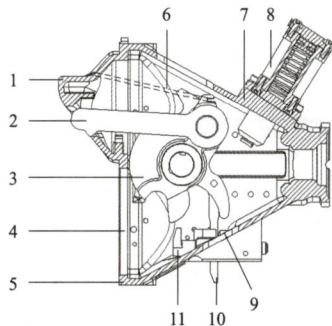

1—凸锥；2—连挂杆；3—钩舌；4—凹锥；5—连挂面；6—拉簧；7—钩体；8—解钩风缸；9—顶筒；10—定位杆；11—触发器

图 6-39　10 号车钩连挂系统

10 号车钩缓冲系统主要由缓冲器、橡胶轴承、缓冲器壳体等组成，如图 6-40 所示。

187

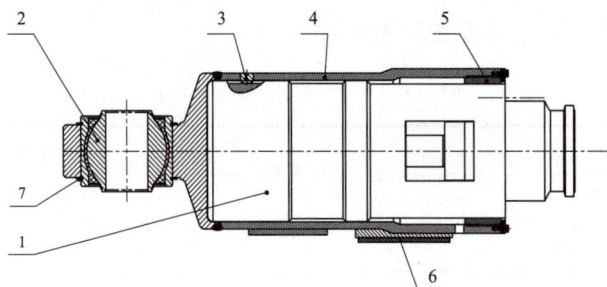

1—缓冲器；2—橡胶轴承；3—防转销；4—缓冲器壳体；5—端螺母；6—磨耗板；7—轴用弹性挡圈

图6-40　10号车钩缓冲系统

10号车钩安装吊挂系统主要由安装座、钩尾销轴套、轴承垫圈等组成，如图6-41所示。

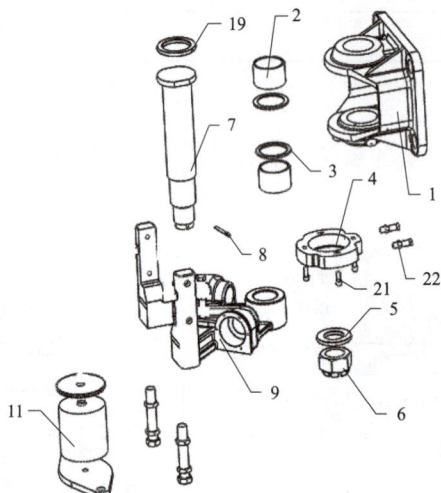

1—安装座；2—钩尾销轴套；3—轴承垫圈；4—凸轮板；5—钩尾销下垫圈；6—钩尾销螺母；7—钩尾销；8—开口销；
9—支架组成；11—橡胶支承；19—钩尾销上垫圈；21—凸轮板紧固螺栓组成；22—凸轮板位置加固螺栓组成

图6-41　10号车钩安装吊挂系统

（3）工作原理。

10号车钩利用钩舌与钩舌间的相互啮合来实现连挂牵引作用，如图6-42所示。

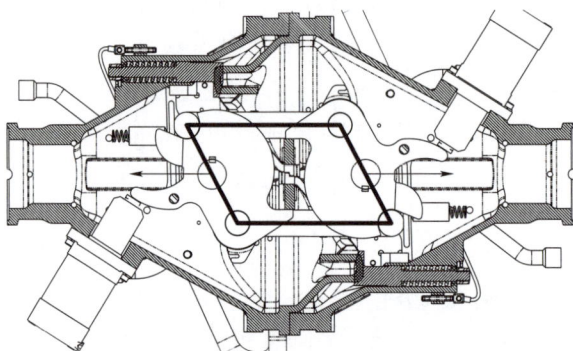

图6-42　10号车钩的牵引原理

电气连接器通过插头插座的配合进行连接。

缓冲器的工作原理是利用胶泥材料流过小孔产生的阻尼将外界冲击能量消耗掉，如图 6-43 所示。

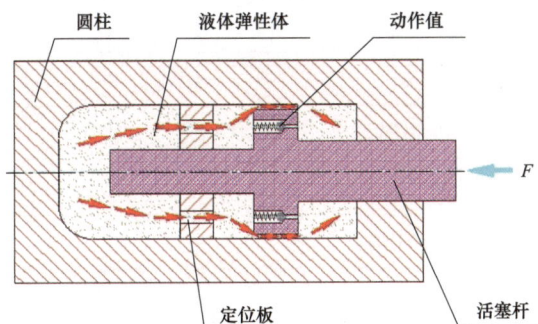

图 6-43　缓冲器

【知识点 2】15X 托梁式钩缓装置

15X 托梁式钩缓装置（以下简称钩缓装置）如图 6-44 所示，车钩采用带卡环的 15X 小间隙车钩，为了避免车钩低头造成的脱钩风险，采用预压缩的橡胶支撑结构和托架支撑结构共同承担车钩低头造成的压力。缓冲系统采用 QKX80 弹性胶泥芯子，其功能是保证车组单元内部车辆的机械连接，满足整列车冲击工况的能量吸收要求。车钩与缓冲系统之间通过连接环进行连接。

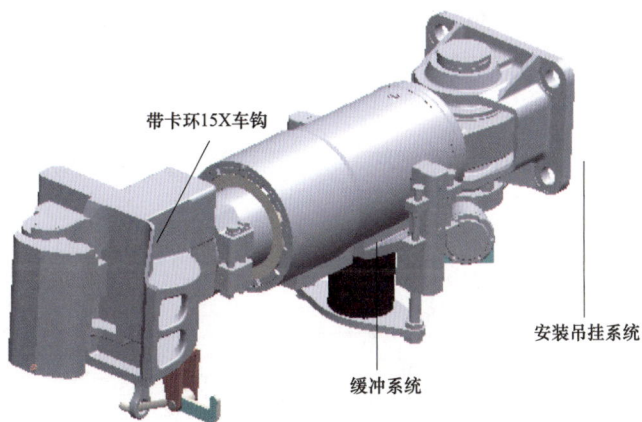

图 6-44　15X 托梁式钩缓装置

1. 主要技术参数

钩缓装置车钩主要技术参数如表 6-3 所示。

表 6-3　钩缓装置车钩主要技术参数

项目	数值
车钩长度/mm	1 360
最小拉伸破坏载荷/kN	1 800

项目	数值
最大水平转角/°	≥25，≤−25
最大垂直转角/°	≥6，≤−6
材料	C 级钢
材料强度极限/MPa	≥620
冲击性能：Akv（−80 ℃）不低于/J	20
硬度 钩舌/HBS	179～229
钩体/HBS	179～241
钩锁/HBS	179～241

钩缓装置缓冲系统主要技术参数如表 6−4 所示。

表 6−4　钩缓装置缓冲系统主要技术参数

项目	初压力/kN		最大阻抗力/kN		行程/mm		容量/kJ		吸收率/%	
	静态	动态	静态	动态	静态	动态	静态	动态	静态	动态
指标	80～150	—	≥850	≤1 500	≤73	≤73	≥30	≥40	≥25	≥80

2. 结构及技术说明

钩缓装置主要由连挂系统、缓冲系统、安装吊挂系统三个部分组成，车钩和缓冲系统之间通过连接环进行连接。如图 6−45 所示。

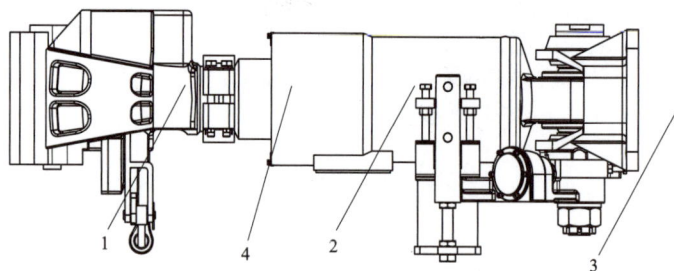

1—连挂系统；2—缓冲系统；3—安装吊挂系统；4—连接环

图 6−45　钩缓装置

在传统 15X 小间隙车钩侧边增加一套解钩手柄构成车钩，车钩的基本结构如图 6−46 所示。

图 6-46　车钩的基本结构

安装吊挂系统主要由橡胶支撑、支架、钩尾销、安装座等组成，如图 6-47 所示。

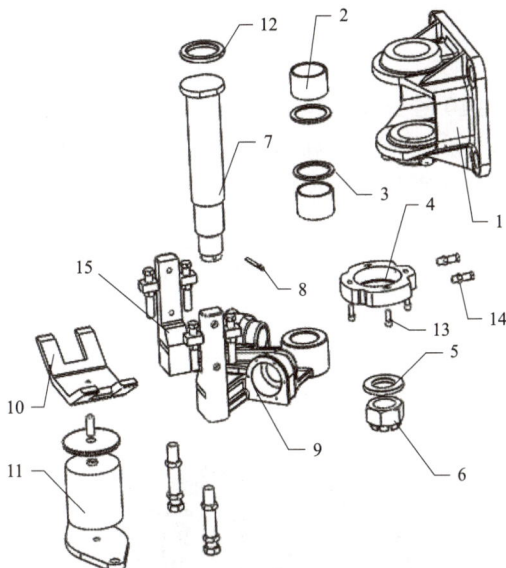

1—安装座；2—钩尾销轴套；3—轴承垫圈；4—凸轮板；5—钩尾销下垫圈；6—钩尾销螺母；7—钩尾销；8—开口销；9—支架；
10—限位板；11—橡胶支撑；12—钩尾销上垫圈；13—凸轮板紧固螺栓组成；14—凸轮板位置加固螺栓组成；15—六角头螺栓

图 6-47　安装吊挂系统

3. 工作原理

车钩是利用钩舌与钩舌间的相互啮合来实现连挂牵引作用的。

缓冲器的工作原理是利用胶泥材料流过小孔产生的阻尼将外界冲击能量消耗掉。

【知识点 3】过渡车钩

本书介绍四方车辆研究所（现中车青岛四方车辆所有限公司）生产的过渡车钩在参与机车或动车组救援时的操作、调试方法，日常运用过程中连挂、解钩功能和操作安全事项，为保证动车组统型过渡车钩的高效工作，在实际操作过程中须参照相关规定执行。

时速 160 km 动力集中（鼓形）动车组统型过渡车钩共包括 2 种模块（见图 6－48）：模块 1（880 mm 钩高的 10 号过渡钩模块，双管结构）和模块 4（机车过渡钩模块）。

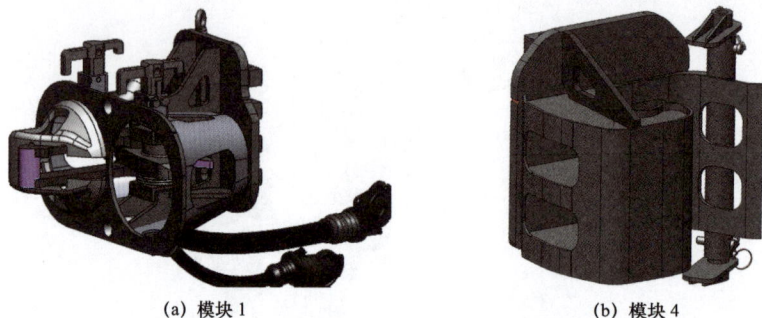

(a) 模块 1　　　　　　　　　　　　(b) 模块 4

图 6－48　统型过渡车钩模块外形示意图

1. 主要技术参数

拉伸强度：≤500 kN

压缩强度：≤550 kN

2. 结构及技术说明

（1）模块 1。

模块 1（880 mm 钩高的 10 号过渡钩模块，双管结构）由焊接钩体、锁闭机构、辅助挂钩和风管四部分组成，如图 6－49 所示。焊接钩体与锁闭机构组成一个完整的机械连挂系统，可与欧式 10 号车钩连挂。10 号过渡车钩的模块整体结构采用焊接结构组成，保证过渡车钩整体拉压强度，不受力部分采用低碳钢板组焊钩体，钩体的凸锥部分由于外形较复杂采用铸造件。借助辅助挂钩组成，操作者可以在没有机车外力辅助的条件下，凭人力下压过渡车钩后座板将模块 3 与被救援 10 号自动车钩连挂到位。

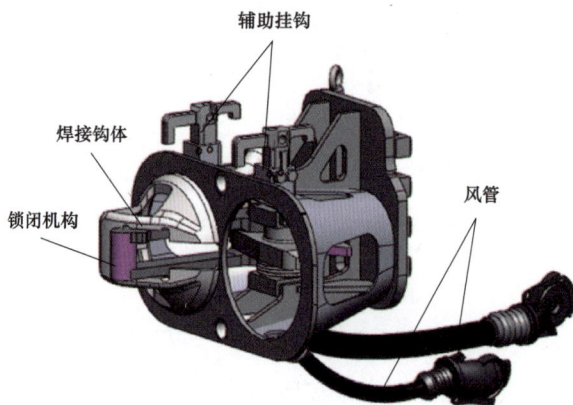

图 6－49　模块 1

模块 1 结构组成如图 6－50 所示。

载荷传递分析如下。

传递纵向拉伸载荷时：锁闭机构—主轴—焊接钩体—插隼结构—插销。

传递纵向压缩载荷时：焊接钩体整体承载。

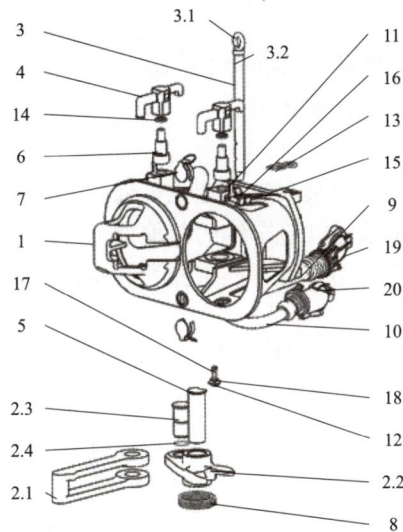

1—焊接钩体；2.1—连挂杆；2.2—钩舌；2.3—连挂杆销；2.4—轴用弹性挡圈；3—连接销组成；3.1—吊座螺栓 8×16；
3.2—连接销；4—辅助挂钩；5—中心轴；6—转轴销；7—风管防护卡组成；8—扭簧；9—制动软管连接器；
10—总风软管连接器；11—锁定弹簧片；12—定位止挡；13—R 形销；14—标准型弹簧垫圈 1；15—六角头螺栓全螺纹（M6×12）；
16—标准型弹簧垫圈 2；17—六角头螺栓全螺纹（M8×20）；18—标准型弹簧垫圈 3；19、20—巴掌头防尘罩（橘黄）

图 6-50　模块 1 结构组成

（2）模块 4。

模块 4（机车过渡钩模块）主要由三块横向支撑板、外围蒙板和后座板等焊接而成，如图 6-51 所示。模块 4 结构组成如图 6-52 所示。

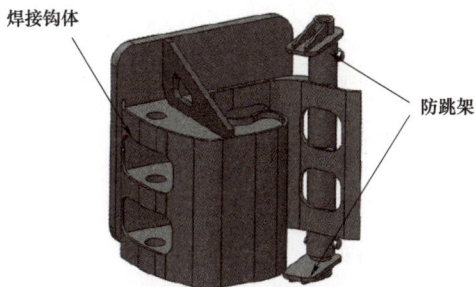

图 6-51　模块 4

1—13 号车钩焊接钩体；2—防跳架 2；3—连接销组成；
3.1—吊座螺栓 8×16；3.2—连接销；4—防跳架 1；
5—R 形销；6—自锁销；7—圆环扣；8—钢丝绳

图 6-52　模块 4 结构组成

载荷传递分析如下。

传递纵向拉伸载荷时：焊接钩体—插隼结构—插销。

传递纵向压缩载荷时：焊接钩体整体承载。

3. 工作原理

过渡车钩模块 1 用来与动车组前端车钩相连挂。前端连挂面板用以承受压力载荷和冲击。牵引载荷则通过连接杆和钩舌传递至过渡车钩的其他部分。

过渡车钩模块 1 焊接钩体的正面布置有凸锥面和凹锥面。在过渡车钩与前端车钩连挂时用来进行连挂时的自动对正和对中。

过渡车钩模块 1 还带有风管连接器（制动管路和总风管路），用于在救援工况时牵引机车对动车组的制动控制和用机车给动车组进行供风操作。模块 1 的风管连接器如图 6-53 所示。

过渡车钩模块 1 与动车组连挂后，观察连挂指示到位并试拉后，方可确认连挂成功，如图 6-54 所示。

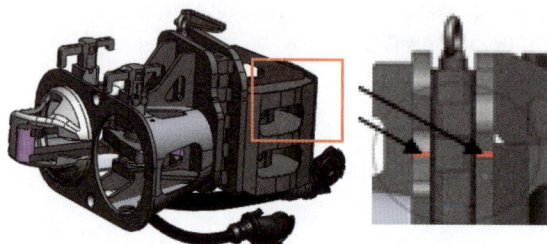

图 6-53　模块 1 的风管连接器　　　　图 6-54　模块 1 连挂到位指示

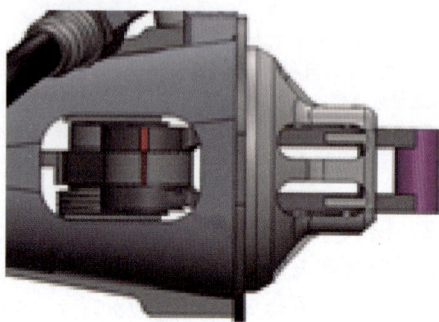

过渡车钩模块 4 用来与装有 13 号或 15 号车钩的机车进行连挂。

为了使模块 4 能够与采用 13 号或 15 号车钩的牵引列车配合使用，此机车过渡车钩模块配有上下防跳装置，上防跳装置有两个安装孔，下防跳装置有 3 个安装孔，如图 6-55 所示。图 6-55（a）是存放状态，图 6-55（b）是工作状态。防止在正常作业时由于 13 号或 15 号车钩的跳动解钩。正常工作状态时，上防跳架使用图 6-55（b）中件号为 2 的孔安装，下防跳架使用图 6-55（b）中件号为 4 的孔（中间孔）安装。

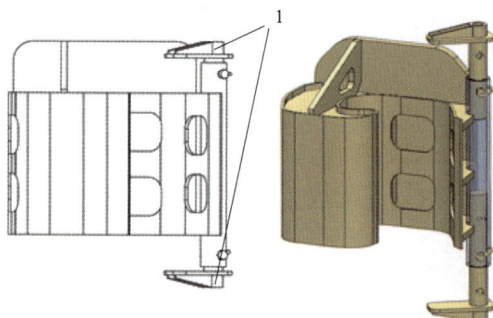

(a) 存放状态　　　　(b) 工作状态

1—防跳装置

图 6-55　模块 4 工作示意图

【知识点 4】MJGH-25T 型钩缓装置

25T 型密接式钩缓装置（如图 6-56 所示），是四方车辆研究所专为干线提速客车设计的密接式车钩缓冲装置，共有 MJGH-25T 型和 MJGH-QZ 型两个型号。本书对应 MJGH-25T 型密接式钩缓装置。密接式钩缓装置的特性如下。

可实现列车自动连挂，连挂状态为刚性连接。

在使两车可靠连挂的同时，保证列车能顺利通过现有线路及所有平、竖曲线。

缓和及吸收列车运行过程中车辆间的冲击能量。

解钩采用人工作业。

密接式车钩不能直接与普通车钩连挂。特殊情况下，需与普通 13 号及 15 号车钩连挂时，可采用过渡钩或托梁式车钩。过渡钩仅适用于段内调车及紧急救援；托梁式车钩可作为与机车连接使用，适用于所有运行工况。

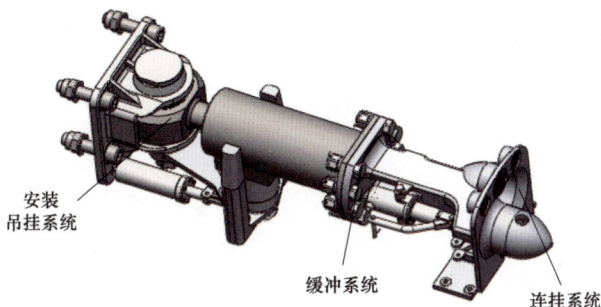

图 6-56 25T 型钩缓装置

1. 主要技术参数

25T 型钩缓装置主要技术参数如表 6-5 所示。

表 6-5 25T 型钩缓装置主要技术参数

项目	数值
车钩长度/mm	1 280±5
整体抗拉伸破坏强度/kN	≥1 800
初压力/kN	≤30
阻抗力/kN	≤800
容量/kJ	≥30
行程/mm	≤73
吸收率/%	≥80
车钩平均连挂间隙/mm	≤1.5
水平转角/°	≥17，≤-17
垂直转角/°	≥4，≤-4

2. 结构及技术说明

密接式钩缓装置由连挂系统、缓冲系统及安装吊挂系统三部分组成，如图 6−57 所示。

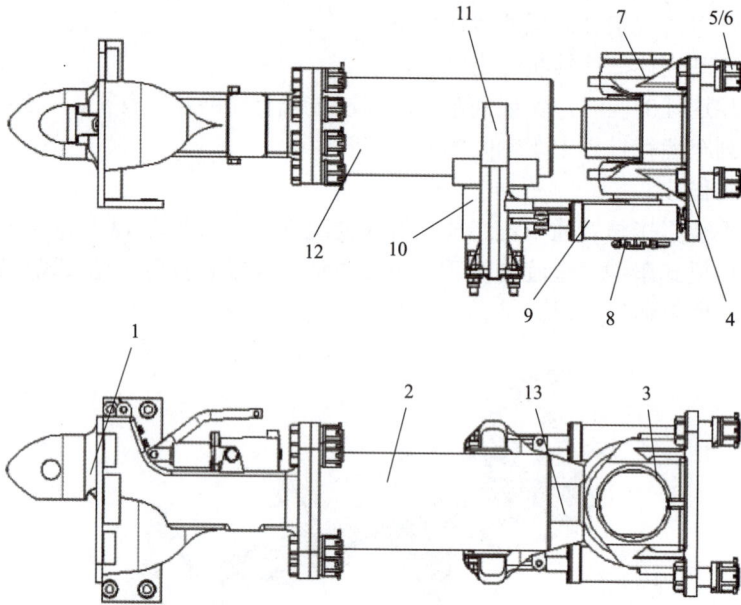

1—连挂系统；2—缓冲系统；3—安装吊挂系统；4—安装座；5—安装螺栓；6—安装螺母；7—钩尾销；

8—钩尾销螺母；9—复原弹簧盒；10—支撑弹簧盒；11—支架；12—缓冲器；13—拉杆

图 6−57　密接式钩缓装置

安装及吊挂系统由安装座、安装螺栓、安装螺母、钩尾销、钩尾销螺母（25T 型为开槽螺母）、复原弹簧盒、支撑弹簧盒、支架组成。

缓冲系统由缓冲器、拉杆、蝶簧筒（有内装蝶簧和弹性体两种结构）、内半筒组成。

连挂系统由钩体、钩舌、连接螺栓、螺母、解钩手柄、解钩风缸（MJGH−25T 型无此部件）组成。

3. 工作原理

车钩利用钩舌与钩舌间的相互啮合来实现连挂牵引作用。

缓冲器的工作原理是利用胶泥材料流过小孔产生的阻尼将外界冲击能量消耗掉。

【知识点 5】双层折棚风挡

风挡

折棚风挡是轨道客车两车厢间柔性连接的部件，其结构可以满足列车在规定路况下的相对运动，给乘客提供一个安全、可靠、舒适的通道。

基于折棚风挡的结构设计，它拥有较长的使用寿命。折棚风挡产品外形如图 6−58 所示。

1. 主要技术参数

折棚风挡主要技术参数如表 6−6 所示。

图 6-58 折棚风挡产品外形

表 6-6 折棚风挡主要技术参数

项目		参数
运用环境	环境温度/℃	±40
	相对湿度/%	≤95
	轨距/mm	1 435
	通过最小曲线半径/m	145
	新车时轨面距车钩中心高/mm	880^{0}_{-30}
风挡主要参数	风挡连接长度/mm	800
	踏板距轨面高/mm	1 283
	有效通过宽度/mm	970
	有效高度/mm	2 159
	重量/kg	165
风挡主要技术性能	气密性	风挡内空气压力从 3 600 Pa 降至 1 350 Pa 的泄漏时间不应少于 50 s
	隔热性能	传热系数 K≤3.5 W/（m² · K）
	隔声性能	计权噪声降低量 NRW≥34 dB
	踏板承载能力	承载 5 500 N/mm²，风挡垂向位移量应不大于 10 mm。卸载后，风挡垂向位移量应不大于 5 mm

2. 结构及技术说明

折棚风挡组成的主要部件如图 6-59 所示。

图 6-59　折棚风挡组成的主要部件

折棚风挡产品结构如图 6-60 所示。

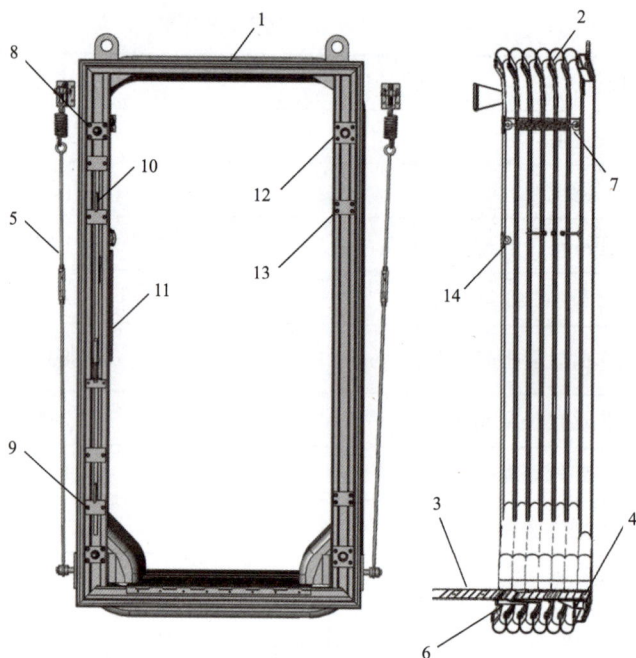

1—对接框组成；2—折棚组成；3—踏板组成；4—渡板组成；5—拉杆组成；6—踏板支撑；7—拉簧组成；8—导向销；
9—锁杆压板；10—锁杆组成；11—锁盒组成；12—导向销座；13—锁板；14—收紧绳座

图 6-60　折棚风挡产品结构

3. 工作原理

折棚组成为向内开放的灵活 U 形褶皱。棚布采用特殊材料制成，通过夹紧的铝型材小框实现连接。末圈棚布夹压在铆钉框及螺钉框上。折棚组成结构如图 6-61 所示。

对接框组成由对接框架组成、定位销、定位销座、锁闭机构等部件组成。对接框架是由特殊铝型材焊接而成的框架，一面与铆钉框连接，实现与折棚组成的连接，另一面装配锁闭机构、锁杆长座等部件，组成半个风挡，对接框组成结构如图 6-62 所示。

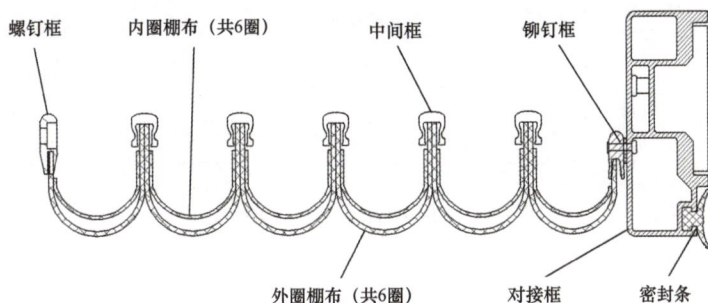

图 6-61　折棚组成结构

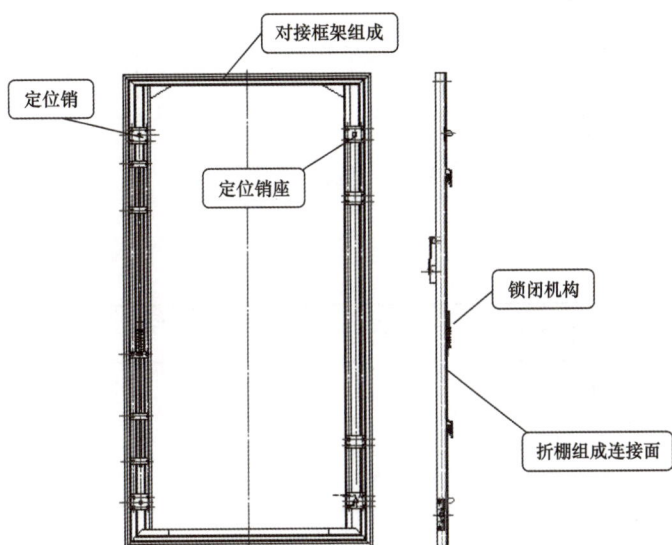

图 6-62　对接框组成结构

踏板组成由两部分组成，一套下踏板组件和一套上踏板组件。下踏板组件由固定踏板、活动踏板、折页组成；上踏板组件由两块渡板页、磨耗条、两个折页组成，如图 6-63 所示。

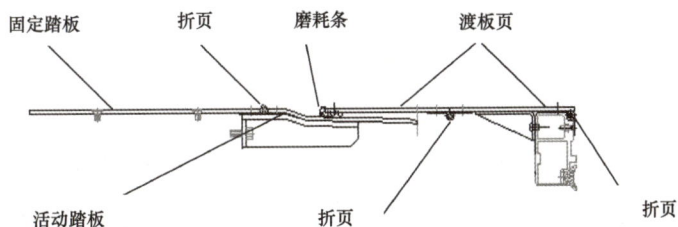

图 6-63　踏板组成结构

拉杆组成结构如图 6-64 所示。

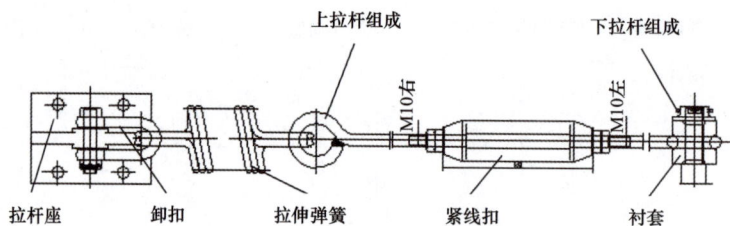

图 6-64　拉杆组成结构

拉簧组成结构如图 6-65 所示。

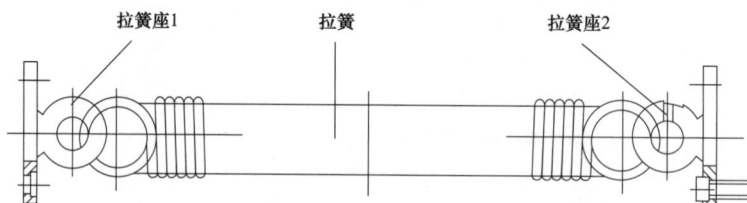

图 6-65　拉簧组成结构

任务考核与评价

任务考核			任务评价	
任务	提出问题	学生回答	自我评价	教师评价
子任务 1	1. 时速 160 km 动力集中（鼓形）动车组车钩缓冲装置头车全自动钩缓装置的结构组成			
	2. 15X 托梁式钩缓装置的结构组成			
子任务2	1. 过渡车钩的结构组成			
	2. MJGH-25T 钩缓装置的结构组成			
子任务3	双层折棚风挡的结构组成			

◆ 复习思考题

复习思考题除涉及本任务介绍的知识与技能外，还可能涉及本任务未介绍的知识与技能，需通过阅读参考书、网络搜索等方式进行自主学习后进行解答，在巩固课堂学习成果的同时培养自主学习能力。

1. MJGH-25T 型密接式车钩利用钩舌与钩舌间的相互啮合来实现（　　）作用。

2. MJGH-25T 型密接式钩缓装置的缓冲器的工作原理是利用（　　）流过小孔产生的阻尼将外界冲击能量消耗掉。

3. MJGH – 25T 型密接式钩缓装置的连挂系统由钩体、钩舌、连接螺栓螺母、解钩手柄、解钩风缸、（　　）组成。

4. MJGH – 25T 型密接式钩缓装置由（　　）、缓冲系统及安装吊挂系统三部分组成。

5. 15X 型托梁式钩缓装置的车钩主要是在传统 15X 小间隙车钩侧边增加了一套（　　）。

6. 10 号车钩包括钩舌、（　　）、主销等。

7. 10 号车钩风管连接器包括（　　）组成、（　　）组成和（　　）组成，三种气路连接随着机械的连挂和分解实现气路的自动导通和断开。

项目 7

车　体

车体是车辆中的重要组成部分之一。车体是承载旅客或货物的空间，它位于转向架上面。车体也是安装车辆其他四部分的基础。货车车体既要保证运货质量，又要考虑装、卸货物方便，所以结构形式较多。货车车体一般由底架、端墙、侧墙和车顶四部分组成。客车车体则应具有足够的强度以确保乘客安全，同时还应具有隔热、隔音性能，并须安装座椅、电灯、铺席、洗脸室及卫生间等设施。

本项目主要介绍车体的钢结构，主要内容有：车体钢结构的概述，敞车、平车、棚车、罐车、客车车体钢结构。通过学习，学生能够对车体钢结构有一定的认识。

本项目包含以下 3 个任务。

任务 7.1　货车车体
任务 7.2　客车车体
任务 7.3　时速 160 km 动力集中（鼓形）动车组车体钢结构

任务 7.1　货车车体

任务分析

教学目标	知识目标	了解车体的分类，掌握车体的组成，理解车体的受力分析
	能力目标	能读懂货车结构图
	思政目标	培养良好的社会公德、职业道德和专业基本素质，树立爱国、敬业意识
教学重难点	教学重点	车体的组成
	教学难点	车体的受力分析
学情分析	知识和技能基础	学习常见机械机构工作原理，熟悉铁路车辆的总体构造
	认知和实践能力	具备识读和绘制装配图的能力，具备一定的计算机办公软件应用能力

任务工单

任务考核	
任务	提出问题
子任务 1	1. 车体的组成部件是什么？
	2. 车体的承载方式有几种？
子任务 2	1. 常见的敞车型号有哪些？
	2. NX$_{70A}$ 型通用平车由哪些部分组成？
子任务 3	罐车有哪些种类？

任务实施

【知识点 1】车体的组成

车体是先由若干纵、横向的梁和立柱组成钢骨架，再装上墙板、地板、顶板，以及需要的隔热材料（如客车、保温车）、门窗等组成。

车体钢结构骨架如图 7-1 所示。底架中部断面较大并沿其纵向中心线贯通全车的梁称为中梁，它是底架的基础和其他各梁的支承，因此，它是底架各梁中最主要的受力构件。

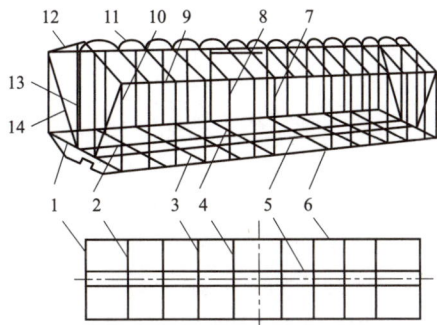

1—端梁；2—枕梁；3—小横梁；4—大横梁；5—中梁；6—侧梁；7—门柱；8—侧立柱；9—上侧梁；
10—角柱；11—车顶弯梁；12—顶端弯梁；13—端立柱；14—端斜撑

图 7-1　车体钢结构骨架

侧梁位于底架两侧，它与端梁、枕梁及各横梁连接，是底架的主要构件之一，用以直接安装侧墙和承受部分垂直载荷。侧梁一般采用槽钢，它的槽口向内，便于和底架上各横梁连接，其外侧又可方便地安装侧柱、门搭扣座、脚蹬和绳栓等附件。

枕梁承受垂直载荷，同时是侧梁的主要支承，并将侧梁负荷传至心盘。

横梁的作用基本与枕梁相同，所不同的是它可将侧梁上的负荷传至中梁，再通过中梁传至心盘。横梁有大小之分，大横梁为单根工字形截面等强度结构，小横梁一般为等截面槽形结构。

端梁位于底架两端，与中、侧梁两端连接。其上安装端墙，增加底架端部的连接刚度，并承受端部冲击力。端梁中部开有钩口，外面装有冲击座，以便装入车钩。在一位端梁上焊有人力制动机轴托。

侧墙由侧立柱、上侧梁和其他杆件、侧墙板和门窗组成。

端墙的结构与侧墙基本相同，除端梁外，还设有角柱、端立柱和端墙板等。

车顶的结构包括车顶弯梁、车顶横梁、车顶端弯梁及车顶板等。车辆大多采用钢板与梁、柱结合为一体的全钢焊接结构。

【知识点2】车体的受力分析

车体底架通过心盘或旁承支承在转向架上。车体钢结构承担了作用在车体上的各种载荷。

（1）垂向总载荷：包括车体自重、载重、整备重量及由于轮轨冲击和簧上振动而产生的垂向动载荷。在大部分情况下，这些载荷比较均匀地铅垂作用在地板面上。

（2）纵向载荷：指当列车起动、变速、上下坡道，特别是进行紧急制动和调车作业时，在车辆之间及机车和车辆之间所产生的牵引和压缩冲击力。此纵向力通过车钩缓冲装置作用于底架的前（或后）从板座上。随着列车长度和总重量的增加，纵向力的数值将会很大，对车体来说，也是一种主要载荷。

（3）侧向载荷：包括风力和离心力，当货车装运散粒货物时，还要考虑散粒货物对侧墙的压力。侧向载荷比起前两种载荷虽然小得多，但对于车体的局部结构有一定影响，例如会使侧立柱产生弯曲变形，进而加重侧墙各构件的弯曲变形等。

（4）扭转载荷：当车辆在不平坦线路上运行或车体被不均匀地顶起时（如检修时的顶车作业），车体钢结构将承受扭转载荷。

此外，车体钢结构上还承受着各种局部载荷，例如底架上悬挂的制动、给水、车电等装置引起的附加载荷，客车侧墙上的行李架承载物品时引起的载荷等。

【知识点3】车体的结构形式

根据承载方式，车体可分为底架承载结构、侧墙和底架共同承载结构、整体承载结构三种形式。

（1）底架承载结构。

全部载荷均由底架来承担的车体结构称为底架承载结构。平车及长大货物车，由于构造上只要求其具有载货地板面，而不需要车体的其他部分，故作用在地板面上的载荷完全由底架的各梁来承担。因此，中梁和侧梁都需要做得比较强大。为了使受力合理，中、侧梁均制成中央断面尺寸比两端断面尺寸大的鱼腹形，即为近似等强度的梁。

（2）侧墙和底架共同承载结构。

载荷由侧端墙与底架共同承担的车体结构称为侧墙和底架共同承载结构，简称侧墙承载结构。由于侧、端墙分担了部分载荷，底架就可以相对轻巧些，中、侧梁断面均可减小，中梁不需要制成鱼腹形。侧梁用断面尺寸比中梁小的型钢制成，减轻了底架的重量。

（3）整体承载结构。

在板梁式侧端墙上固接由金属板、梁组焊而成的车顶，使底架、侧墙、端墙、车顶牢固地组成为整体，车体各部分均能承受垂向力和纵向力，这种结构称为整体承载结构。

整体承载结构可分为开口箱形结构和闭口箱形结构两种。

整体承载结构的车体骨架是由很多轻巧的纵向杆件及横向杆件组成的一个个钢环，这些钢环与金属包板组焊在一起具有很大的强度和刚度。因此底架的结构可以制作得更为轻巧，甚至可以将底架中部的一段中梁去掉而制成无中梁的底架结构。无中梁底架去掉了两枕梁间的一段中梁，适当加强了侧梁，且在两枕梁之间铺波纹地板，同样可以承担各种载荷。

【知识点 4】敞车

敞车是铁路货车的车种之一，其特点为无盖、四边侧板，其中两边侧板有可翻开的侧门，方便卸除货物。敞车主要供运送煤炭、矿石、矿建物资、木材、钢材等大宗货物用，也可用来运送重量不大的机械设备。若在所装运的货物上蒙盖防水帆布或其他遮篷物后，可代替棚车承运怕雨淋的货物。因此敞车具有很大的通用性，其在货车中数量最多，约占货车总数的 60% 以上。

目前，我国主型通用敞车有 C_{61}、C_{62}、C_{62A}、C_{62}、C_{64K}、C_{70}、C_{70}、C_{70H}、C_{76H}、C_{80} 型等。

敞车按用途不同可分为两类：一类为通用敞车，可装运煤炭、矿石、建筑物资、木材、钢材、机械设备等多种货物，一般无固定配属；另一类为专用敞车，用于装卸煤炭或矿石等专用货物，适用于大型工矿企业、站场、码头之间，一般为成列固定编组运输、有固定配属。

通用敞车是我国铁路货车技术发展的典型代表，目前，我国通用敞车主要有轴重 21 t、载重 60 t 级的 C_{62} 系列和 C_{64} 系列敞车，轴重 23 t、载重 70 t 级的 C_{70} 系列敞车和轴重 27 t、载重 80 t 级的 C_{80E} 系列敞车。

通用敞车主要由车体、转向架、制动装置和车钩缓冲装置等组成，车体为全钢焊接结构，由底架、侧墙、端墙等组成，车体每侧侧墙上各设有 1 扇对开式侧开门和 6 扇上翻式下侧门。

1. C_{70} 型敞车

为适应我国既有铁路线路、桥梁的实际承载能力，加快铁路装备现代化进程，满足货车由 60 t 向 70 t 的升级换代要求，齐齐哈尔铁路车辆（集团）有限公司（现齐齐哈尔轨道交通装备有限责任公司，以下简称齐车公司）于 2003 年开始进行 70 t 的新型通用敞车的研制，2005 年初完成了载重 70 t 的新型通用敞车工作图设计、小批量试制及各项性能试验工作，并于同年 6 月通过了样车的部级审查。该车载重 70 t，自重 23.8 t，2005 年开始投入生产。

（1）主要特点。

① 采用屈服极限为 450 MPa 的高强度钢和新型中梁，载重大、自重轻，优化了底架结构，提高了纵向承载能力，适应万吨重载列车的运输要求。

② 车体内长 13 m，满足较长货物的运输要求，提高了集载能力，与 C_{64} 型敞车相比，集载能力提高 70%。

③ 采用新型中立门结构，提高了车门的可靠性，可解决现有 C_{64} 型敞车最大的惯性质量问题。

④ 采用 E 级钢 17 号高强度车钩和大容量缓冲器，提高了车钩缓冲装置的使用可靠性，可解决车钩分离、钩舌过快磨耗等惯性质量问题。

⑤ 采用转 K6 型或转 K5 型转向架，确保车辆运行速度达 120 km/h，满足提速要求，改善了车辆运行品质，降低了轮轨间作用力，减轻了轮轨磨耗。

⑥ 侧柱采用新型双曲面冷弯型钢，提高了强度和刚度，更适应翻车机作业。

⑦ 满足现有敞车的互换性要求，主要零部件可与现有敞车通用互换，方便维护和检修。

（2）主要技术参数。

C_{70} 型敞车主要技术参数如表 7-1 所示。

表 7-1　C$_{70}$ 型敞车主要技术参数

项目	参数
载重/t	70
自重/t	≤23.8
轴重/t	约 23
容积/m³	77
商业运营速度/（km/h）	120
车辆长度/mm	13 976

（3）结构特点。

C$_{70}$ 型敞车由底架、侧墙、端墙、车门等部件组成。车体为全钢焊接，主要材料采用屈服强度为 450 MPa 的耐候钢。

底架由中梁、侧梁、枕梁、大横梁、端梁、纵向梁、小横梁及钢地板组焊而成。中梁采用 310 乙型钢组焊而成，允许采用冷弯中梁，侧梁为 240 mm×80 mm×8 mm 的槽形冷弯型钢；枕梁、横梁为钢板组焊结构，底架上铺 6 mm 厚的耐候钢地板；采用锻造上心盘（直径为 358 mm）及材质为 C 级铸钢的前、后从板座，前、后从板座与中梁间、脚蹬与侧梁间均采用专用拉铆钉连接。

侧墙为板柱式结构，由上侧梁、侧柱、侧板、连铁、斜撑、侧柱补强板及侧柱内补强座等组焊而成。上侧梁采用 140 mm×100 mm×5 mm 的冷弯矩形钢管，侧柱采用 8 mm 厚冷弯双曲面帽形钢，侧柱与侧梁采用专用拉铆钉连接。

端墙由上端梁、角柱、横带及端板等组焊而成。上端梁、角柱采用 160 mm×100 mm×5 mm 的冷弯矩形钢管，横带采用断面高度为 150 mm 的帽形冷弯型钢。

在车体两侧的侧墙上各安装有一对侧开式侧开门及 6 扇上翻式下侧门。侧开门采用新型锁闭装置，门边处组焊槽形冷弯型钢，增强了刚度并将通长式上锁杆封闭其中，防止变形与磕碰。下门锁采用偏心压紧机构，当车门关闭后，通长式上锁杆可防止下门锁窜出，操作简单，安全可靠。下侧门结构与 C$_{64}$ 型敞车相同。

2. C$_{80}$ 型敞车

C$_{80}$ 型敞车供大秦线 2 万 t 重载列车运输煤炭用，能与秦皇岛煤运码头的拨车机、列车定位机和翻车机相匹配，实现不摘钩连续翻卸作业，并能适应环形装车、直进直出装车、解体装车作业，以及运行时机车动力集中牵引要求。

C$_{80}$ 型敞车有铝合金和不锈钢两种材料车体。

（1）C$_{80}$ 型铝合金敞车（C$_{80H}$ 型敞车）如图 7-2 所示，其特点如下。

① 保留原合理结构，借鉴了 C$_{70}$ 型敞车运用经验。

图 7-2 C_{80} 型铝合金敞车（C_{80H} 型敞车）

② 上侧梁上平面单侧凸起。该结构可增强翻车机压头接触部位的刚度，同时减小压头作用时对上侧梁产生的附加弯矩。

③ 角部连铁采用高强度钢板焊接结构及高强度螺栓连接，可有效降低车辆的最大高度，防止与翻车机压头干涉。

④ 侧墙可采用上下两块沿纵向拼接的方案，以克服宽板供应的困难。

⑤ 浴盆可采用沿纵向三段拼接，以克服宽板供应的困难。

⑥ 主要梁件及承载部位的连接选用哈克铆钉（Huck），侧墙与侧板等非承载部位的连接选用铝合金铆钉。

⑦ 可换装牵引杆装置结构简单，简化了制造及维修工艺，而且自重轻。由于没有了车钩间的连挂间隙，列车的纵向冲力大大降低，车钩零部件的磨耗减少，车辆的动力学性能得到改善。牵引杆的连接长度能够与车钩互换，牵引杆装置采用一端可旋转、另一端固定的结构。

（2）主要技术参数。

C_{80} 型敞车主要技术参数如表 7-2 所示。

表 7-2 C_{80} 型敞车主要技术参数

项目	参数
载重/t	80
自重/t	≤20
总重/t	100
轴重/t	25
容积/m³	87
商业运营速度/（km/h）	100
采用牵引杆结构、三辆一组长度/mm	36 000
不采用牵引杆结构、单辆车长度/mm	12 000

（3）C_{80} 型不锈钢敞车（C_{80B} 型敞车）如图 7-3 所示。

C_{80} 型不锈钢敞车可将三辆车或多辆车设为一组，车组中部车辆间的连接采用牵引杆装置。

C_{80} 型不锈钢敞车底架主要由中梁、枕梁、大小横梁及纵向梁焊接而成。侧墙由侧柱、上侧梁、横带、侧墙板等结构组成。端墙主要由角柱、上端梁、横带、支撑及端板等结构组成。

207

图 7-3 C_{80} 型不锈钢敞车（C_{80B} 型敞车）

【知识点 5】棚车

棚车是一种具有端、侧墙和车顶，并在侧墙上根据需要设置车门和车窗的车辆，主要用于运输各种免受日照、雨雪侵袭的各种箱装、袋装货物及零散货物。加上一些必要的附属设备后，有的棚车还可运送人员和马匹等。

棚车按用途不同可分为三类：运输各种粮谷、日用工业品及贵重仪器设备等的通用棚车；装卸方式灵活或满足特定货物装载需要的专用棚车；运输有毒、易污染、危险物品的毒品车。

通用棚车主要由车体、转向架、制动装置和车钩缓冲装置等组成。车体为全钢焊接结构，主要由底架、侧墙、端墙、车顶、车门、车窗等组成。

1. 21 t 轴重系列通用棚车

21 t 轴重系列通用棚车主要包含 P_{62} 系列、P_{64} 系列和 P_{65} 系列等车型。

P_{62} 系列棚车车体为全钢焊接结构，P_{62T}、P_{62K} 型棚车车体采用普碳钢，$P_{62（N）T}$、$P_{62（N）K}$ 型棚车车体采用耐候钢。早期制动装置采用 GK 型或 120 阀，采用链式手制动机；采用 13 型上作用或 13A 型车钩及钩尾框，2 号或 ST 型等缓冲器；采用转 8 或转 8A 型等转向架。后期经过提速改造，制动装置全部采用 120 阀，P_{62T}、P_{62NT} 型车的转向架已全部改造为转 8 或转 8A 型转向架，P_{62K}、P_{62NK} 型车的转向架已全部更换为转 K2 型转向架。

P_{64} 系列棚车是一种具有内衬结构的新型棚车，是在 $P_{62（N）}$ 型棚车的基础上设计的，其车体主要结构、外观造型及主要结构尺寸与 $P_{62（N）}$ 型棚车基本相同。该车采用的主要型钢和板材件均为耐候钢，并进行抛丸预处理，内衬及地板采用竹材板。早期制动装置采用 103 型、103F 型或 120 阀，采用链式手制动机；采用 13 型上作用车钩及钩尾框、2 号或 ST 型等缓冲器；采用转 8 或转 8A 型等转向架。后期经过提速改造，制动装置全部采用 120 阀，P_{64T} 型车的转向架已全部改造为转 8 或转 8A 型转向架，P_{64K} 型车的转向架已全部更换为转 K2 型转向架。

P_{64A} 系列棚车是在 P_{64} 型棚车的基础上，将人字形车顶改为圆弧形车顶以扩大容积、载重为 58 t 的新型全钢棚车。中梁采用 310 乙字型钢，材质为 09 V 低合金钢。全车板材采用了耐大气腐蚀的低合金钢，材质为 09CuPTiRE。制动装置采用 120 阀，采用链式或脚踏式制动机；采用 13 型上作用式车钩、ST 型缓冲器；早期生产采用转 8 或转 8A 型转向架，后期生产采用转 8G 或转 K2 型转向架。目前 P_{64AT} 型车的转向架已全部改造为转 8 或转 8A 型转向架，P_{64AK} 型车的转向架已全部更换为转 K2 型转向架。

P_{64G} 系列棚车制动装置采用 120 阀，采用链式或脚踏式制动机；采用 13 型小间隙车钩、ST 型缓冲器；采用转 K2 型转向架。

P_{65} 型棚车车体钢结构的主要零部件如枕梁、端梁、大横梁上盖板、车顶弯梁、上侧梁、侧墙板、端墙板、车顶板及侧柱等均采用耐大气腐蚀高强度低合金钢 09CuPCrNi‐A，中梁材料为 09V 低合金钢。制动装置采用 120 阀，采用 NSW、FSW 型或脚踏式制动机；采用 13 型小间隙车钩、MT‐3 型缓冲器；采用转 K2 型转向架。

2. 23 t 轴重系列通用棚车

23 t 轴重系列通用棚车主要为 P_{70} 系列棚车。P_{70} 型棚车如图 7‐4 所示。底架主要承载结构采用 Q450NQR1 高强度耐候钢，端、侧墙及车顶的主要型钢板材采用 09CuPCrNi‐A 耐大气腐蚀钢。制动装置采用 120 阀，采用 NSW 型手制动机；采用 17 号车钩、MT‐2 型缓冲器；P_{70} 型棚车采用转 K6 型转向架，P_{70H} 型棚车采用转 K5 型转向架。

P_{70} 型棚车为齐车公司于 2003 年研制，2005 年初完成工作图设计、小批量试制及各项性能试验工作，并于同年 8 月通过了样车的部级审查。

图 7‐4　P_{70} 型棚车

P_{70}（P_{70H}）型棚车供在标准轨距铁路上使用，可装运各种免受日晒、雨雪侵蚀的货物和箱装、袋装的货物，添加辅助设施后可运送人员，也能够满足叉车等机械化装卸作业的要求。

（1）P_{70} 型棚车的主要特点。

① P_{70} 型棚车容积为 145 m^3，比 P_{64Gk} 型棚车增加 10 m^3，P_{70} 型棚车载重为 70 t，比 P_{64GK} 型棚车增加 10 t，单车载重量提高了 16.7%。

② P_{70} 型棚车每延米轨道载重 5.5 t，比 P_{64G} 型棚车增加 0.4 t。在既有 850 m 站场及线桥条件下，列车运能提高 300 t。

③ 采用转 K6 型或转 K5 型转向架，改善了车辆运行品质，在既有线桥条件下车辆商业运营速度达 120 km/h；采用 17 号车钩缓冲装置、高强度钢中梁，提高了纵向承载能力，可适应编组万吨重载列车的要求。

④ 在既有棚车运用经验的基础上优化了结构，提高了车体的疲劳强度及耐腐蚀性能；转向架、车钩缓冲装置及制动系统的主要零部件通过可靠性设计和完善的工艺、质量保证，实现了寿命管理。

⑤ 采用高强度耐候钢及冷弯型钢，并应用可靠性设计理念优化断面结构，对大应力部位进行细部设计，对整车进行疲劳寿命预测，以提高结构可靠性，有效减轻车辆自重，满足铁路货车提速、重载的要求。

⑥ 在车顶部采用了 4 个通风器以加强车内空气流通，改善车内装货环境，避免聚集在车顶上部的潮浊空气对车顶板的腐蚀。

⑦ 为确保重载编组、高速运行工况下从板座与中梁的连接强度及抗振、防松性能，提高车辆的运用可靠性，前后从板座与中梁之间采用专用拉铆钉铆接。

⑧ 为解决从棚车底门缝进行盗窃散粒货物的问题，对推拉式车门下部结构进行了改进，提高了车门的防盗性能。

⑨ 车窗、车门件及部分冷弯型钢等与现有棚车通用互换，方便维护和检修。

（2）主要技术参数。

P_{70} 型棚车主要技术参数如表 7-3 所示。

表 7-3　P_{70} 型棚车主要技术参数

项目	参数
载重/t	70
无内衬板自重/t	≤23.8
有内衬板自重/t	≤24.6
轴重/t	23
容积/m³	145
商业运营速度/（km/h）	120
车辆长度/mm	17 066

（3）结构特点。

P_{70} 型棚车主要由底架、侧墙、端墙、车顶、车门、车窗等组成。该车车体为全钢焊接整体承载结构。

底架由中梁、枕梁、下侧梁、大横梁、端梁、小横梁、纵向梁、地板等组成。中梁采用屈服强度为 450 MPa 的热轧 310 乙型钢或冷弯中梁；采用直径为 358 mm 的锻钢上心盘和 C 级铸钢的前、后从板座；下侧梁为冷弯型钢组焊成的鱼腹形结构；枕梁为双腹板、单层上下盖板组焊而成的变截面箱形结构；大横梁为工字形组焊结构；底架铺设竹木复合层积材地板，门口处装 3 mm 厚扁豆形花纹钢地板，装用车号自动识别标签，预留便器安装座及火炉安装孔。前、后从板座与中梁间、脚蹬与侧梁间均采用专用拉铆钉连接。

侧墙为板柱式结构，由侧板、侧柱、门柱、上侧梁等组焊而成。侧板为 2.3 mm 厚钢板压型结构，侧柱采用 4 mm 厚的 U 形冷弯型钢，上侧梁为冷弯矩形管与冷弯角型钢组焊而成。

端墙为板柱式结构，由端板、端柱、角柱、上端梁等组焊而成。端板采用 3 mm 厚钢板，端柱采用热轧槽钢，角柱采用 125 mm×125 mm×7 mm 压型角钢，上端梁采用 140 mm×60 mm×6 mm 压型角钢，端板上预留电源线通过孔及照明设施安装座。

车顶由车顶板、车顶弯梁、车顶侧梁、端弯梁等组焊而成，车顶弯梁为圆弧形结构，车顶侧梁采用冷弯型钢。车顶外部安装 4 个通风器和 1 个烟囱座，车顶弯梁处设有照明设施安装板。

车体每侧安装一组推拉式对开车门，车门板采用 1.5 mm 厚冷弯波纹板，车体每侧设 4 扇下翻式车窗。

3. 27 t 轴重通用棚车

27 t 轴重通用棚车主要为 P_{80} 型棚车，底架主要承载结构采用 S450EW 或 S450AW 高耐蚀型钢，侧墙、端墙和车顶采用 09CuPCrNi-A 耐候钢。制动装置采用 120 阀，采用 NSW-1 型手制动机；采用 MT-2 型缓冲器；采用 Z1 型下交叉支撑转向架。

【知识点 6】平车

平车（见图 7-5）无车顶和车厢挡板，这种车体自重较小，装运吨位可相应提高，且无车厢挡板的制约，装卸较方便，必要时可装运超宽、超长的货物，主要用于装运大型机械、集装箱、钢材、大型建材等。

图 7-5　平车

在平车基础上，采取各种相应的技术措施，发展出集装箱车、长大货物车等，对满足现代物流要求、提高载运能力是很有作用的。

平车用"N"表示。

1. 21 t 轴重 N_{17} 系列通用平车

N_{17} 系列通用平车由底架、地板、空气制动装置、手制动装置、车钩缓冲装置、转向架等组成。底架设计为由板材及型钢组成的全钢焊接结构，中梁、侧梁使用了不同规格的型钢（I56Q、H512、I56a、I56），侧梁上设有柱插及绳栓，两端梁处设有活动钢质端门；底架上铺有 70 mm 厚松木或复合地板；制动装置采用 GK 型或 120 阀，采用折叠链式或 NSW 型手制动机；采用 13 号下作用式车钩及钩尾框、2 号或 ST 型等缓冲器；采用转 8A、转 K2 型等转向架。

2. 21 t 轴重 NX_{17} 系列通用平车

NX_{17} 系列通用平车主要由底架、地板、集装箱锁闭装置、制动装置、车钩缓冲装置、转向架等组成。底架主要板材采用 Q235A、09CuPCrNi-A 等材质，中、侧梁采用 I56a、I56、H512 等型钢，侧梁上设有柱插及绳栓，两端梁处设有活动钢质端门；底架上铺有 70 mm 厚松木或复合地板；采用原位翻转式集装箱锁头；采用 13 号车钩及配套钩尾框，2 号、ST 型或 MT-3 型等缓冲器；采用 120 制动系统和折叠链式或 NSW 型手制动机；采用转 8A、转 K2、转 K4 型等转向架。

3. 23 t 轴重 NX_{70H} 型通用平车

NX_{70} 型通用平车主要由底架、地板、集装箱锁闭装置、制动装置、车钩缓冲装置、转向架等组成。底架主要板材采用 Q450NQR1 高强度耐候钢，中、侧梁分别采用 H630、H600 耐候钢，侧梁上设有柱插及绳栓，两端梁处设有活动钢质端门；地板采用 70 mm 厚松木或复合材料；采用原位翻转式或 F-TR 集装箱锁头；采用 17 号车钩及配套钩尾框、MT-2 型缓冲器；采用 120 制动系统和 NSW 型手制动机；采用转 K6 或转 K5 型转向架。

4. 23 t 轴重 NX_{70A} 型通用平车

NX_{70A} 型通用平车主要由底架、地板、集装箱锁闭装置、制动装置、车钩缓冲装置、转向架等组成。底架主要板材采用 Q450NQR1 高强度耐候钢，中梁采用腹板厚度为 15 mm、材质为 Q420NQR1 的 H630 型钢，侧梁采用 H600 耐候钢，侧梁上设有柱插及绳栓，两端梁处设有活动钢质端门；地板采用 70 mm 厚松木或复合材料；采用 F−TR 集装箱锁头；采用 17 号车钩及配套钩尾框、MT−2 型缓冲器；采用 120 制动系统和 NSW 型手制动机；采用转 K6 型转向架。

5. 27 t 轴重 NX$_{80}$ 型通用平车

NX$_{80}$ 型通用平车主要由底架、地板、集装箱锁闭装置、制动装置、车钩缓冲装置、转向架等组成。底架主要板材采用 Q450NQR1 高强度耐候钢，中、侧梁均采用 H630 型钢或采用 H700 型钢中梁配套槽形侧梁，侧梁上设有柱插及绳栓，两端梁处设有活动钢质端门；地板采用 70 mm 厚松木或钢木；采用 F−TR 集装箱锁头；采用 17 号车钩及配套钩尾框、MT−2 或 HM−1 型缓冲器；采用 120 制动系统和 NSW 型手制动机；采用 Z1 型转向架。

【知识点 7】罐车

罐车是在铁路物流中广泛应用的铁道车辆类型之一，是用于装运气、液、粉等货物的主要专用车型，车身主要为横卧圆筒形，也有立置筒形、槽形、漏斗形，可分为装载轻油罐车、粘油罐车、酸类罐车、水泥罐车、压缩气体罐车等多种类型。

1. 轻油罐车

轻油罐车主要用来运输汽油、煤油、轻柴油等轻质油类的石油产品。由于轻油具有很强的渗透能力，在罐体下部设排油装置容易引起渗漏，因此一般采用虹吸原理由罐体上部卸货。罐体外部涂成银灰色，以减少太阳辐射的影响，从而减少轻油类货物的蒸发。我国生产的轻油罐车主要有 G$_{60}$、G$_{60A}$、G$_{70}$、GQ$_{70}$、GQ$_{70H}$ 型轻油罐车。

G$_{70}$ 型轻油罐车是我国目前运用中的主型轻油罐车，是 G$_{60}$ 型轻油罐车的升级换代产品。G$_{70}$ 型轻油罐车总结了无底架罐车的设计经验，充分利用轴重和限界，载重较 G$_{60}$ 提高 10 t。

G$_{70}$ 型轻油罐车主要技术参数如表 7−4 所示。

表 7−4　G$_{70}$ 型轻油罐车主要技术参数

项目	参数
载重/t	70
自重/t	≤23.6
轴重/t	23
罐体总容积/m³	80.3
罐体有效容积/m³	78.7
商业运营速度/（km/h）	120
车辆长度/mm	12 216

GQ$_{70}$ 型轻油罐车采用无中梁结构，主要由罐体装配、牵枕装配、车钩缓冲装置、制动装置、转向架及安全附件等组成，如图 7−6 所示。GQ$_{70}$ 型轻油罐车车端不设通过台。

图 7-6　GQ₇₀ 型轻油罐车

（1）罐体装配。

罐体装配主要由封头、筒体、人孔、聚液窝等组成。罐体采用直锥圆截面斜底结构，底部由筒体两端向中间截面下斜，斜度为 1.2°。封头采用 1:2.5 椭圆封头，内径为 3 050 mm，壁厚为 10 mm，材质为 Q295A 低合金高强度结构钢。筒体两端内径为 3 050 mm，中部内径为 3 150 mm，壁厚为 10 mm，材质为 Q345A 低合金高强度结构钢。罐体顶部设助开式人孔，罐体底部设聚液窝。

（2）牵枕装配。

牵枕装配主要由牵引梁装配、枕梁装配、边梁装配、端梁装配等组成。牵引梁装配由牵引梁、前从板座、后从板座及心盘座和上心盘等组成。牵引梁采用符合要求的屈服强度为 450 MPa 的热轧 310 乙型钢，保证 -40℃时的低温冲击功不小于 24J。前从板座、后从板座及心盘座材质采用 C 级铸钢，上心盘采用锻钢上心盘。

前从板座与中梁间，脚蹬、扶手与侧梁间均采用符合要求的专用拉铆钉连接。

枕梁采用单腹板、侧管支撑结构，枕梁包角 120°。枕梁腹板、下盖板壁厚 16 mm，材质为 Q345A 低合金高强度结构钢。

2. 粉末货物罐车

粉末货物罐车主要用来运送散装水泥、氧化铝粉等粉末状货物。该车利用流态化输送的原理装卸粉状货物，即将货车与具有一定压力的空气混合，此时每一粉粒被一层薄空气包围，当空气压力能够克服粉粒自重和管道摩擦阻力时，货物即具有流体性能。因此，以压缩空气为动力，就可以将罐内散装的货物经管道直接排卸到储藏车，减少了包装，避免了粉尘飞扬，既降低了成本，又提高了效率。

我国生产的粉末货物罐车主要有 U₆₀ 型上卸式粉状货物气卸立式罐车、KG-2 型氧化铝粉罐车、U₆₀ 型下卸式粉状货物气卸立式罐车、U₆₀ 型下卸式粉状货物气卸卧式罐车、U₆₀ᵥᵥ 型上卸式粉状货物气卸卧式罐车、GF₁ 型氧化铝粉罐车、GF₁₈ 型气卸式水泥罐车、GF₃ 型氧化铝粉罐车、U₆₁ᵥᵥ 型水泥罐车、GF₇₀（GF₇₀ₕ）型氧化铝粉罐车等。

GF₇₀（GF₇₀ₕ）型氧化铝粉罐车是供中国准轨铁路使用，装运容重 0.95~1.0 t/m 氧化铝粉的专用铁道车辆。工作方式为上装上卸，可与现有用户地面设施相配套，通过压缩空气将粉状物料流态化，然后经卸料管输送到远距离的料塔。

GF₇₀（GF₇₀ₕ）型氧化铝粉罐车主要技术参数如表 7-5 所示。

表 7-5　GF$_{70}$（GF$_{70H}$）型氧化铝粉罐车主要技术参数

项目	参数
载重/t	70
自重/t	≤23.6
轴重/t	23
罐体总容积/m³	76
商业运营速度/（km/h）	120
车辆长度/mm	12 856

GF$_{70}$型氧化铝粉罐车主要由罐体装配、牵枕装配、外梯装配、进风管路装配、空气制动装置、手制动装置、车钩缓冲装置及转向架等部件构成，如图 7-7 所示。

图 7-7　GF$_{70}$（GF$_{70H}$）型氧化铝粉罐车

（1）罐体装配。

罐体采用 Q450NQR1 高强度耐候钢，由上、下罐板及封头组成。上罐板厚 8 mm，下罐板厚 10 mm，封头板厚 10 mm，罐体外径为 3 020 mm，全长 11 260 mm。罐体上部设有 4 个加料装置（其中一个兼作人孔）和两个排料机构，为方便作业人员进出罐内，在人孔处装有一个内梯。加料装置由加料盖、压紧装置、胶圈、加料座组成。排料装置由吸料嘴、出料接管、出料口盖组成。流化床采用改进型结构沸腾床，其结构简单，维护方便，卸料性能好，能有效防止漏灰问题。

（2）牵枕装配。

该车牵枕装配借鉴了 GF$_1$ 型氧化铝粉罐车的成熟结构，并对局部进行了改进，由牵引梁、枕梁、侧梁和端梁等零部件组成。其中牵引梁采用 310 乙型钢，侧梁采用 160mm 冷弯型钢，后从板座及上心盘座为一体式铸钢结构，并与牵引梁焊接，鞍座包角约为 130°，在罐体封头与牵引梁之间设有楔形连接板。

（3）外梯装配。

为方便作业人员上下车辆，该车一位端设有可攀登至罐顶的外梯，罐顶加料装置和排料机构的周围设有走板及安全防护栏杆。

（4）进风管路装配。

进风管路装配由横管组成、进气管组成、安全阀和蝶阀等零部件构成。横管装设在罐体下部中央位置，6 根进气管将主进风管送来的压缩空气分流引入管内的流化床下部，每根进气管上均装有一个蝶阀，侧面进风管上装有两个安全阀，安全阀设有防盗装置。所有管路均采用法兰连接。

任务考核与评价

任务考核			任务评价	
任务	提出问题	学生回答	自我评价	教师评价
子任务 1	1. 车体的组成部件是什么？			
	2. 车体的承载方式有几种？			
子任务 2	1. 常见的敞车型号有哪些？			
	2. NX_{70A} 型通用平车由哪些部分组成？			
子任务 3	罐车有哪些种类？			

复习思考题

复习思考题除涉及本任务介绍的知识与技能外，还可能涉及本任务未介绍的知识与技能，需通过阅读参考书、网络搜索等方式进行自主学习后进行解答，在巩固课堂学习成果的同时培养自主学习能力。

1. 保温车车体设有（　　），车内设有降温和加温设备。

2. 车体（　　）是指空车时，车体上部外表面至轨面的垂直距离。

3. 车体钢结构中，底架中部断面较大并沿其纵向中心线贯通全车的梁称为（　　），它是底架的骨干。

4. 车体两侧及端部均设有 0.8 m 以上的固定墙板，无车顶，主要用以装运散粒货物的是（　　）。

5. 车体倾斜的最大限度是（　　）mm。

6. 车体设有车顶和门、窗（或通风口），用以装运各种需防止湿损、日晒或散失的货物的是（　　）。

7. 车体与转向架之间的载荷传递方式有（　　）、非心盘承载和心盘部分承载。

8. 底架是车体的基础，由（　　）、枕梁、端梁和侧梁等构件组成。

9. 棚车的车体由底架、侧墙、（　　）和车顶组成。

10. 平车按车体承载特点为（　　）承载形式。

11. 一般车体由侧墙、端墙、（　　）和车顶组成。

12. 作用在货车车体上的载荷主要有（　　）、纵向载荷、侧向载荷、扭转载荷。

13. （　　）是车体的基础，由中梁、枕梁、端梁和侧梁等构件组成。

任务 7.2　客 车 车 体

任务分析

教学目标	知识目标	了解客车车体的分类，掌握车体的组成，理解车体的受力分析过程
	能力目标	能识读客车结构图
	思政目标	培养良好的社会公德、职业道德和专业基本素质，树立爱国、敬业意识
教学重难点	教学重点	客车车体的组成
	教学难点	客车车体的受力分析
学情分析	知识和技能基础	学习常见机械机构工作原理，熟悉铁路车辆的总体构造
	认知和实践能力	具备识读和绘制装配图的能力，具备一定的计算机办公软件应用能力

任务工单

任务考核	
任务	提出问题
子任务 1	1. 25 型系列客车的车型有哪些？
	2. 25 型系列客车的技术参数是什么？
子任务 2	1. 25G 型系列客车的结构组成是什么？
	2. 25Z 型系列客车的车种有哪些？
子任务 3	25T 型系列客车的特点是什么？

任务实施

发展

在我国正在使用的客车中，数量最多的是 25 型系列客车，它已取代现已停止生产的 22 型客车。客车车种有硬座车、软座车、硬卧车、软卧车、餐车、行李车、邮政车、发电车等。

25 型系列客车包括 25、25A、25G、25K、25Z、25T 型等。其中，25 型客车为非空调及本车供电空调的客车；25G 为"升级换代"产品，即集中供电空调客车；25K 为快速集中供电空调客车；25Z 为准高速客车；25T 型客车是为满足铁路第五次大提速而设计制造的客车，它吸收了多年来 25 型准高速客车、提速客车的设计制造技术及运用经验，同时采用了许多新技术。车辆的设计制造贯彻先进、成熟、经济、适用、可靠的方针，遵循标准化、系列化、模块化、信息化的原则。

25 型系列客车，是中国铁路第一代车长 25.5 m 的试验性铁路客车，最初在 1962 年起步研制，1978 年设计了车体长 25.5 m、车辆定距 18 m 的四轴全钢客车，由于车体长 25.5 m 的特征而定型为 25 型客车。车宽 3.2 m，最初车高与 22 型客车一致，为 4.28 m。25 型客车车体钢结构为无中梁薄壁筒形整体承载的车体结构，由底架、侧墙、车顶和端墙等部分焊接而成，在侧墙、端墙、车顶钢骨架及底架钢骨架分别焊接侧墙板、端墙板、车顶板和波纹地板及平地板，形成上部带圆弧、下部为矩形的封闭壳体。壳体用纵向梁、横向梁和柱加强，采用了空气调节、大车窗，以及新型转向架。1993 年 25 型系列客车定型为中国铁路主型客车。25 型客车分别有 25.5 m 轻型高速列车组、25.5 m 广九空调列车组、25 型干线空调客车、25 型三茂客车、25 型双层空调客车。随后 25 型客车也发展了系列产品，从车型上分为 25 型、25A 型、25C 型、25G 型、25Z 型、25K 型、25T 型等一系列车型。至 1994 年 25 型系列客车全面投产，开始替代 22 型客车。

YZ_{25} 型车是空调硬座车，定员 118 人（带车长席的为 112 人），采用 209T 型转向架。车体长度为 25 500 mm，车体宽度（扶手等除外）为 3 104 mm，车顶距轨面高度为 4 433 mm，车辆定距为 18 000 mm，车辆全长为 26 576 mm。

平面布置：客室一位端的一位侧设有乘务员室、茶炉室，一位端的二位侧设有配电室；二位端设有 2 个厕所和 2 个洗面室；客车的中部为 1 个约 19 m 长的客室空间。

客车车体

【知识点 1】25A 型客车

25A 型客车，是中国铁路的空调铁路客车型号之一，由于共生产了 168 辆因此通常称"168 客车"。它是车长 25.5 m 集中供电空调客车。长春客车厂、唐山机车车辆厂和南京浦镇车辆厂根据国际投标合同技术条件规定，在 1989 年到 1990 年间完成了 168 辆空调客车的生产任务，定型为 25A 型客车。车型加字母 A 是为区别之前生产的 25 型客车。

客车空调系统

【知识点 2】25 型客车

25 型客车，是中国铁路的客车车型之一，分单层和双层两种，其中单层 25 型客车以非空调客车为主，也是目前较为常见的非空调客车型号之一，双层 25 型客车则全部为空调车。该型客车在 1992—2010 年间制造，除更早的 22 型客车外，25 型客车是真正传统意义上的"绿皮车"。1991 年，在 168 辆 25A 型新型空调客车试制和应用成功后，铁道部再次提出生产"升级换代产品 25.5 米空调和非空调客车"的要求。长春客车厂在 25A 型客车的基础上同时研制了 25G 型新型空调客车和非空调及本车供电空调的 25 型客车。25 型客车是在总结 22 型客车的设计、制造、运用经验的基础上而开发的非空调普通客车的升级换代车型。25 型客车设计技术条件，如尺寸、车体、转向架、构造速度、制动装置等均与 25A 及 25G 型客车相同，但 25 型客车的硬座车、软座车、硬卧车均取消了空调装置，改装车顶切式通风器和燃煤供暖装置，仅在软卧车和餐车安装了空调装置，电力来源为本车供电方式，车下吊装柴油发电机组。虽然这种车厢配备了柴油发电机，但客车饮用水加热和采暖仍然使用独立燃煤锅炉温水循环供暖装置。25 型客车整车采用经过预先处理的耐候钢板，无中梁、无压筋的薄壁筒形整体承载结构，底架为金属波纹地板无中梁结构，采用铝合金半开式车窗和折页式车门。其构造速度为 140 km/h，最大允许速度为 120 km/h，这是因为需要满足平直道上达到 800 m 紧急制动距离要求（25 A 及 25G 型速度为 140 km/h 时，紧急制动距离为 1 200 m），无限定运用区间。

SYZ$_{25}$ 型双层空调硬座车最高运行速度为 140 km/h，车体长 25 500 mm，车辆定距 18 500 mm（短途双层客车为 19 200 mm），车宽为 3 105 mm。全车设座席 174 席。中层一位端设有通过台、侧门、端门、茶炉间、乘务员室、清洁柜、工具室及上下楼梯，并设有 6 人座席。中层二位端设有通过台、侧门、端门、2 个厕所、2 个洗脸室、清洁箱及上下楼梯，并设有 6 人座席。上层客室座椅排列为 3+2，设 80 人座席，中间为走道；下层客室座椅排列为 2+3，设 82 人座席，中间为走道，并设有行李架以放置行李物品。

乘务员室设双人座椅、物品柜、空调控制柜、茶桌、活动座椅、衣帽钩、顶灯、通风门、扬声器、轴温报警器、电话插座、220 V 电源插座、图表等。

茶炉室设电开水炉 1 个。工具室设有双人座椅、衣帽钩、顶灯、小茶桌等。洗脸室设洗脸盆、灯具、水阀等。蹲式卫生间设有蹲式不锈钢便器、洗手器、水阀、通风口、灯具等。

【知识点 3】25G 型客车

25G 型客车（G 代表改进型）是 25A 型客车的改进型。25G 型客车设计技术条件与 25A 型相同，同样为无中梁薄壁筒形整体承载车体结构，平板无压筋侧墙，在车顶设置集中单元式空调装置，并使用空调发电车集中供电，三相四线制 AC380V 交流电供电模式。25G 型在保证质量及性能前提下，生产材料和设备档次稍做下调，将 25A 型客车组件国产化，例如采用国产空调机组和电气控制柜，以降低成本。其最初采用 206G 型、209G 型转向架，构造速度为 140 km/h，最大允许速度是 120 km/h，这是因为需要满足平直道上达到 800 m 紧急制动距离要求（25A、25、25G 型时速为 140 km，紧急制动距离为 1 200 m）。其最大编组数 20 辆。

25G 型客车车体钢结构为全钢焊接结构，由底架、侧墙、车顶和端墙等部分焊接而成。在侧墙、端墙、车顶钢骨架外面和底架钢骨架的上面分别焊有侧墙板、端墙板、车顶板、纵向波纹地板及平地板，形成薄壁筒形整体承载结构。

1. 底架

底架为无中梁底架，由牵引梁、枕梁、缓冲梁、侧梁、枕梁间的纵向金属波纹地板及枕外金属平地板等组成。自上心盘中心到缓冲梁间的中梁称为牵引梁，在牵引梁两槽钢腹板内侧铆接有前后从板座（焊有磨耗板和防跳板）。牵引梁由 2 根 30a 型槽钢及牵引梁上下盖板组焊而成，其上盖板厚 8 mm、宽 490 mm，下盖厚 10 mm、宽 490 mm。两槽钢腹板间距为 350 mm，牵引端部的前段加高至 400 mm 或 420 mm。

在缓冲梁中部开有安装车钩用的缺口，缓冲梁的中央部分与牵引梁端部相互组焊。缓冲梁由 6 mm 厚钢板压制成槽形断面"["，两腹板高 180 mm，中部腹板高 400 mm。

在与牵引梁交叉处安装有心盘座，在枕梁两端的上旁承安装处焊有旁承加强筋板，枕梁端部还焊有供顶车用的防滑垫板。枕梁由厚 8 mm、间距为 350 mm 的双腹板及厚 10 mm、宽 600 mm 的下盖板，厚 8 mm、宽 600 mn 的上盖板组焊成闭口箱形断面，是一个近似的等强度鱼腹梁。

在横向底架的枕梁及全部横梁的端部都与侧梁焊接，金属地板也与侧梁的上翼缘表面搭接；侧墙的立柱侧墙板分别焊在侧梁的上翼缘表面和腹板外表面上。侧梁为 18a 型槽钢。

在缓冲梁和枕梁上盖板间为平地板，板厚 2 mm，两枕梁间为纵向波纹金属地板，板厚1.5 mm。

2. 侧墙

25G 型客车车体钢结构的侧墙外表面为平板无压筋，在平整的外墙板内侧焊有垂直立柱和水平纵向梁，形成板梁式平面承载侧墙。

上侧梁断面为"口"形，其尺寸为 45 mm×90 mm×25 mm×25 mm，长度为侧墙全长。下侧梁尺寸为 24 mm×22 mm×46 mm×22 mm。

侧墙共有 3 根立柱，窗上 1 根，窗下 2 根。

在窗口两侧有 31 根垂向侧立柱，它们与所有纵梁、上侧梁、下侧梁连接起来，组成侧墙钢骨架，并与侧墙板焊接形成侧墙钢结构。

侧墙板为厚 2.5 mm 的耐候钢，侧墙板上开有窗孔，大窗孔尺寸为宽 1 064 mm、高 1 014 mm，共 11 个；小窗孔尺寸为宽 614 mm、高 1 014 mm，共 4 个。每侧侧墙端部有 2 个侧门孔。

车顶由上边梁、车顶弯梁、车顶纵向梁、空调机组安装座平台、水箱盖等组成钢骨架。骨架的外面焊有车顶板，与骨架共同组成车顶钢结构。车顶特点如下。

（1）上边梁断面为"∠"形，上边梁为尺寸 45 mm×72 mm×2.5 mm 的压型件。上边梁与槽钢制成的顶端横梁组成车顶下部框架。

（2）车顶一、二位端各有一个空调机组安装座平台钢结构，作为安装空调机组的基础。

（3）二位端由一个水箱盖组成。

（4）车顶弯梁。车顶的中间焊有 30 根帽形断面车顶弯梁，其尺寸为 26 mm×70 mm×46 mm×70 mm×26 mm×2 mm。车顶端部的弯梁断面为双折角形，其尺寸为 30 mm×55 mm×62 mm×45 mm×2 mm。

（5）车顶纵向梁。在车顶的横断面上，除 2 根车顶上边梁外，还有 5 根车顶纵向梁，其断面为乙形压型件，尺寸为 30 mm×60 mm×20 mm×2 mm。

（6）车顶板由侧顶板和中顶板两部分组成。

侧顶板为冷轧型钢，中顶板为大圆弧（R2 300 mm），车顶板厚度约为 2 mm。

（7）平顶部分。

车顶一、二位端平顶部分结构是安装单元式空调机组的支撑结构。车顶两端各有 1 根顶端横梁，为 180 mm×70 mm×9 mm 槽钢。

3. 外端墙

客车车体钢结构的外端，通常称外端墙。外端墙特点如下。

（1）2 根槽钢 24 制成的折標立柱。

（2）2 根压成双折角形断面、尺寸为 59.5 mm×65.5 mm×50.5 mm×61.5 mm×2 mm 的角柱。

（3）2 根位于端门两侧，压成乙形断面、尺寸为 40 mm×70 mm×35 mm×2.5 mm 的门边立柱。

（4）位于端门立柱和角柱之间的乙形立柱。

（5）上述所有立柱的上端与车顶的顶端横梁相焊接，下端焊在底架缓冲梁的上翼缘上。在角柱与门边立柱之间都有 2 根角形断面水平横梁，门上是乙形断面。

（6）在骨架的外表面焊有 2 mm 厚的墙板。

（7）此外，还有与端墙垂直的门板、门上板、踏板等与风挡连接，形成由一节车向相邻车通过的安全通道。

（8）在外端墙板内、外面还焊装有电线槽、角铁电力连接器座、风挡缓冲杆座、扶手等附件。

车体端部上方装有 2 个固定座，座孔内装有 2 个卸扣，套有 2 个拉伸弹簧。每个弹簧里吊有 1 根上拉杆，上下拉杆之间有索具螺旋扣。索具螺旋扣有左、右旋螺纹，用以调节长度。下拉杆套在连接架下方装有衬套的拉杆座上，用以吊起折棚和支撑连接架的重量。

脚蹬翻板装置的作用是当列车运行时，通过翻板固定器和处于水平位置的车侧翻板，使通过台形成封闭空间。当旅客在停站上下车时，翻板在拉簧的作用下，可以自动绕着转轴向内端墙侧翻转至垂直位置，旅客可以通过脚蹬踏板上下车。该脚蹬翻板装置既适用于低站台，也适用于高站台。

【知识点 4】25Z 型客车

25Z 型客车，是中国铁路客车车型之一，属于 160 km/h 级别的准高速客车（后最大运行速度改为 140 km/h），主要用于中、短途城际特快列车。25Z 型客车的"Z"代表准高速，构造速度为 160 km/h。25Z 型客车由四方机车车辆厂、长春客车厂和南京浦镇车辆厂研制，在 1993 年至 1996 年间前后共生产了两批。

特等软座车（RZT）：仅配属中国铁路上海局集团有限公司。内有两个四人包厢，其中一个包厢为两排面对面的双人座位（座位号 1~4），另一个包厢为会议室布局，四个高背皮椅围绕置中的圆桌（座位号 5~8）。其余座位为每排 2+1 形式，均可躺卧调节。特等软座车总定员 42 人。

一等软座车（RZ1）：座位为每排 2+2 形式，采用可躺可转式皮质座椅。第一批一等座车定员 76 人，第二批定员为 80 人或 76 人（带播音室或检车乘务员室）。

二等软座车（RZ2）：座位也是每排 2+2 形式，但座椅不可调节。第一批二等软座车全是双向面对面对座，而第二批只有 2 个双向对座间隔，其余为正向或反向座位。二等软座车定员 96 人或 88 人（带播音室或小型行李间）。

二等软座行李合造车（RZXL）：定员 56 人，座位为每排 2+2 形式，均为双向对座，另有行李间，容积为 36.8 m³。

以上车种均设有自动电茶炉、洗面室、厕所、乘务员室各一个。每个座位上方都有阅读灯。

餐车（CA）：内有六张餐桌，定员 36 人，并设酒吧间、吧台及 4 个吧座。

双层一等软座车（SRZ1）：座位为每排 2+2 形式。第一批的座位均为双向对座，而第二批的座位与单层一等座车相同，为可躺式座椅。

双层二等软座车（SRZ2）：仅配属中国铁路北京局集团有限公司。座位为每排 2+2 形式，均为双向对座。

以上车种的中层均设有储藏室（也可作为播音间、检车员室）、配电室、乘务员室、电茶炉室、坐式便器厕所、蹲式便器厕所和开敞式洗脸间各一个。

【知识点 5】25K 型客车

25K 型客车是在 1996 年各客车厂根据铁道部发出的"铁路客车招标标书"和铁道部"25K 型客车统型方案"要求而设计制造的快速空调客车，这是因为当时原有的 25 型客车和 25G 型客车已不足以满足 1997 年 4 月 1 日所开展的中国铁路第一次大提速的需要。25K 型客车在 25Z 型客车的基础上发展而成，"K"是"快速型"的汉语拼音首字母。其构造速度为 160 km/h，应用了全旁承支重、空气弹簧悬挂技术和盘型制动技术、防滑装置、横向控制杆装置、抗侧滚扭杆装置等新技术，采用双管制供风，制动装置与一般客车有很大区别，它采用单元制动形式，以盘型制动为主、踏面制动为辅，以保证高速运行中的列车在规定距离内停车。25K 型客车车体设计寿命为30 年，提高了车内的装修档次。

YZ$_{25K}$ 客室两端均设通过台、小走廊；一位端设乘务员室、配电室、茶炉间；二位端设 2 个厕所、2 个单人洗脸间，厕所内装有气动密封式便器；中部为大客室，室内设 2+3 排列的固定式座椅，定员 118 人。

两侧墙上部设有铝合金板式行李架，两端墙上方设有电子信息显示屏；车顶板采用 ABS 工程塑料吸覆成型，顶板上设条缝式空调送风口及 2 条通长照明灯带。车顶两端设有制冷量为2×2 907 kW 的单元式空调机组，采用玻璃钢静压送风道，墙板间壁板采用防火板。侧门为气动塞拉门，风挡为密封式折叠风挡。

【知识点 6】25T 型客车

25T 型客车是中国铁路 25 型客车系列的型号之一，"T"是"提速型"的汉语拼音首字母。25T 型客车是为中国铁路进行第五次大面积提速而设计的，以满足 160 km/h 速度可持续运行达20 h 的不停站运行需要，以及一次库检作业满足 5 000 km 无须检修的要求。主要部件满足 200 万 km 内无须修换的要求。25T 型客车最高运营速度为 160 km/h，平直道紧急制动距离（初速度 160 km/h 时）不大于 1 400 m，最大编组数 19 辆，车底两侧设裙板以减少运行时的空气阻力，车体、板、梁柱间采取减振隔音密封措施，整列车配置了由 PLC 控制的监控系统，还设有集中控制的信息系统。列车采用了机车供电技术，实现了机车向客车供电，编组取消了发电车。25T 型客车分为普通型及青藏高原型。普通型一般使用午夜蓝与白色搭配的涂装。

1. 25T 型客车特点

（1）车体采用全钢整体承载筒形结构，车下设裙板，可以防止石击及减少车体运行阻力。裙板设检查门以方便车下设备的检修。

（2）各车端部设有密接式车钩，密接式车钩的采用可以大大减少列车的纵向冲动。全列车的两端装有 15 号小间隙车钩，方便与机车连挂，在特殊情况下密接式车钩还可以采用过渡钩头与 15 号车钩连挂，部分客车可实现密接式车钩与 15 号车钩的整体互换。

（3）车端风挡为封闭式折棚风挡，特点是密封好、噪声小。

（4）转向架分别采用 CW-200K 型及 SW-2 型，其技术先进、结构简单、检修方便、运行品质良好、性能可靠。

（5）制动系统为 104 或 F8 电空制动装置，全列采用双管供风、盘型制动、电子防滑、缓解显示装置，并设有气路单元控制箱。列车的制动管路采用整体管排吊装方式。

（6）客车供电分别采用 C600 V 供电及 AC380V 兼容 C600 V 供电方式，均采用两路供电，车上设有 PLC 控制柜。

客车供电

（7）空调系统采用车顶单元式空调机组，机组及通风满足 160 km/h 速度运行的要求，在外温 45 ℃时可以保证启动。采暖为铝型材带状电热器，设有不可恢复超温保护装置。电加热采暖分四路控制，可实现温度变化的自动控制。

（8）供水系统为车上水箱供水，容积大于 1 500 L，并设有电热温水系统，可满足连续 20 h 用水的需要。

（9）卫生间为整体式玻璃钢卫生间，内设真空集便器，在卫生环境、车体密封、环保等方面均有非常大的改善。

（10）车边门为电控气动塞拉门，密封性能好，端门采用电动自动拉门，方便旅客通过，各处折页门采用防夹手转轴结构，走廊隔门采用大玻璃铝型材结构。各车设信息显示、列车广播，软卧车设呼唤系统，餐车、高级软卧车设影视播放系统，全列车设火灾报警装置。

（11）餐车为不锈钢厨房设备。

（12）列车设有行车安全监控装置，整列车配置了由 PLC 控制的网络监控系统、行车安全监测诊断系统和无线传输系统，可对列车的转向架状态、车体状态、制动系统状态等实现监控诊断，并实现信息向地面设备的传输。

2. 25T 型客车的主要技术参数

25T 型客车主要技术参数如表 7-6 所示。

表 7-6　25T 型客车主要技术参数

项目	参数
环境温度/℃	−20～45（部分客车为±40）
最大相对湿度/%	≤95
站台高度/mm	车辆适于 300 mm、500 mm 和 1 200 mm 的站台高度，站台边缘距线路中心 1 750 mm
线路最大坡度/‰	≤30
轨距/mm	1 435
构造速度/（km/h）	180
持续运营速度/（km/h）	160
在平直道上重车紧急制动距离	初速度 160 km/h 时，≤1 400 m；通过最小曲线半径，单车 100 m，连挂时 145 m
平稳性指标	≤2.5
噪声（140 km/h）/dB（A）	硬卧车半开敞式包间、餐车餐厅≤68，软卧车、高级软卧车包间≤65
静止状态下车体传热系数/W/（m² · K）	软卧车、高级软卧车≤1.10，其他车种≤1.16
轴重/t	≤15.5
车体长度/mm	25 500
车体宽度/mm	3 105
车顶距轨面高度（空车时）/mm	4 433
车辆定距/mm	18 000
车钩中心线距轨面高度/mm	880
通过台渡板面距轨面高度/mm	1 333

3. 25T 型车定员

（1）硬卧车：定员 66 人。

（2）带残疾人卫生间的硬卧车：定员 60 人。

（3）软卧车：定员 36 人。

（4）带休闲茶座区的餐车：定员 16 人。

（5）不带休闲茶座区的餐车：定员 40 人。

（6）高级软卧车：定员 16 人。

【知识点 7】小众的 25C 型客车

25C 型客车是铁道部于 20 世纪 90 年代中期与韩国合作为广深铁路设计的高速客车，与韩国合作的主要原因是可以同时引进不锈钢车体的制造技术。1994 年，双方签订合同。客车由长春轨道客车厂和韩国韩进重工业集团合作生产，在 1994 年至 1995 年间共制造 30 辆，包括 8 辆一等软座车、18 辆二等软座车（内有两辆为二等软座播音车）、两辆餐车及两辆空调发电车。设计最高运行时速为 200 km，是当时中国铁路唯一的 200 km/h 级别高速客车车厢，也是中国首次在铁路客车上使用鼓形车体结构，车辆外观与韩国国内的客车相似。车体由不锈钢制作，根据合同内容，韩方负责不锈钢车体的设计及其中 27 辆车的组装；而中方负责组装两辆二等软座车与一辆二等软座播音车，并提供 200 km/h 级别的高速转向架，也就是 CW－2A 和 CW－1A 型转向架。空调发电车装设全车故障自检测监控系统，能集中监测全列车车门开关状况、轴温，并具有自动报警、提供故障处理程序等功能。25C 型客车全部使用茶色玻璃和可集中控制或单独控制的自动车门，通过台端门为自动感应控制门，采用气密式风挡。车内设有自动电茶炉和首次出现在中国铁路客车中的集便式厕所，以及信息显示装置等。它适用于环境温度为－20～40 ℃的地区。25C 型客车是当时中国铁路最先进的铁路客车，但是成本过高，因此之后并没有继续建造，数量不多。

任务考核与评价

任务考核			任务评价	
任务	提出问题	学生回答	自我评价	教师评价
子任务 1	1. 25 型系列客车的车型有哪些？			
	2. 25 型系列客车的技术参数是什么？			
子任务 2	1. 25G 型系列客车的结构组成是什么？			
	2. 25Z 型系列客车的车种有哪些？			
子任务 3	25T 型系列客车的特点是什么？			

复习思考题

复习思考题除涉及本任务介绍的知识与技能外，还可能涉及本任务未介绍的知识与技能，需通过阅读参考书、网络搜索等方式进行自主学习后进行解答，在巩固课堂学习成果的同时培养自主学习能力。

1. 25G 型客车车体长为（　　　）m。

2. 25G 型客车的 G 代表（　　　）。

3. 25G 型客车车体钢结构为全钢（　　　）结构，由底架、侧墙、车顶和端墙等四部分组成。

4. 25G 型客车底架为（　　　）底架。

5. 25Z 型客车的"Z"代表（　　　），构造速度为（　　　）km/h。

知识扩展

【知识点1】CRH5 动车组的车体

1. 简介

CRH5 动车组由 2 个牵引单元组成，包括 8 节车辆。每个牵引单元由 4 辆车组成。1 个牵引单元包括三辆动车（Mc2，M2s 和 M2）和一辆拖车（Tp）。另一个牵引单元包括两辆动车（Mh，Mc1）和两辆拖车（T2，Tpb）。每个牵引单元配一个主变压器和相应的受电弓。CRH5 动车组的总体布局如图 7–8 所示。

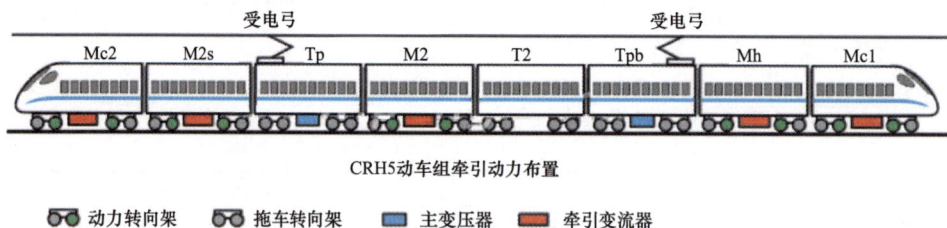

图 7–8　CRH5 动车组的总体布局

（1）列车编组、等级和定员。

CRH5 动车组编组、等级和定员如表 7–7 所示。

表 7–7　CRH5 动车组编组、等级和定员

序号	车辆类型	等级	座席数
1	头车（Mc2）	二等	74
2	中间动车（M2s）	二等	93
3	中间拖车（Tp）	二等	93
4	中间动车（M2）	二等	93
5	中间拖车（T2）	二等	93
6	中间拖车（Tpb）	二等、酒吧和自助餐厅	43
7	中间动车（Mh）	二等	63＋1 HK
8	头车（Mc1）	一等	70

注：HK 为残疾人座席。

列车的总定员为 622+1（残疾人座席）。

Mc1 车为一等车厢，呈 2+2 座席布置。

（2）列车特性。

CRH5 动车组主要技术参数如表 7-8 所示。

表 7-8　CRH5 动车组主要技术参数

项目	参数
列车总长度（L）/mm	211 500
端车长度/mm	27 600
中间车长度/mm	25 000
车体的最大宽度（W）/mm	3 200
车辆高度/mm	4 270
转向架中心距/mm	19 000
地板层高度/mm	1 270
最高运行速度/（km/h）	200
车组的最大牵引功率/kW	5 500
最小曲线半径/mm	2 200
轨距/mm	1 435
站台高度/mm	500～1 200
供电模式	单相 AC 25 kV，50 Hz

2. 车组结构

CRH5 动车组车体结构如图 7-9 所示。车体外壳为由铝合金制成的轻型结构。车体结构的中心采用闭口型材，并有起加固作用的纵向管状结构。车体结构的边缘采用型材和金属板。

图 7-9　CRH5 动车组车体结构

车体型材结构带有 T 形槽，用来紧固车下的内饰、吊杆和设备，还可减少辅助结构的焊接连接。

车体结构内的横断墙可提高结构刚度。转向架附近车体结构的起吊点用于车体维修和回正。

车体结构分为两种。一种为基础车结构，另一种为头车（Mc2 或 Mc1）结构。两种类型结构由同样的材料制成。

司机室见图 7-10。司机室位于车组的 Mc1 和 Mc2 车上，仅可通过处于中央位置的驾驶台实现向牵引方向的驾驶。

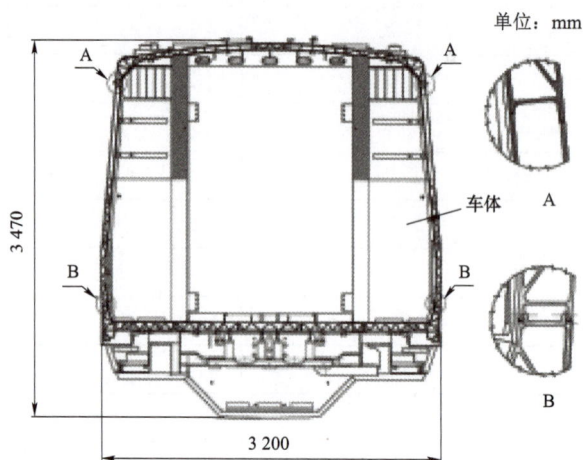

图 7-10　司机室

司机室配有两扇向内开启的铰链式外部门。可穿过司机室通过台和司机门，或通过乘客车厢进入司机室。从通过台一侧，可通过按下应急杆轻松开启客室之间的门。

司机室配有一个安装在车顶上的空调单元。

司机室设有一个司机座椅（见图 7-11）。该座椅配有以下可调节装置。

① 靠背可在 4°～35°调节。

② 折叠扶手。

③ 座椅倾斜度可在前、后边缘高度±32 mm 范围内综合调整。

④ 可调整头枕。

⑤ 座椅两侧可向中央位置转动 90°。

⑥ 门扇。

客室门的门扇如图 7-12 所示。门扇由铝挤型材制成，与门框焊接在一起。该设计与车辆外形相符，以确保车门处于关闭位置时与车辆外壳对齐。开启过程中，门扇首先摆出上车口，然后相对车辆外壳平行滑出，直至达到"完全开启"位置。门扇关闭时，上车口将克服高速行驶的列车产生的压力波动而密闭。

该门扇使车门具有很好的隔热隔声功能。

图 7-11　司机座椅

1—门扇；2—固定踏板

图 7-12　客室门的门扇

【知识点 2】CRH380BK 动车组

1. 技术数据

CRH380BK 动车组用于在 350 km/h 速度等级客运专线（如京沪客运专线）上运营，并能在 200 km/h 速度等级及以上的客运专线上以 200 km/h 速度级正常运行。

CRH380BK 动车组为 8 辆编组。

CRH380BK 动车组设商务/一等车、商务/二等车、二等车、餐座合造车。

两端车前部各设一个休闲观光区，观光区内设商务座椅。

一等车座席采用 2+2 布置。

二等车座席采用 2+3 布置。

餐座合造车设二等座区，采用 2+3 布置。

CRH380BK 动车组配置见图 7-13。

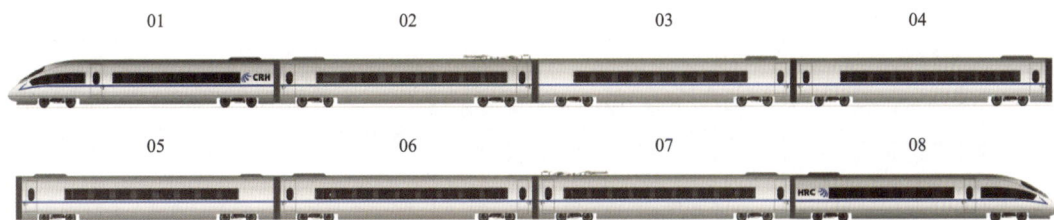

图 7-13　CRH380K 动车组配置

CRH380BK 动车组的动力及辅助供电配置见图 7-14。

01/02/03/04 车、05/06/07/08 车各组成一个牵引单元。

CRH380BK 动车组为采用单供电制式动力分散式动车组，有 50% 的轴为驱动轴，工作标称电压为 25 kV/50 Hz AC。

CRH380BK 动车组主要技术参数如表 7-9 所示。

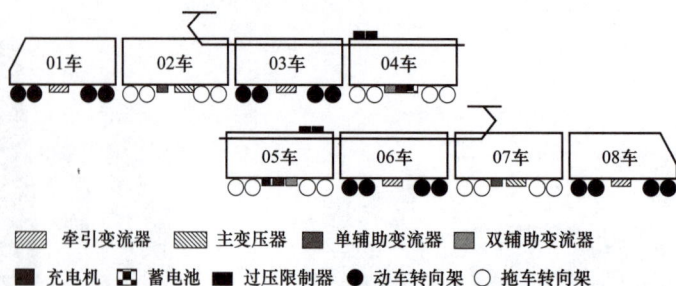

牵引变流器　　主变压器　　单辅助变流器　　双辅助变流器

充电机　　蓄电池　　过压限制器　　动车转向架　　拖车转向架

图 7－14　CRH380BK 动车组的动力及辅助供电配置

表 7－9　CRH380BK 动车组主要技术参数

列车长度（包括车钩）/m	约 202
编组	8 辆一组
轴式	$B_0'B_0' + 2'2' + B_0'B_0' + 2'2' + 2'2' + B_0'B_0 + 2'2' + B_0'B_0'$
定员	（556＋1）人
轨距/mm	1 435
车辆长度/mm	中间车：24 500，头车：25 697.5
车辆定距/mm	17 375
转向架固定轴距/mm	2 500
车体宽度/mm	3 265（3 257＋8）
车顶距轨面高度/mm	3 890
地板面高/mm	1 260
供电电压	25 kV/50 Hz
持续运行速度/（km/h）	350，剩余加速度约为 0.05 m/s^2
最高运行速度/（km/h）	380
运行站台高度/mm	距轨面高度 1 250，轨道中心距站台边缘距离 1 750
端车钩高/mm	1 000
中间车钩高/mm	895
最大轴重/t	≤17
最小轨道半径/m	连挂运行时 250，单车调车时 150
S 形曲线/m	曲线 180＋过渡 10＋曲线 180
最大坡度/‰	正线上最大坡度 12；困难条件下 20 站段联络线不大于 30
单洞双线隧道的有效面积/m^2	100
单线隧道的有效面积/m^2	75

2. 车体系统

CRH380BK 动车组的车体承载结构采用车体全长的大型中空铝合金型材组焊而成，为筒形整体承载结构。车体具有很好的防振、隔音效果，尤其是侧墙。车体所使用的材料为可焊接铝合金，具有良好的防腐性。

车体承载结构是由底架、侧墙、车顶、端墙及设备舱组成的一个整体。头车设有司机室，头车的车体结构能够为司机提供一个安全空间，设计时确保车体在挡风玻璃以上的区域能够承受 300 kN 的力。

任务 7.3　时速 160 km 动力集中（鼓形）动车组车体钢结构

任务分析

教学目标	知识目标	了解车体的分类，掌握车体的组成，理解车体的受力
	能力目标	能识读时速 160 km 动力集中（鼓形）动车组车体结构图
	思政目标	培养良好的社会公德、职业道德和专业基本素质 树立爱国、敬业意识
教学 重难点	教学重点	车体的组成
	教学难点	车体的受力分析
学情分析	知识和技能基础	学习常见机械机构工作原理，熟悉铁路车辆的总体构造
	认知和实践能力	具备识读和绘制装配图的能力，具备一定的计算机办公软件应用能力

任务工单

任务考核	
任务	提出问题
子任务 1	1. 时速 160 km（鼓形）动车组车体的结构组成是什么？
	2. 时速 160 km（鼓形）动车组车体底架的组成是什么？
子任务 2	1. 时速 160 km（鼓形）动车组车体司机室的组成是什么？
	2. 时速 160 km（鼓形）动车组车体排障器的作用是什么？
子任务 3	时速 160 km（鼓形）动车组车体的车体材料是什么？

任务实施

时速 160 km 动力集中（鼓形）动车组车体结构为整体承载全钢焊接无中梁式薄壁筒形结构，如图 7-15 所示，是车辆走行部、制动装置、车辆内部设备、车钩缓冲装置等设备的安装基础，其强度符合《机车车辆强度设计及试验鉴定规范　车体　第 1 部分：客车车体》（TB/T 3550.1—2019）的规定。

时速 160 km 动力集中（鼓形）动车组车体结构主要由底架、侧墙、端墙、车顶四部分组成，在塞拉门下方小挡板处设有蹬车脚踏孔。

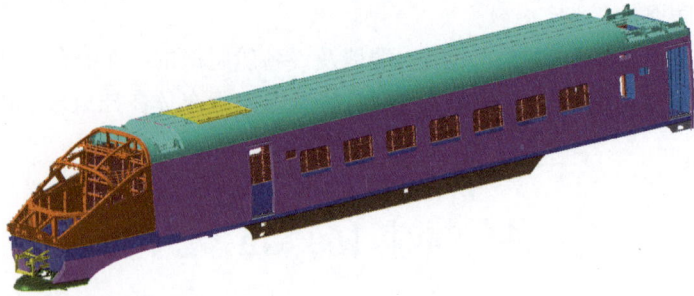

图 7-15　时速 160 km 动力集中（鼓形）动车组车体钢结构

1. 主要技术参数

时速 160 km 动力集中（鼓形）动车组车体主要结构尺寸如表 7-10 所示。

表 7-10　时速 160 km 动力集中（鼓形）动车组车体主要结构尺寸

项目	参数
车体长度（两端墙板之间的距离）/mm	25 500
控制车司机室焊接裙板前端面到端墙板的距离/mm	约 26 390
车体最大宽度/mm	3 360
车体高度（轨面至车顶高）/mm	4 433
车辆定距/mm	18 000
空簧安装面高度（距轨面）/mm	959
底架侧梁上平面距轨面/mm	1 173

2. 结构及技术说明

（1）车体结构。

车体结构采用整体承载筒形结构，车体结构主要由底架钢结构、侧墙钢结构、车顶钢结构、端墙钢结构四部分组成，各部分之间通过焊接的方式形成整体筒形结构。

二等座车车体结构组成图如图 7-16 所示。

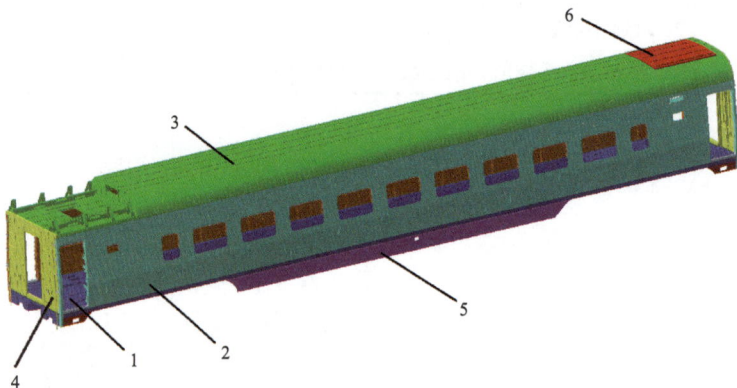

1—底架钢结构；2—侧墙钢结构；3—车顶钢结构；4—端墙钢结构；5—裙板；6—活顶盖

图 7-16　二等座车车体结构组成图

二等座车/餐车（餐吧式）车体结构组成图如图 7-17 所示。

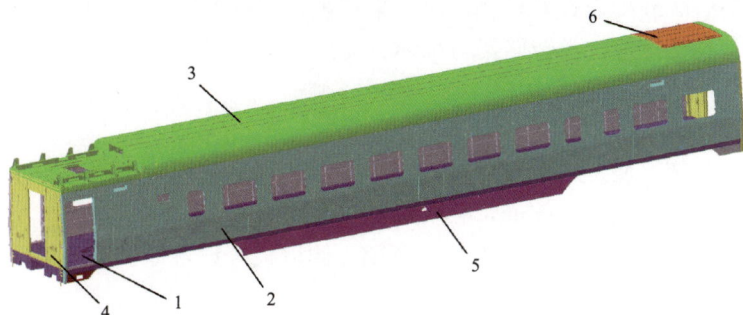

1—底架钢结构；2—侧墙钢结构；3—车顶钢结构；4—端墙钢结构；5—裙板；6—活顶盖

图 7-17　二等座车/餐车（餐吧式）车体结构组成图

控制车车体结构组成图如图 7-18 所示。

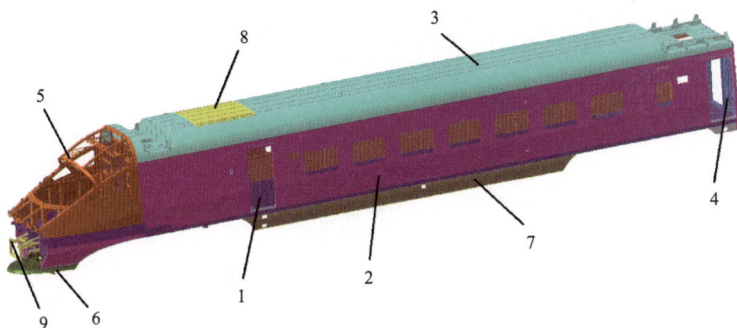

1—底架钢结构；2—侧墙钢结构；3—车顶钢结构；4—端墙钢结构；5—司机室钢结构；6—排障器；

7—裙板；8—活顶盖；9—车钩托架

图 7-18　控制车车体结构组成图

① 底架钢结构。

底架钢结构是车辆的主要承载部件，它不仅承担了全车的主要垂向载荷，还传递纵向牵引力及转向架各方向的冲击力，因此底架钢结构必须具有足够的强度和刚度。底架钢结构主要由端牵枕、侧梁、横梁、地板及车下设备吊挂座等组成。端牵枕通过底架侧梁、地板与横梁、纵梁组焊形成整体框架，承担起整车各种复杂的载荷。底架钢结构组成图如图 7-19 所示。

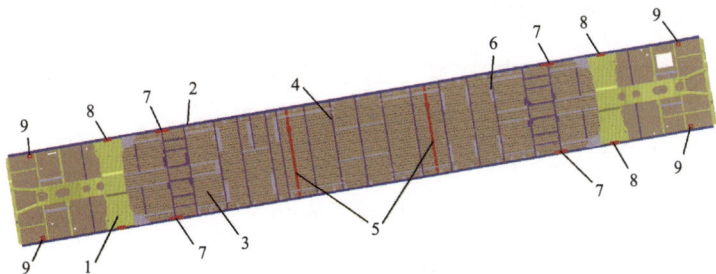

1—端牵枕；2—侧梁；3—地板；4—横梁；5—波纹地板排水槽；6—车下设备吊挂座；7—架车座；

8—铁马凳支撑座；9—平地板接水盒

图 7-19　底架钢结构组成图

底架钢结构两端平地板设置 4 个接水盒，波纹地板设置 2 个排水槽，用于底架冷凝水的收集与排放，枕梁中心 2 m 处设置架车座，用于架车机将车辆顶起进行转向架维修更换等作业，枕梁两端设置铁马凳支撑座，当转向架与车体分离后，可以将铁马凳放置在该位置，替换架车机。

② 侧墙钢结构。

侧墙钢结构为骨架、蒙皮的板梁焊接结构，侧墙为鼓形断面，鼓形位于窗下，如图 7-20 所示，鼓形圆弧中心距轨面 1 900 mm，半径为 R1000 mm，上部向内倾斜 4°，下部向内倾斜 2° 45′。侧墙钢结构为车窗、塞拉门，为内装行李架、侧墙板等设备提供安装基础。

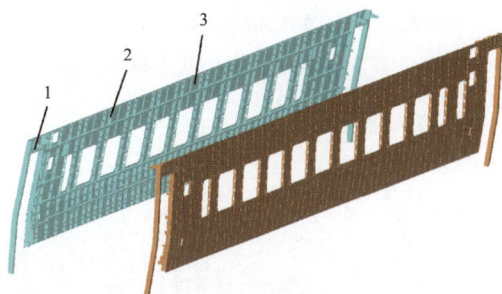

1—侧门框；2—侧墙骨架；3—侧墙板

图 7-20　侧墙钢结构组成图

③ 车顶钢结构。

车顶钢结构主要由平顶、圆顶、中部端顶及活顶框组成。车体一位端为平顶，平顶是空调机组的安装平台，二位端为圆顶，圆顶端部设置活顶框，活顶框的开洞尺寸为 2 160 mm× 1 710 mm，车内大设备从活顶框吊装后，用活顶盖对车顶进行密封。车顶钢结构组成图如图 7-21 所示。

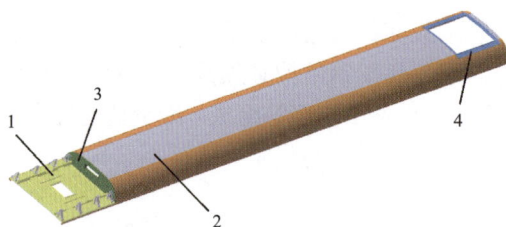

1—平顶；2—圆顶；3—中部端顶；4—活顶框

图 7-21　车顶钢结构组成图

④ 端墙钢结构。

端墙钢结构主要由端墙板、风挡框、车内设备安装配件，以及车端连接器安装座等部件组成，如图 7-22 所示。

⑤ 司机室钢结构。

司机室钢结构由司机室钢结构焊接组合和司机室后墙组成，司机室前窗下部设置腰梁，司机室两侧也设置腰梁，在司机室前部还设有防撞柱和角柱，在遇到突发情况时能够起到保护司机的安全作用，如图 7-23 所示。

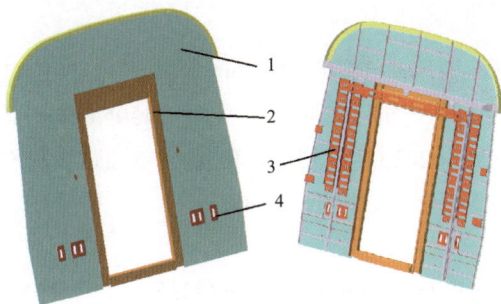

1—端墙板；2—风挡框；3—车内设备安装配件；4—车端连接器安装座

图 7-22　端墙钢结构组成图

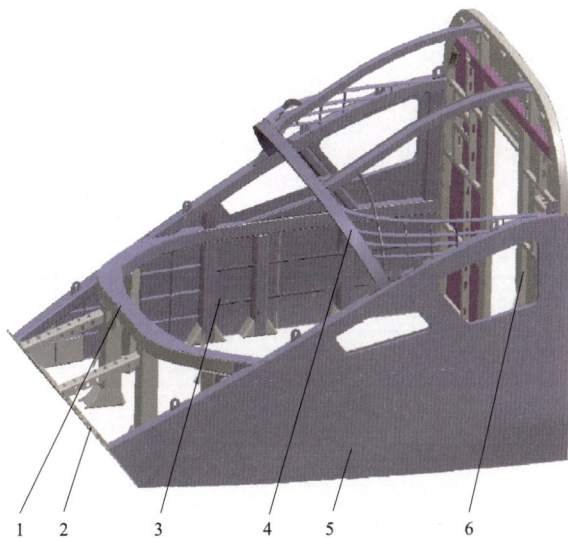

1—前墙组焊；2—前部封板组焊；3—司机室右侧墙组焊；4—司机室顶盖组焊；5—司机室左侧墙组焊；6—司机室后墙组焊

图 7-23　司机室钢结构

⑥ 排障器结构。

排障器通过螺栓连接在前端牵引梁下部，并设有防落保护装置，它主要用于排除列车运行前方的障碍物，对列车的安全运行起保护作用。其上安装有可调节高度的排障板，排障板通过齿形安装立柱进行高度调节，排障板距轨面高度通过调整可保证在 $110_{\ 0}^{+10}$ mm，排障器结构如图 7-24 所示。

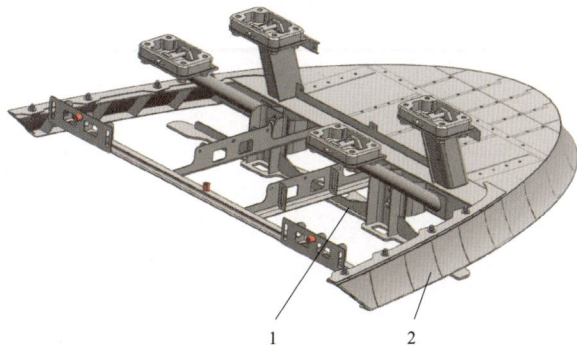

1—排障板；2—排障器

图 7-24　排障器结构

（2）车体材料。

车体主要材质为耐候钢，板厚小于等于 2.5 mm 时采用 Q350EWL1 材料，板厚为 3～6 mm 时采用 Q350EWR1 材料，控制车司机室骨架主要采用 Q450NQR1，符合《机车车辆特种金属材料耐大气腐蚀钢》（TB/T 1979—2023）的规定。侧墙、端墙蒙皮材料采用 2.5 mm 的耐候钢板 Q350EWL1，内部骨架采用 3 mm 的耐候钢 Q350EWR1，车顶蒙皮、骨架采用 2 mm 的耐候钢 Q350EWL1。

型钢和厚度大于 6 mm 的板材采用普通碳素钢 Q235B 或低合金高强度结构钢 Q355 材料，分别符合《碳素结构钢》（GB/T 700—2006）和《低合金高强度结构钢》（GB/T 1591—2018）的规定；车顶空调机组处平顶板、平顶与高顶过渡处的小端顶板、枕外平地板等易腐蚀部位采用 06Cr19Ni10 不锈钢板，符合《不锈钢冷轧钢板和钢带》（GB/T 3280—2015）的规定。

（3）车体强度。

车体强度满足《机车车辆强度设计及试验鉴定规范　车体　第 1 部分：客车车体》（TB/T 3550.1—2019）的要求。车体钢结构满足纵向压缩力 1 180 kN、拉伸力 980 kN 的强度要求。

任务考核与评价

任务考核			任务评价	
任务	提出问题	学生回答	自我评价	教师评价
子任务 1	1. 时速 160 km（鼓形）动车组车体的结构组成是什么？			
	2. 时速 160 km（鼓形）动车组车体底架的组成是什么？			
子任务 2	1. 时速 160 km（鼓形）动车组车体司机室的组成是什么？			
	2. 时速 160 km（鼓形）动车组车体排障器的作用是什么？			
子任务 3	时速 160 km（鼓形）动车组车体的车体材料是什么？			

◆ 复习思考题

复习思考题除涉及本任务介绍的知识与技能外，还可能涉及本任务未介绍的知识与技能，需通过阅读参考书、网络搜索等方式进行自主学习后进行解答，在巩固课堂学习成果的同时培养自主学习能力。

1. 时速 160 km 动力集中（鼓形）动车组车体的主要材质为（　　）。

2. 时速 160 km 动力集中（鼓形）动车组车体排障器通过螺栓连接在前端（　　）下部，

并设有防落保护装置。

3. 时速 160 km 动力集中（鼓形）动车组车体最大宽度（　　）。

4. 时速 160 km 动力集中（鼓形）动车组车体高度（轨面至车顶高）为（　　）。

5. 时速 160 km 动力集中（鼓形）动车组车体的底架钢结构主要由（　　）、底架侧梁、横梁、枕后纵向梁、地板，以及车下设备吊挂座组成。

6. 时速 160 km 动力集中（鼓形）动车组车体车顶钢结构主要由平顶、圆顶、中部端顶及（　　）组成。

7. 时速 160 km 动力集中（鼓形）动车组车体司机室在司机室前部还设有（　　）和角柱，用于突发情况时能够起到保护司机安全的作用。

项目 8

总 复 习

一、填空题

1. 棚车的车体由（　　　）、侧墙、端墙和车顶四部分组成。

2. （　　　）的底架承载面为一平面，通常两侧设有柱插。

3. 206G 型转向架的构架采用铸钢一体式（　　　）构架。

4. 转 K2 型转向架属于（　　　）交叉、中拉杆式结构的交叉支撑转向架。

5. 转向架一般由轮对轴箱装置、基础制动装置、弹性悬挂装置、（　　　）和转向架支承车体装置组成。

6. 同一转向架上最前位车钩和最后位车钩水平中心线的距离叫（　　　）。

7. 209T 型转向架的构架采用铸钢一体式（　　　）构架。

8. （　　　）将机车与车辆、车辆与车辆连挡并传递纵向牵引力和冲击力。

9. 车辆具有的特性是（　　　）、自导向性、成列运行、严格的外形尺寸限制。

10. 车辆的轴距有（　　　）、全轴距和车辆定距三种。

11. 一般货车车辆的走行部由（　　　）二轴转向架组成。

12. 车辆标记主要包括（　　　）、运用标记、检修标记、特殊标记和方位标记五个方面。

13. 车体高度是指（　　　）时，车体上部外表面至轨面的垂直距离。

14. 客、货车车钩中心高度标准均为（　　　）mm。

15. 货车车钩中心高度最高不大于（　　　）mm，最低空车不小于（　　　）mm，重车不小于（　　　）mm。

16. 车轴上的（　　　）是安装轴承的。

17. 车轴上最容易产生裂纹的部位是（　　　）。

18. 车体与转向架之间的载荷传递方式有心盘集中承载、非心盘承载和（　　　）。

19. 轮对是由车轴和车轮采用（　　　）配合组装的。

20. 货车标准的车轮直径是（　　　）mm。

21. 车轴上的轴颈是安装（　　　）的。

22. 车轴上安装（　　　）的部分是轮座。

23. 车轴上安装车轮的部分是（　　　）。

24. 滚动轴承一般由（　　　）、（　　　）、（　　　）和（　　　）四部分组成。

25. 滚动轴承存在（　　　）和（　　　），以保证滚动体能够自由转动。

26. 为了防止双圈弹簧的内圈与外圈不发生卡住，螺旋方向应（　　　）。

27. 货车双圈弹簧的自由高不同，空车时为（　　　）承载，重车时是内外簧并联承载。

28. （　　　）是指用眼睛正对弹簧端面簧条旋制方向为顺时针旋转的。

29. 右旋是指用眼睛正对弹簧端面簧条旋制方向为（　　　）旋转的。

30. 自由膜式的空气弹簧由上下盖板和（　　　）组成。

31. 空气弹簧装置由空气弹簧本体、附加空气室、（　　　）、差压阀及滤尘器等装置组成。

32. （　　　）是保证同一个转向架左右两侧空气弹簧的内压之差的阀。

33. 斜楔是通过（　　　）作用减振的。

34. 斜楔的主摩擦面与垂直线的夹角是（　　　）。

35. 斜楔的副摩擦面与垂直线的夹角是（　　　）。

36. 斜楔是通过摩擦作用将冲击能量变成（　　　）消耗掉了。

37. （　　　）是通过油液的流动产生阻力减振的。

38. 油压减振器的（　　　）上有个小的节流孔。

39. 抗侧滚扭杆是利用扭杆的扭转（　　　）起弹簧作用的。

40. 货车转向架通常有（　　　）个侧架。

41. （　　　）中部方框内安装摇枕、斜楔和弹簧。

42. 摇枕上面中心安装（　　　），两侧安装（　　　）。

43. 承载鞍安装在（　　　）和侧架之间。

44. 一个车轮只带有一块闸瓦的制动方式是（　　　）侧闸瓦制动。

45. 制动梁的形状是（　　　）三角形，中间有支柱。

46. 车体与转向架之间的载荷传递方式有（　　　）、非心盘承载和心盘部分承载。

47. 客车转向架常采用（　　　）系弹簧悬挂装置。

48. 干摩擦导柱式是（　　　）上的导柱插入轴箱弹簧托盘上的支持环。

49. 拉板式定位是特种弹簧钢制成薄形定位拉板，一端连（　　　），另一端通过橡胶节点连挂构架。

50. 转臂式定位是一端固结在（　　　）上，另一端通过橡胶节点与（　　　）相连。

51. 车体与转向架之间的载荷传递方式有心盘集中承载、（　　　）和心盘部分承载。

52. （　　　）是底架中强度最大的横向梁，是由转向架支撑的。

53. 转 K2 型转向架属于弹性下交叉、（　　　）拉杆式结构的交叉支撑转向架。

54. 转向架一般由（　　　）、基础制动装置、弹性悬挂装置、侧架和转向架支承车体装置组成。

55. 车体高度是指空车时，车体上部外表面至（　　　）的垂直距离。

56. 在我国客车、货车一般都采用（　　　）的自动车钩。

57. 车钩具有（　　　）、开锁和全开三个作用位置即三态作用。

58. 当车辆受到牵引力时，钩尾框受力先传给（　　　）从板，再经缓冲器传给（　　　）从板。

59. 13A 型车钩的钩舌为小间隙钩舌，连挂间隙为（　　　）。

60. 车辆标记主要包括产权标记、（　　　）、检修标记、特殊标记和方位标记五个方面。

61. 车辆具有的特性是低阻力、自导向性、成列运行、（　　　）。

62. 斜楔的主摩擦面与（　　　）上的磨耗板接触。

63. 斜楔的副摩擦面与（　　　）接触。

二、单选题

1. 运送旅客的客车包括硬座车、软座车、（　　　）。

　　A. 行李车　　　　　B. 邮政车　　　　　C. 棚车　　　　　D. 硬卧车

2. 下列属于通用货车的是（　　　）。

　　A. 平车与敞车　　　B. 罐车与平车　　　C. 罐车与矿石车　　　D. 敞车与罐车

3. 车辆标记由共同标记、（　　　）构成。

　　A. 定期标记　　　　B. 油漆标记　　　　C. 特殊标记　　　　D. 涂打标记

4. 货车特殊标记包括（　　　）。

　　A. 制造厂名标牌　　B. 人　　　　　　　C. 载重　　　　　　D. 路徽

5. （　　　）位时，车钩的上锁销杆卡在钩体下面，防止运行中的锁铁因振动而跳起。

　　A. 闭锁　　　　　　B. 开锁　　　　　　C. 全开　　　　　　D. 防跳

6. 铁路限界由（　　　）限界和建筑限界组成。

　　A. 机车　　　　　　B. 车辆　　　　　　C. 机车车辆　　　　D. 接触网

7. 机车车辆限界规定：从轨面起计算，机车车辆的最大高度为（　　　）。

　　A. 3 400 mm　　　　B. 3 600 mm　　　　C. 4 800 mm　　　　D. 5 500 mm

8. 机车车辆限界规定：机车车辆的最大宽度为（　　　）。

　　A. 3 400 mm　　　　B. 3 600 mm　　　　C. 4 800 mm　　　　D. 5 500 mm

9. 推铁横放在钩锁腔内，它在（　　　）位能推动钩舌张开。

　　A. 闭锁　　　　　　B. 开锁　　　　　　C. 全开　　　　　　D. 防跳

10. 机车车辆限界是一个和线路中心线（　　　）的机车车辆的极限横断面轮廓图形。

　　A. 平行　　　　　　B. 相交　　　　　　C. 包含　　　　　　D. 垂直

11. 轴重是（　　　）与车辆全车轴数的比值。

　　A. 车辆载重　　　　B. 车轴自重　　　　C. 车辆总重　　　　D. 车轴总重

12. 设有圆筒形罐体，专用于装载液体、液化气体和粉状货物的车辆称为（　　　）。

　　A. 敞车　　　　　　B. 棚车　　　　　　C. 平车　　　　　　D. 罐车

13. （　　　）：车体长度在 19 m 以上、无墙板、载重 70 t 以上，供运输重量特重、长度特长或体积庞大的货物。

　　A. 敞车　　　　　　B. 棚车　　　　　　C. 平车　　　　　　D. 长大货物车

14. （　　　）：列车发生颠覆或脱轨事故时，排除线路障碍物及修复线路使用的车辆。

　　A. 发电车　　　　　B. 救援车　　　　　C. 平车　　　　　　D. 罐车

15. （　　　）：设有动力机械驱动的发电设备的车辆。

　　A. 发电车　　　　　B. 救援车　　　　　C. 平车　　　　　　D. 罐车

16. 底架承载面为一平面，通常两侧有柱插，用来装运钢材、机械设备、集装箱、汽车、拖拉机的是（　　　）。

　　A. 敞车　　　　　　B. 棚车　　　　　　C. 平车　　　　　　D. 罐车

17. 车体有车顶和门、窗（或通风口），用以装运各种需防止湿损、日晒或散失的货物的是（　　　）。

　　A. 敞车　　　　　　B. 棚车　　　　　　C. 平车　　　　　　D. 罐车

18. 车体两侧及端部均有 0.8 m 以上的固定墙板，无车顶，主要用以装运散粒货物的是（　　　）。

　　A. 敞车　　　　　　B. 棚车　　　　　　C. 平车　　　　　　D. 罐车

19. 车钩的开启方式分为上作用式及（　　　）两种。

　　A. 移动式　　　　　B. 下作用式　　　　C. 固定　　　　　　D. 旋转

20. 缓冲器四大性能指标是行程、（　　）、最大作用力和吸收率。
    A. 位移　　　　　　B. 路程　　　　　　C. 容量　　　　　　D. 速度

21. 在计算换长时，使用的标准长度规定为（　　）m。
    A. 10　　　　　　　B. 11　　　　　　　C. 12　　　　　　　D. 13

22. 车钩缓冲装置由车钩、钩尾销、钩尾框、前从板、后从板、（　　）组成。
    A. 钩舌　　　　　　B. 钩舌销　　　　　C. 锁铁　　　　　　D. 缓冲器

23. 车辆全长是指车辆两端两个车钩均处于（　　）位时，两钩舌内侧面之间的距离。
    A. 全开　　　　　　B. 开锁　　　　　　C. 闭锁　　　　　　D. 连挂

24. 车辆的载重为（　　）。
    A. 车辆允许的载重量　　　　　　　B. 自重
    C. 已装货物的重量　　　　　　　　D. 车辆本身的重量

25. 缓冲器受力后的最大变形量，称为缓冲器的（　　）。
    A. 容量　　　　　　B. 能量吸收率　　　C. 最大作用力　　　D. 行程

26. 下列不属于车钩的三态作用的是（　　）。
    A. 闭锁　　　　　　B. 开锁　　　　　　C. 防跳　　　　　　D. 全开

27. 车钩缓冲装置具有（　　）作用。
    A. 连挂　　　　　　B. 牵引　　　　　　C. 缓冲　　　　　　D. ABC 都有

28. 车辆上安装的车钩必须具有（　　）作用。
    A. 闭锁　　　　　　B. 开锁　　　　　　C. 全开　　　　　　D. ABC 都有

29. 车辆上安装人力制动机的或制动缸活塞杆推出方向所指的车端为（　　）位端。
    A. 一　　　　　　　B. 二　　　　　　　C. 三　　　　　　　D. 四

30. 无论 13 号车钩还是 17 号车钩，当车钩处于闭锁状态时，都应（　　）。
    A. 动作灵活　　　　　　　　　　　B. 具有防跳作用
    C. 保证各部无间隙　　　　　　　　D. 将锁提（推）铁卡死不能活动

31. 在底架中部贯通全车，作为底架的基础和其他各梁的支承的是（　　）。
    A. 枕梁　　　　　　B. 侧梁　　　　　　C. 端梁　　　　　　D. 中梁

32. 敞车的车种代码是（　　）。
    A. P　　　　　　　B. N　　　　　　　C. C　　　　　　　D. D

33. 长大货物车的车种代码是（　　）。
    A. P　　　　　　　B. N　　　　　　　C. C　　　　　　　D. D

34. 车辆的车号编码在（　　）范围内必须唯一。
    A 全段　　　　　　B. 全局　　　　　　C. 全国　　　　　　D. 全世界

35. 保温车分为（　　）、加冰保温车两种。
    A. 机械保温车　　　　　　　　　　B. 发电保温车
    C. 空调保温车　　　　　　　　　　D. 加盐保温车

36. 车辆代码中的车号表示车辆制造的（　　）。
    A. 种类　　　　　　B. 结构特征　　　　C. 顺序　　　　　　D. 标记

37. 车辆代码中的车型用拼音和（　　）混合表示。
    A. 字母　　　　　　B. 顺序　　　　　　C. 英文字母　　　　D. 数字

38. 车辆代码由（　　）部分组成。

A. 一   B. 两   C. 三   D. 四

39. 转 8A 型转向架侧架的两个三角形孔的主要作用是（   ）。

     A. 便于安装侧架立柱磨耗板   B. 便于安装斜楔

     C. 便于铸造   D. 便于列检人员检查并更换闸瓦

40. 车轮上的（   ）与钢轨接触并传递作用力。

     A. 踏面   B. 轮缘   C. 轮辋   D. 轮毂

41. 车轮上的（   ）能起到引导方向和防止脱轨作用。

     A. 踏面   B. 轮缘   C. 轮辋   D. 轮毂

42. 有转向架的车辆，底架两心盘中心销中心线之间的水平距离称为（   ）。

     A. 固定轴距   B. 全轴距   C. 车辆定距   D. 车轴定距

43. 车轮上的（   ）是为吊运车轮而设计的。

     A. 轮辋   B. 轮毂   C. 轮毂孔   D. 辐板孔

44. （   ）辐板整体辗钢轮是为了适应高速、重载运输发展的需要开发、研制的。

     A. 直   B. S 形   C. 盆形   D. 波浪形

45. 车轮上的（   ）是用来安装车轴的。

     A. 轮辋   B. 轮毂   C. 轮毂孔   D. 辐板孔

46. （   ）：提高转向架的抗菱刚度，控制蛇行失稳能力，提高车辆临界速度。

     A. 摇枕弹簧减振装置   B. 轮对轴箱油润装置

     C. 基础制动装置   D. 弹性交叉支撑装置

47. （   ）：它的主要作用是承受转向架（轮对除外）的载荷并传给钢轨，保持正常润滑，引导车辆在钢轨上运行。

     A. 摇枕弹簧减振装置   B. 轮对轴箱油润装置

     C. 基础制动装置   D. 弹性交叉支撑装置

48. 转 K6 转向架的枕弹簧每侧有（   ）组。

     A. 6   B. 7   C. 8   D. 9

49. 采用下交叉支撑装置的新型转向架有（   ）型转向架。

     A. 转 K2、转 K3、转 K6   B. 转 8G、转 K2、转 K6

     C. 转 K1、转 K2、转 K6   D. 转 K3、转 K4、转 K5

50. （   ）型转向架轴箱一系加装了内八字橡胶弹性剪切垫，实现轮对的弹性定位，减小转向架簧下质量，隔离轮轨间高频振动。

     A. 转 K3   B. 转 K4   C. 转 K5   D. 转 K6

51. 货车滚动轴承 197726 的滚子为（   ）。

     A. 圆柱形   B. 圆锥形   C. 圆珠形   D. 球形

52. 装用转 8AG 型或转 8G 型转向架的车辆商业运营速度为（   ）km/h。

     A. 80   B. 100   C. 120   D. 140

53. 装用转 K2 型或转 K4 型转向架的车辆商业运营速度为（   ）km/h。

     A. 80   B. 100   C. 120   D. 140

54. 固定轴距过小会使转向架蛇行运动的波长（   ）。

     A. 增大   B. 减小   C. 不变   D. 消失

55. 同一转向架最前位和最后位的车轴中心线间的水平距离叫（   ）。

A. 固定轴距   B. 全轴距   C. 车辆定距   D. 车轴定距

56. 转 K5 型转向架的固定轴距为（   ）mm。

    A. 1 500   B. 1 550   C. 1 650   D. 1 800

57. 转 K6 型转向架的固定轴距为（   ）mm。

    A. 1 500   B. 1 550   C. 1 650   D. 1 830

58. 同一车体中最前位车轴和最后位车轴中心线间水平距离称为（   ）。

    A. 固定轴距   B. 全轴距   C. 车辆定距   D. 车轴定距

59. $RZ_{25T}111019$ 中的"25T"代表的是（   ）。

    A. 车种   B. 车型   C. 车号   D. 基本型号

60. $RZ_{25T}111019$ 中的"RZ"代表的是（   ）。

    A. 车种   B. 车型   C. 车号   D. 辅助型号

61. 下面的（   ）项不是车辆的性能标记。

    A. 定员   B. 自重   C. 轴重   D. 载重

62. 通常车辆的全长和车辆的定距之比为（   ）。

    A. 1.2:1   B. 1.3:1   C. 1.4:1   D. 1.5:1

三、判断题

1. 钩尾扁销的作用是连接钩舌与钩体，防止列车分离。（   ）

2. 所有客车均应涂打配属标记。（   ）

3. 209T 型转向架轴箱定位装置采用干摩擦导柱式弹性定位结构。（   ）

4. 滚动轴承与轴颈的配合方法有间隙配合、过盈配合、过渡配合。（   ）

5. 车轮在全车中承受的载荷越大，越易脱轨。（   ）

6. 25 型客车车体结构底架大多为无中梁底架。（   ）

7. 走行部是指为良好地服务于运输对象而设于车体内的一些固定附属装置。（   ）

8. 所有货车均应涂打负责管理和保养的所属铁路局和车辆段的简称,它属于配属标记。（   ）

9. 新造客车、货车应安装金属的制造厂铭牌，标明车辆制造单位和年月，它属于生产标记。（   ）

10. 车辆标记中所注明的货物或旅客和行李包裹的重量称为车辆的轴重。（   ）

11. 轮对由一根车轴和两个车轮组成。两者采用过盈配合结合在一起。（   ）

12. 209P 型转向架采用干摩擦导柱式轴箱定位。（   ）

13. 轮对标记可分为车轴标记和车轮标记两种。（   ）

14. CW－200K 型转向架采用无摇枕、无摇动台、无旁承的"三无"结构，其结构简单，维修方便。（   ）

15. 206KP 型转向架的轴箱的托盘上安装有双圈弹簧，其轴箱定位方式为干摩擦导柱式。（   ）

16. 滚动轴承的外圈和轴颈过盈配合，所以外圈同车轴共同转动。（   ）

17. 滚动轴承借助滚动体的滚动摩擦实现了将车体的平动转化为车轴的滚动作用。（   ）

18. 同一转向架左右两个空气弹簧的风压不一致时可通过差压阀调节。（   ）

19. 抗侧滚扭杆是利用扭杆的扭转弹性变形起弹簧作用的。（   ）

20. 209PK 型转向架有摇枕、有摇动台，其中摇枕弹簧采用双圈螺旋钢弹簧，内外圈弹簧旋向相反。（   ）

21. 209PK 型转向架的构架的侧梁为 U 形下凹结构。（　　　）

22. 侧架的作用是将轮对联系在一起，并将摇枕传来的力传递给两个承载鞍上。（　　　）

23. 侧架的作用是将车体作用在下心盘的力传给支撑在它两端的弹簧。（　　　）

24. 当车辆通过曲线时，上下心盘之间的相对转动减少了车辆通过曲线时的阻力，下心盘还承受车体上的垂直力和水平力。（　　　）

25. 车辆连挂后，车钩具有闭锁作用，以保证列车运行时各车钩不能任意分离。（　　　）

26. 空车时车辆本身具备的重量称为载重。（　　　）

27. 车辆自重与设计标记载重的比值称为自重。（　　　）

28. 车辆总重与车辆轴数之比称为载重。（　　　）

29. 设计车辆时根据各种条件所规定的允许速度称为构造速度。（　　　）

30. 辅修主要是对制动装置和轴箱润滑部分进行检修。（　　　）

31. 摘解车辆时，车钩应处于全开位置，以保证两连挂的车钩脱开。（　　　）

32. 轴重是车辆的自重与车辆全车轴数的比值。（　　　）

33. 在转 K6 型转向架中央悬挂装置中，每侧的摇枕弹簧有 8 组。（　　　）

34. 206G 型转向架是踏面制动转向架。（　　　）

35. 在转 K6 型转向架的中央悬挂装置中，每侧的摇枕弹簧有 9 组。（　　　）

36. 高度控制阀用于当转向架左、右两空气弹簧的压力差超过一定值时，能自动连通两空气弹簧使其压力平衡，防止车体异常倾斜。（　　　）

37. 客车转向架一定要采用摇动台结构，性能才好。（　　　）

38. 209 型转向架采用外侧悬挂，可以提高车辆横向动力性能。（　　　）

39. 转 K6 型转向架属于三大件结构，摇枕下安装有下交叉支撑装置。（　　　）

40. 206P 型转向架是盘型制动转向架。（　　　）

41. 在转 K4 型转向架的中央悬挂装置中，每侧的摇枕弹簧有 6 组。（　　　）

42. 在转 K5 型转向架的中央悬挂装置中，每侧的摇枕弹簧有 8 组。（　　　）

43. 转 K6 型转向架属于三大件结构，摇枕弹簧下增加了弹簧托板。（　　　）

44. 转 K2 型转向架属于三大件结构，摇枕下安装有下交叉支撑装置。（　　　）

45. 转 K2 型转向架属于三大件结构，摇枕弹簧下增加了弹簧托板。（　　　）

46. 车辆的方位规定以制动缸活塞杆推出的方向为一位端，相反的方向为二位端。（　　　）

47. 车种用一个或两个大写汉语拼音字母来表示，货车用两个字母表示，客车用一个字母表示。（　　　）

48. 16 号车钩是固定车钩，一般装在车辆的二位端。（　　　）

49. 17 号车钩是转动车钩，一般装在车辆的一位端。（　　　）

50. 17 号车钩的所有零件与 13 号车钩的零件均不能互换。（　　　）

四、简答题

1. 铁路车辆按照用途可以分为哪三大类型？分别列举五个车型。

2. 至少列举十个铁路车辆的共同标记。

3. 铁路车辆方位有什么规定？

4. 根据图 8-1、图 8-2，写出车轮各部分的名称。分别说出每个部分的用途。

5. 我国通用客车转向架有哪些系列？分别列举各字母的含义。

6. 17 号车钩的优点是什么？

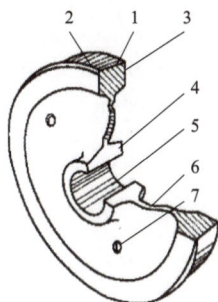

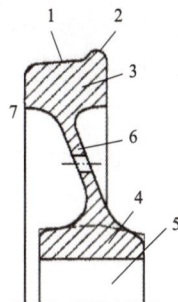

图 8-1　车轮　　　　　图 8-2　车轮

7. 根据图 8-3，写出车钩缓冲装置各部分的名称，分析车钩缓冲装置受牵引力和冲击力的传递顺序。

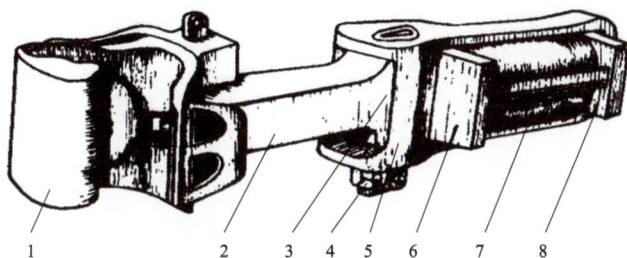

图 8-3　车钩缓冲装置

8. 13 号车钩的三态作用是什么？分别说明各种状态能实现的功能。

9. 货车转向架有哪些型号？如何进行区分？

10. 我国常用的货车转向架一般由哪几部分组成？

11. 16 号车钩的优点是什么？

12. 客车转向架有哪些型号？它们有什么区别？

13. 车钩的分类有哪些？我国客货车的车钩属于哪一类？

14. 叙述弹簧减振装置的种类？它们分别用在什么车型上？

15. 转向架有哪些轴箱定位方式？

16. 写出车轴各部分的名称，并说出各部分的安装部件。

17. 简述滚动轴承的结构组成。各部分的运动形式和作用是什么？

18. 空气弹簧安装在车辆上具有什么特点？

19. 根据图 8-4，写出图中转向架各部分的名称，分析转向架受垂直力的传递顺序。

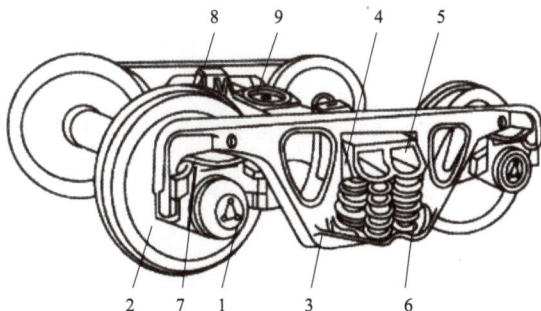

图 8-4　转向架

五、论述题

1. 针对中国铁路车辆的发展状况，谈谈你对铁路车辆发展的看法。

2. 假如你进入车辆段工作，谈谈你对自己职业生涯的规划。

3. 论述中国铁路客车转向架的发展历程。

参 考 文 献

[1] 袁清武，于值亲. 车辆构造与检修. 2 版. 北京：中国铁道出版社，2016.

[2] 李纯，张文. 铁道车辆机械装置. 2 版. 北京：北京交通大学出版社，2021.

[3] 陈舒. 铁路货车概述. 北京：北京交通大学出版社，2019.

[4] 宋顺宝. 客车车辆构造与检修. 北京：中国铁道出版社，2003.

[5] 严隽耄. 车辆工程. 北京：中国铁道出版社，2003.